AMRA

Jason Quitt

# VERBOTENES WISSEN

aufgeschrieben von Bob Mitchell

Warum unsere Welt
anders ist, als man
uns glauben machen will

Aus dem Amerikanischen
von Miriam Mabée

AMRA

**Besuchen Sie unseren Shop:**
**www.AmraVerlag.de**

*Ihre 80-Minuten-Gratis-CD erwartet Sie.*
*Unser Geschenk an Sie … einfach anfordern!*

Kanadische Originalausgabe:
*Forbidden Knowledge. Revelations*
*Of An Multi-Dimensional Time-Traveler*

Deutscher Erstdruck im AMRA Verlag
Auf der Reitbahn 8, D-63452 Hanau
Telefon: + 49 (0) 61 81 – 18 93 92
Kontakt: Info@AmraVerlag.de

| | |
|---|---|
| Herausgeber & Lektor | Michael Nagula |
| Covermotiv & Fotos | Jason Quitt |
| Einbandgestaltung | Guter Punkt |
| Layout & Satz | Birgit Letsch |
| Druck | CPI books GmbH |

ISBN Printausgabe 978-3-95447-285-7
ISBN eBook 978-3-95447-286-4

Die Originalausgabe erschien als CreateSpace Book.

Für alle unsere Familien und Freunde
quer durch die Zeit,
den Raum und die Dimensionen.

*Jason & Bob*

Der Amra Verlag möchte diese Ausgabe Bob Mitchell widmen,
der kurz nach Erscheinen der amerikanischen Ausgabe des
vorliegenden Buchs überraschend an Krebs verstarb.

# Inhalt

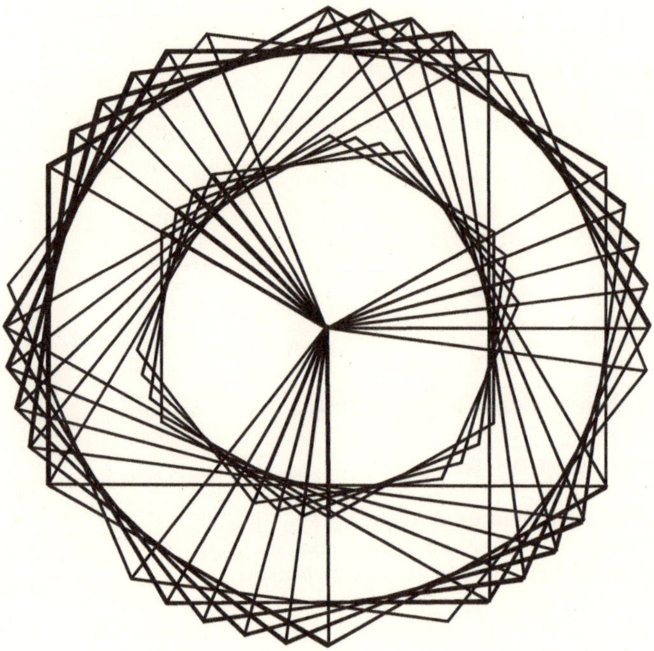

»Das Leben beginnt dort,
wo die Furcht endet.«

Osho

# Erklärung von Jason Quitt

Ich stehe nicht in Verbindung mit irgendeiner Regierung oder militärischen Einrichtung. Ich gehöre keiner Geheimgesellschaft an. Ich bin an keinen Eid oder Vertrag gebunden. Ich bin nur ein einzelner Mensch, der eine unglaubliche Geschichte zu erzählen hat.

Diese Seiten enthalten wahre Geschichten über bestimmte Ereignisse sowie Informationen, die mir zugänglich gemacht wurden. Die hier schriftlich festgehaltenen Berichte und Informationen stammen aus meinen unmittelbaren persönlichen Erfahrungen und Reisen. Weitere Informationen stammen von verschiedenen Insidern, von Menschen mit eigenen, ähnlichen Erfahrungen und von Whistleblowern. Es sind Informationen, die einen Zusammenhang mit meinen eigenen Erfahrungen und Kenntnissen haben.

Ich kann auf der Grundlage meiner Erfahrungen aus erster Hand die Authentizität dieser mir berichteten Geschichten weder bestätigen noch abstreiten. Es bleibt den Lesern überlassen zu entscheiden, was mit ihren persönlichen Überzeugungen und ihrer eigenen Suche nach der Wahrheit übereinstimmt und was nicht.

Die in diesem Buch enthaltenen Informationen werden viele Türen zu Bereichen öffnen, die bislang nie vollständig erkundet wurden. Gemeinsam müssen wir behutsam Schritt für Schritt vorgehen, ohne Angst, die richtigen Fragen zu stellen. Auf diese Weise können wir einen prüfenden Blick auf die Beschaffenheit unserer Realität werfen.

Die Erweiterung unserer Wahrnehmung dieser Realität geht mit neuen Erkenntnissen einher, die uns allen die Fähigkeit verleihen, unsere Sichtweise auf uns selbst und unseren Platz in dieser Welt zu verändern.

*Mögen wir mit Frieden in unseren Herzen voranschreiten.*

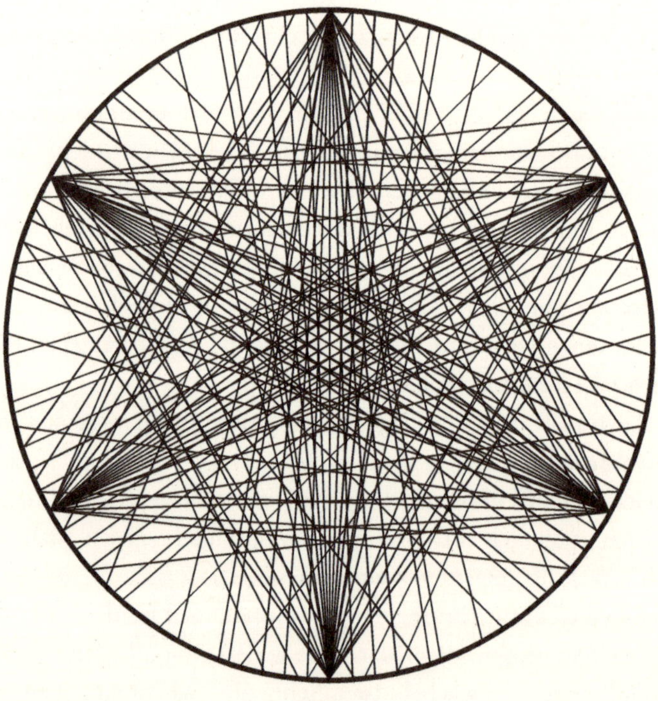

# Erklärung von Bob Mitchell

Ich habe Jason Quitt im Sommer 2015 bei der Alien Cosmic Expo in Brantford/Ontario kennengelernt. Wir konnten augenblicklich eine Verbindung zueinander herstellen. Damals hatte ich keine Ahnung, woran das lag, doch im Laufe der folgenden Monate begriff ich diese spontane Verbindung zueinander nach und nach.

Wir waren uns zwar gerade zum ersten Mal begegnet, doch sein Vortrag und seine Zuneigung zum alten Ägypten faszinierten mich so sehr, dass ich anschließend zu ihm ging und ihm mitteilte, dass ich gern ein Buch über sein unglaubliches Leben und seine Erfahrungen in anderen Welten schreiben würde.

Auch meine Frau spürte offenbar sofort eine Verbindung zu Jason, als er ihr bei der Expo vorgestellt wurde. Interessant ist dabei, dass Kim stets das Gefühl hatte, sie habe ein früheres Leben zur Zeit der Pharaonen hinter sich, während es mich niemals zum alten Ägypten hinzog. Vielleicht hatte sie wirklich ein solches Leben. Mittlerweile kommt mir diese Vorstellung gar nicht mehr besonders abwegig vor.

Ich hatte mir früher bereits die Frage gestellt: Was, wenn die Welt, in der wir leben, gar nicht das ist, wofür wir sie halten? Und wenn die Menschen im vorliegenden Buch wirklich derartige Begegnungen mit Außerirdischen hatten, wie sie mit absoluter Bestimmtheit versichern – dann ist die Welt, für deren Teil wir uns halten, im Kern tatsächlich nicht das, was wir glauben oder was man uns glauben machen will.

Zwar bin ich in dieser Hinsicht selbstverständlich voreingenommen, aber ich möchte Ihnen mein Fazit nicht vorenthalten: Ich halte *Verbotenes Wissen* wirklich für ein Buch, das möglicherweise eines der wichtigsten Werke ist, das Sie je lesen werden. Es ist ein Werk, das Leben verändern kann. Bei vielen Menschen wird es eine Wende einleiten.

Natürlich rennen wir mit unseren Ausführungen bei manchen Menschen offene Türen ein. Einige werden die Enthüllungen dieses Buches besser begreifen als andere. Und es wird auch Leserinnen und Leser geben, denen das, was Jason auf diesen Seiten offenbart, enorm viel Glauben abverlangt, denn er erzählt eine außergewöhnliche Geschichte und wird Sie zu Orten mitnehmen, deren Existenz Sie niemals für möglich gehalten haben.

Aber wenn Jasons Geschichte wahr ist, dann sind unsere Welt, unsere aufgezeichnete Menschheitsgeschichte und unsere Entwicklungen bis zum heutigen Tag allesamt nur Teil einer ungeheuren Lügengeschichte. Wenn Jason recht hat, ist der Planet Erde niemals so gewesen und auch heute nicht so, wie man es uns beigebracht hat.

In gewisser Hinsicht handelt dieses Buch von Außerirdischen und der Kontrolle, die verschiedene Spezies seit Millionen von Jahren über den Planeten Erde und die Spezies in der dritten Dimension, Menschheit genannt, ausüben.

Doch dieses Buch beschäftigt sich auch mit Astralreisen und den Fragen, wer wir sind und wer wir sein werden, wenn es uns gelingt, als mehrdimensionale Wesen zu dem uns vorbehaltenen Platz im Universum aufzusteigen.

Darüber hinaus geht es in diesem Buch um das, was Reinkarnation wirklich ist, und um die Frage, warum das Leben auf der Erde nur eine Phase der Existenz in einer der niederen Regionen des Universums darstellt.

Jason behauptet nicht, Antworten auf all diese Fragen zu haben. Aber seine Reisen vermitteln uns Einblicke und ein tieferes Verständnis der Rolle, die wir im Kosmos spielen. Dazu gehört auch, dass wir unsere Verbindung zu außerirdischen Spezies begreifen, die gute oder böse

Absichten haben können. Ja, manche von ihnen *helfen* der Menschheit im wahrsten Sinne des Wortes, andere wiederum sind Teil einer teuflischen Verschwörung, die seit Jahrzehnten in Zusammenarbeit mit einer elitären Gruppe von Menschen im Gange ist.

Suchen Sie sich also einen bequemen Sessel, entspannen Sie sich und öffnen Sie unvoreingenommen Ihren Geist, während Sie in eine Welt eintauchen, die Ihnen unglaubwürdig vorkommen mag.

Genießt die Reise, Leute. Möglich, dass euer Leben danach niemals mehr so sein wird wie zuvor.

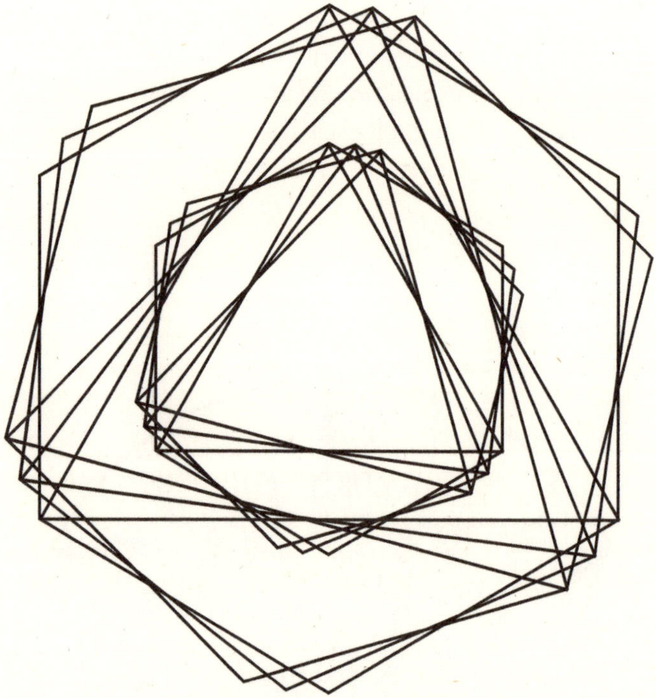

»Die Realität ist nur eine Illusion,
allerdings eine sehr hartnäckige.«

Albert Einstein

# 1 Die Wiedergeburt

Ehe Jason auf der Erde inkarnierte, durfte er sich seine Eltern aussuchen und anschauen. »Das tun wir alle. Nur erinnern sich die meisten von uns nicht daran«, sagt er. Aber Jason ist anders als die meisten Menschen.

Er ist ein Zeitreisender durch viele Dimensionen und hat viele Planeten kennengelernt. Er hat viele Leben gelebt, verschiedene Planeten besucht, mit zahlreichen Spezies kommuniziert, sich mit wohlwollenden Mächten auseinandergesetzt und verfügt über verbotenes Wissen, das sein Leben gefährdet hat. Er ist einer der wenigen inkarnierten Menschen mit solchem Wissen. Die meisten sterben oder werden, ehe sie erwachsen sind, von Wesenheiten und dunklen Mächten getötet, die nicht wollen, dass die Menschheit von ihrem wahren Platz in der Welt erfährt.

Im Mai 2015 versuchten diese dunklen Mächte ohne Erfolg, ihn umzubringen, nachdem er geheime Informationen veröffentlicht hatte, also weitergab, was er wusste. Der Hintergrund dieses Tötungsversuchs, bei dem er beinahe gestorben wäre, und die verblüffenden, ihm bekannten Geheimnisse, die die Menschheit betreffen – was und wer wir sind und was auf der Erde in Wirklichkeit geschieht –, werden in diesem Buch durch Berichte aus erster Hand über Jasons Reisen und Erfahrungen seit seiner letzten Inkarnation offengelegt.

Während die meisten von uns sich an ihre frühe Kindheit kaum erinnern können, verfügt Jasons über viele lebhafte Erinnerungen an seine Vergangenheit. Er erinnert sich nicht nur an seine Kindheit, sondern auch an eine Zeit auf einer anderen Ebene der Existenz, bevor er körperlich in sein gegenwärtiges Leben hineingeboren wurde.

Wo also befand sich diese andere Ebene der Existenz? Die meisten Menschen werden Mühe haben, sich eine solche Ebene vorzustellen und zu begreifen. Im Prinzip ist es ein anderer Bereich der Existenz, jedoch nicht zu verwechseln mit dem Ort, den viele den Himmel nennen. »Es ist ein Ort des Übergangs, in dem unser Bewusstsein existiert, bevor wir wieder inkarnieren«, erklärt Jason. »Es ist kein physisch greifbarer Ort. Er ähnelt eher der astralen Welt.«

Jason kann sich auch die Zeit vor seiner Geburt ins Gedächtnis rufen. »In meiner frühen Kindheit glaubte ich, wir alle hätten die Möglichkeit, unsere Eltern vor der Inkarnation auf der Erde zu wählen«, sagt er. »Das waren meine ersten Erinnerungen, als ich in diese Welt kam.«

Jason weiß noch, dass er zusammen mit vielen anderen Kindern einen Korridor entlang kroch. Entfernt erinnerte ihn diese Umgebung an einen mit Teppichboden ausgekleideten Flughafen der 1980er Jahre. »Mehrere Frauen führten uns durch Gänge. Aus meiner heutigen Sicht ähnelten diese Frauen Flugbegleiterinnen. Sie trugen Uniformen und wirkten sehr förmlich. Wir waren viele Kinder unterschiedlichster Ethnien, und wir krabbelten nackt durch diese Gänge. Die Frauen lenkten diesen Strom von Babys so, als wäre es eine Art Autobahn.« Soweit sich Jason erinnert, war er damals erst wenige Monate alt. »Ich steckte in einem menschlichen Körper.«

In seiner gegenwärtigen Inkarnation weiß Jason nicht mehr, was unmittelbar vor dem Zeitpunkt geschah, an dem er merkte, dass er einen Gang entlang krabbelte. »Die einzige frühere Erinnerung ist die an Dunkelheit und dass ich diese Dunkelheit dann durch ein Portal verließ und mich plötzlich im Körper eines Babys befand. Ich krabbelte auf Händen und Knien vorwärts. Doch die Erinnerung daran, dass ich als Baby irgendwohin krabbelte, ist vielleicht gar nicht ganz richtig. Ein Baby hat noch keine reale Vorstellung von Leben und Tod. Jedenfalls ließ man mich dieses Krabbeln durch einen Gang wahrnehmen. Und ich hatte nun menschliche Gestalt. Das konnte ich mit meinem frühkindlichen Verstand begreifen.«

Während er mit den anderen Kindern durch diesen Gang kroch, lenkte ihn eine der Frauen zu einem anderen Gang und sagte: »Jetzt ist es für dich an der Zeit, deine Eltern auszuwählen.« Bei diesen Worten überwältigten ihn Glücksgefühle. »Es war so, als freute ich mich sehr, diese Reise erneut anzutreten. Ich war sehr aufgeregt.«

Die Frau führte ihn zu einer von vielen Türen und machte sie für ihn auf. Die Tür war sehr schmal und niedrig und bot nur einem kleinen Kind Durchlass. »Der Raum erinnerte mich an einen Kinosaal. Er war sehr groß und dunkel und hatte hohe Decken. Als ich nach vorn schaute, öffnete sich ein kreisrundes Lichtportal und ich setzte mich davor.« Plötzlich tauchten verschiedene Szenen und Bilder seiner künftigen Eltern in diesem Portal auf. »Ich konnte meine Eltern vor ihrer Heirat sehen. Ich sah sie vor und bei ihrer Hochzeit. Da erkannte ich, dass ich sie schon vor diesem Augenblick ausgesucht hatte. Ich hatte sie als meine künftigen Eltern ausgewählt.«

Erneut spürte er nichts als Liebe und Glück. »Ich freute mich so, meine künftige Familie zu sehen. Ich fühlte mich den beiden sehr verbunden.«

Nachdem Jason sie eine Zeit lang beobachtet hatte, spürte er plötzlich, wie er zu ihnen hingezogen wurde. »Es war so, als würde ich direkt durch das Lichtportal gezogen.« Doch das war nicht der Augenblick seiner Geburt – genauer gesagt, seiner Wiedergeburt. Keines der Bilder, die er gesehen hatte, zeigte seine Mutter in der Zeit der Schwangerschaft. Stattdessen wurde sein Bewusstsein, seine Seele, dem Fötus im Mutterschoß eingepflanzt.

Als Jason so alt war, dass er sprechen konnte, fragte er seine Mutter häufig: »Freust du dich, dass ich dich ausgesucht habe?« Dann lächelte seine Mutter jedes Mal und bejahte seine Frage, auch wenn ihr verständlicherweise die Bedeutung dessen, was er damit ausdrückte, nicht bewusst war. »In meiner Kindheit ging mir das ständig durch den Kopf«, sagt Jason. »Meine Mutter fand es einfach nur süß und lieb, was ihr Kind da zu ihr sagte, ohne dass sie richtig verstand, warum ich solche Dinge von mir gab.«

Wir müssen dabei berücksichtigen, dass Jason als kleines Kind solche Erinnerungen wie seine für völlig normal hielt. Er glaubte, jedes Kind suche sich seine Eltern aus. »Ich meinte, jeder wisse und erlebe das.«

*Jasons vorgeburtliche Erinnerung an das Lichtportal, in dem er seine künftigen Eltern sah*

Als er erwachsen wurde, erinnerte er sich nach und nach an viele vergangene Leben und Wiedergeburten. Seine Wiedergeburt erfolgte meistens nicht unmittelbar nach seinem Tod, allerdings erinnert er sich, dass einmal Leben, Tod und Wiedergeburt in einem einzigen Augenblick geschahen. Damit hatte eine Welt aus Eis zu tun.

»Soweit ich weiß, hätte es irgendwo in der Arktis sein können«, sagt er. »Ich erinnere mich daran, dass ich auf dem Eis entlang rannte und es unter mir einbrach. Ich hatte schreckliche Angst. Und plötzlich zerbarst das Eis. Es tat sich ein Loch auf, und ich fiel ins Wasser. Die Strömung war so stark, dass ich sehr schnell nach unten gezogen wurde. Ich weiß noch, dass ich dachte: Das war's, ich werde sterben. Doch dann strömte Wärme durch meinen Körper. Und danach wurde alles dunkel.«

Das Nächste, was er erlebte, war, dass er sich als Baby brüllen hörte. Er befand sich in seiner nächsten Inkarnation. »Ich hatte einen fast unmittelbaren Übergang vom Tod zum neuen Leben durch Wiedergeburt. Doch mittlerweile weiß ich, dass sofortige Reinkarnation nur selten vorkommt. Es geschieht hin und wieder, aber es kann auch viele Jahre, sogar Hunderttausende von Jahren für jene dauern, die sich für eine Inkarnation oder Wiedergeburt entscheiden. Allerdings entspricht unsere Vorstellung von Zeit nicht dem, was Zeit ist.«

Später erfuhr Jason, dass wir alle unsere Eltern auf der Basis sehr spezifischer Kriterien auswählen. »Aber die Genetik und die Örtlichkeit spielen dabei die wichtigste Rolle. Unsere Essenz hält nach dem geeigneten Gefäß Ausschau, um Zugang zu bestimmten genetischen Merkmalen zu erlangen. Sobald die Merkmale gefunden sind, können wir sie im Laufe unserer Jahre aktivieren und verstärken.

Darüber hinaus halten wir nach dem passenden Lebensfluss und nach den passenden Erfahrungen Ausschau, um das Karma ausleben zu können, das wir aus unseren vergangenen Leben und von unserer Herkunft her weiter in uns tragen. Auf diese Weise kann sich unser Bewusstsein auf dem uns bestimmten Lebenspfad weiterentwickeln. Wir inkarnieren auch als Gruppen von Seelen. Alle Menschen, mit denen ich heute engen Kontakt habe, etwa meine Familie und meine Freundinnen und Freunde, haben in der Vergangenheit ihr Leben miteinander geteilt. Es ist fast so, als wäre man von Anfang an von vertrauter Energie umgeben.«

Jason sollte auch erfahren, dass sich unser Bewusstsein sowohl in die Vergangenheit als auch in die Zukunft einbringen kann. »Die Zeit existiert nicht so, wie wir sie wahrnehmen. Zeit ist eher ein physikalisches Objekt als ein Konzept. Die Vergangenheit hat sich bereits ereignet, genau wie die Zukunft. Wir merken es nur nicht.«

Wenn wir wiedergeboren werden, werden unsere Erinnerungen weggewischt, damit wir Erfahrungen in unseren neuen Leben machen können. Aber bestimmte Menschen behalten manche Erinnerungen als Hilfestellung für ihren neuen Lebensweg.

»Wir wählen unseren ganzen Lebenspfad in dieser Welt noch vor unserer Geburt«, erklärt Jason. »An bestimmten Punkten in unserem Leben tauchen Erinnerungen auf, erwachen Gaben in uns und entfalten sich Ereignisse, die uns verändern und uns auf dem gewählten Lebenspfad Orientierung geben. Das dient dazu, dass wir den passenden Kurs zur Erfüllung unserer Aufgaben hier auf der Erde beibehalten. Es gibt auch ein höheres Bewusstsein, das uns auf unseren Wegen mehr oder weniger sanft anleitet und weiterhilft, selbst wenn wir vom Pfad abweichen.«

Jason wurde in jüdischer Tradition aufgezogen, allerdings war seine Familie nicht besonders religiös. »Mir wurde eigentlich nie irgendeine Religion aufgezwungen«, erklärt er. »Aber mir war stets klar, dass wir alle reinkarnierte Seelen sind – dass wir alle frühere Leben hatten und mit einer Quelle verbunden sind. Das musste mir niemand sagen, ich wusste es einfach. Für mich war das völlig normal. Und deshalb hatte ich trotz dieses Wissens meinem Empfinden nach eine ganz normale Kindheit.«

Jasons Leben als Erwachsener sollte jedoch alles andere als normal verlaufen.

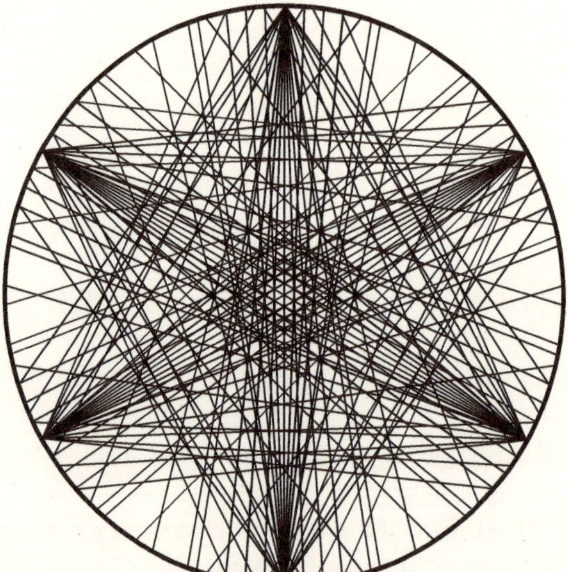

# 2 Die astralen Erlebnisse fangen an

So wie viele Kinder hatte Jasons Angst, wenn es nachts knackte oder krachte. Er hatte auch Angst vor dem, was unter seinem Bett wohnen mochte, und besonders vor dem, was möglicherweise in seinem Schlafzimmerschrank lauerte. Denn das war für ihn der Schlupfwinkel des »Schwarzen Mannes«. Nur war diese Angst in Jasons Fall durchaus berechtigt, wie man wissen muss.

»In vielen Nächten hörte ich, wie sich die Schranktür öffnete«, berichtet Jason. »Das jagte mir solche Angst ein, dass ich mir die Bettdecke über den Kopf zog.« Doch eines Nachts brachte er irgendwie den Mut auf, in den Schrank zu spähen. Er traute seinen Augen nicht. »Das, was ich sah, kann ich nur als völlig ausgetrocknetes Wesen beschreiben. Es war sehr dunkel im Schrank, aber ich konnte es erkennen. Es wirkte wie irgendeine Vogelscheuche.« Zum Glück unternahm dieses Wesen jedoch nichts anderes, als ihn zu beobachten. »Es starrte mich an. Damals war ich, glaube ich, vier Jahre alt.«

Jason rannte ins Schlafzimmer seiner Eltern. Sie beruhigten ihn: Es sei nur ein Albtraum gewesen. Doch Jason wusste es besser. Eindeutig lauerte jemand oder »etwas« in seinem Schrank. Jason wusste zwar nicht, was dieses Wesen war – oder was die anderen Wesen waren, denen er bald darauf begegnen sollte –, aber mit diesem Erlebnis begannen seine Erkundungen der astralen Welt.

Da er noch ein Kind war, hielt er seine Erlebnisse zunächst einfach für Träume. In diesen Träumen verließ er seinen Körper und spielte im Haus, in dem er wohnte. Manchmal besuchte er dabei sogar den Park hinter dem Haus. »Draußen war es Sommer, und die Menschen spielten Baseball im Park. Ich setzte mich ins Außenfeld und sah ihnen zu. Ich hörte

Geräusche und spürte eine Umgebung, die mir zeigte, dass ich mich im Freien befand. Doch das hielt ich nur für einen Traum. Und ich nahm an, dass alle Kinder solche Träume hätten. Ich hatte keinen Grund anzunehmen, dass es etwas anderes als ein Traum war.«

Doch bald sollten sich seine Träume auf dramatische Weise verändern. Nachts spürte Jason oft, wie ein Wesen ihn aus seinem Körper herausführte. Niemals sah er dieses Wesen. Er spürte nur, dass sich jemand oder etwas stets hinter ihm hielt. Das Wesen brachte ihn zu verschiedenen Orten in seinem Zuhause, doch in dieser Realität war es nicht das Zuhause, in dem er zu dieser Zeit lebte. Es gehörte zu einer anderen Zeitlinie. »Es war so, als wollte mir dieses Wesen sein Leben oder sein früheres Leben vorführen und mich auf eine Zeitreise mitnehmen.«

In dieser Zeitlinie gab es keinen Park hinter dem Haus. Stattdessen lag dort ein Kornfeld. Und in der Nähe des Grundstücks, wo nun der Neubau seiner Eltern stand, befand sich ein Bauernhaus.

»Das Wesen begann mir zu zeigen, dass es gestorben war«, erklärt Jason. »Es führte mich in den Keller und wies mich auf einen Sarg hin, in dem ein Leichnam lag. Ich nahm an, dieses Wesen müsse der Mann im Sarg sein.« Jason warf einen Blick in den Sarg. »Darin lag etwas, das wie ein mumifizierter Leichnam aussah.« Jason war klar, dass sich der Sarg in dem Keller des Hauses befand, in dem er seine Kindheit verbracht hatte. Doch obwohl er noch so jung war, fiel ihm auf, dass er sich nicht mehr in dem Haus befand, in dem er sich schlafen gelegt hatte. Er hielt sich in dem Haus auf, in dem das Wesen früher einmal gewohnt hatte.

Als Jason erwachsen wurde, erkannte er, dass er in Wirklichkeit nie geträumt hatte, sondern auf Astralreisen gegangen war. »Ich konnte in der Zeit zurückreisen und diese Zeit zusammen mit diesem Wesen erleben. Ich war ein Beobachter. Immer noch trug ich dabei meinen Schlafanzug. Es kam mir so vor, als steckte ich immer noch in meinem Körper, aber so war es nicht.«

Bald darauf führten ihn seine Astralreisen zu einem anderen vergangenen Leben. Doch diesmal tauchte er nicht in das Leben dieses Wesens oder anderer Wesen ein. Es war eines seiner eigenen früheren Leben.

»Es stellte sich als eine der schrecklichsten Erfahrungen heraus, die ich je gemacht hatte«, berichtet Jason. »Ich wurde den schlimmsten Dingen ausgesetzt, die man in einem so frühen Alter erleben kann. Aber später erfuhr ich, dass diese Erlebnisse mich auf das vorbereiten sollten, was später geschehen würde.«

Jason weiß noch, dass ihn eines Nachts sehr laute Geräusche weckten. »Es waren tierartige Laute – Grunzen und Gebrüll, und das kam nicht aus meinem Schlafzimmer, sondern von draußen.« Und dieser unheimliche Lärm hörte nicht auf. Jason erinnert sich daran, dass er aus dem Bett stieg und auf den Gang vor seinem Schlafzimmer spähte. Plötzlich befand er sich nicht mehr in seinem Elternhaus, und was er sah, war nicht der vertraute Gang.

»Ich sah zwei Männer, die auf brutale Weise miteinander kämpften. Sie zerfleischten einander mit bloßen Händen. Sie kämpften auf Leben und Tod. Keiner von ihnen hatte eine Waffe, sie benutzten nur ihre Hände und zerfleischten einander. Es war unglaublich grausam.«

Wo und in welcher Zeit diese Männer den Kampf miteinander austrugen, wusste Jason nicht. Offenbar befand sich niemand sonst in der Nähe oder schaute aus der Ferne zu. Jason war der Einzige, der diese blutige Szene beobachtete. Doch während er dort stand und dem grauenhaften Kampf zusah, der sich unmittelbar vor seinen jungen Augen abspielte, schoss ihm ein furchtbarer Gedanke durch den Kopf.

»Mir wurde klar, dass ich tatsächlich den eigenen Tod in einem früheren Leben miterlebte – dass ich einer dieser beiden kämpfenden Männer war. Man kann sich kaum ausmalen, was es für mich bedeutete, diesen schrecklichen Kampf aus der Perspektive eines Kindes mit anzusehen.«

Jason hatte auch einen wiederkehrenden »Traum«, der ihm jedes Mal psychisch zu schaffen machte. »In dem Traum übergaben mich meine Eltern einer anderen Spezies«, erinnert er sich. »Diese Wesen sahen sehr unheimlich aus. Ihre Gesichtszüge ähnelten halb Reptilien und halb Vögeln. Sie erinnerten mich an die Skekse aus dem Film *Der dunkle Kristall.* Ich heulte hysterisch und bat meine Eltern, mich diesen Wesen nicht auszuliefern. Aber meine Eltern sahen mich nur voller Hass in den Augen an. Sie sagten, sie wollten mich nicht bei sich haben und mich auch niemals wiedersehen. Ich glaube, dieser Traum beruhte auf einem tiefen Trauma, war zurückgeblieben von tatsächlichen Ereignissen in einigen meiner früheren Leben.«

Im Laufe der Kindheitsjahre drangen Jason auch viele andere Erlebnisse aus früheren Leben wieder ins Bewusstsein. Als er elf Jahre alt war, meldeten seine Eltern ihn in einer neuen Grundschule in einer Gemeinde unmittelbar nördlich von Toronto an. Zu diesem Zeitpunkt hatten seine Eltern sich bereits scheiden lassen. Es war zwar seine Mutter, die ihn aufzog, doch er hatte nach wie vor engen Kontakt zu seinem Vater. Jason hatte nicht viele Freunde, doch eines Tages lernte er einen Jungen seines Alters kennen, mit dem er sich sofort verstand. »Wir wurden beste Freunde. Es war so, als hätten wir schon länger Verbindung miteinander gehabt.«

Bald darauf kehrten nach und nach lange vergrabene Erinnerungen zurück. Jason erinnerte sich nun vollständig an ein früheres Leben, das er und sein neuer Freund miteinander geteilt hatten. »Ich reagierte sehr emotional darauf. Ich versuchte, ihn dazu zu bringen, sich an uns beide in unserem früheren Leben zu erinnern. Ständig fragte ich ihn: Weißt du nicht mehr, dass ich dich in einem anderen Leben umgebracht habe?«

Dann erzählte Jason ihm die Geschichte. Seine Erinnerungen reichten ins Mittelalter zurück. Damals hatten er und sein Freund einer Elitetruppe, der handverlesenen Leibgarde eines Königs, angehört und sich stets an dessen Seite aufgehalten. »Wir waren zusammen aufgewachsen«, sagt Jason. »Wir trainierten miteinander. Wir standen uns näher als Brüder.«

Jason hatte keine Ahnung, wer dieser König gewesen war, in welchem Land sich dies alles abgespielt hatte und ob er dieses Leben auf der Erde oder anderswo geführt hatte.

Doch eines Tages wurde dem König zugetragen, es sei eine Verschwörung gegen ihn im Gange und deren Anführer seien Jason und dessen Freund. »Natürlich war das frei erfunden, aber der König stellte uns vor eine Wahl: Entweder würde man uns beide auf der Stelle töten oder wir beide könnten einen Kampf auf Leben und Tod miteinander austragen. Den Sieger würde man leben lassen.«

Die beiden Männer beschlossen, gegeneinander zu kämpfen. »Aber vor dem Kampf teilte mir mein Freund mit, er habe nicht die Absicht, mich zu töten. Er wollte, dass ich ihn tötete, damit ich weiterleben könne. Also kämpften wir miteinander, und als mein Freund bereit war zu sterben, gab er mir ein Zeichen. Da griff ich zum Dolch und stach ihn in die Schläfe. Ich hielt seinen Kopf, während er starb. Kurz bevor er verschied, lächelte er mir sogar noch zu.«

Diese Erinnerungsschübe hielten tagelang an und quälten Jason ziemlich lange. »Mein Freund konnte sich niemals an unseren Kampf oder einen sonstigen Teil unseres früheren Lebens erinnern.«

Heute sind die beiden immer noch enge Freunde. »Ich glaube, auf einer bestimmten Ebene hätte er mir gern geglaubt. Er hat mich niemals für verrückt gehalten. Aber diese Geschichte war ihm eigentlich nicht besonders wichtig. Interessant dabei ist, dass er heute ein sehr starker Mann ist. Er hat sich in Selbstverteidigung geübt und einen Schwarzen Gürtel erworben, während ich überhaupt kein Interesse an solchen Dingen habe. Wir waren früher Elitesoldaten, und heute ist er immer noch ein Elitesoldat, aber ich habe nicht mehr den Mumm dazu.«

Im Laufe von Jasons Kindheit und Jugend geschahen immer wieder seltsame Dinge. Auch sein jüngerer Bruder Lorne hatte sonderbare Erlebnisse. »Eines Nachts stürmte Lorne in mein Zimmer und schlug mit seinem Kopfkissen auf mich ein. Er war sehr aufgebracht und befahl mir, nie wieder sein Zimmer zu betreten.« Damals war Lorne etwa fünf Jahre alt. Offenbar hatte er geschlafen, als jemand das Kopfkissen unter ihm wegzog und ihn damit schlug. »Er schaffte es, sich zu wehren, und als er es tat, flog das Kissen quer durchs Zimmer und prallte gegen die Wand. Lorne war so verängstigt und wütend, dass er in mein Schlafzimmer lief, um sich zu rächen. Aber ich war überhaupt nicht in seinem Zimmer gewesen und nicht derjenige, der ihn mit seinem Kopfkissen geschlagen hatte.«

Ein anderes Mal erinnerte sich Lorne daran, dass er durch das seltsame Gefühl aufwachte, jemand sei in seinem Zimmer. »Als er sich umdrehte, um nachzusehen, wer oder was das war, bemerkte er, dass seine Nachttischlampe neben seinem Bett in der Luft schwebte. Er war wirklich erschrocken, drehte sich jedoch einfach um, weil er weiterschlafen wollte. Er dachte, er habe nur geträumt. Als er am folgenden Morgen aufwachte, sah er, dass seine Lampe einen halben Meter vom Bett entfernt zerbrochen auf dem Boden lag.«

Spukte es in Lornes und Jasons Elternhaus?

Oder beschäftigten sich die Wesen, die Zeitreisen machten, nun auch mit Jasons jüngerem Bruder?

»Ich bin mir nicht sicher«, erwidert Jason, »hatte aber stets das Gefühl, dass es in unserem Haus spukte, obwohl es ein Neubau war. Ich weiß noch, dass meine Mutter einiges im Haus renovieren ließ und die Installateure eine Wand in meinem Schlafzimmer aufschlagen mussten, um die Rohrleitungen zu reparieren. Als sie die Gipskartonwand entfernten, stießen sie auf die Überreste einer riesigen Krähe. Sie standen vor einem Rätsel. Ich erinnere mich daran, dass sie sagten, der Vogel müsse wohl bei der Errichtung des Neubaus in der Wand stecken geblieben sein. Es war unheimlich zu erfahren, dass ich die ganze Zeit über in einem Zimmer geschlafen hatte, in dessen Wand ein toter Vogel festsaß. Ich weiß ja nicht, ob es irgendetwas mit meinen anderen Erlebnissen zu tun hatte, aber die Ureinwohner in den USA und Kanada glauben, dass uns das Totem der Krähe für die Gaben uralter Weisheiten und heiliger Gesetze öffnet. Man sagt der Krähe auch nach, dass sie die Gabe verleiht, in die spirituelle Welt zu blicken.«

Mit einem weiteren sonderbaren Fall musste sich die Familie auseinandersetzen, als das Fernsehgerät begann, sich immer wieder von selbst einzuschalten. »Meine Mutter schimpfte mich ständig dafür aus, dass ich den Fernseher im Keller angelassen hätte«, erzählt Jason. »Ich rannte dann immer in den Keller, um das Gerät auszuschalten. Und wenn ich davor stand, schaltete sich der Fernseher jedes Mal von selbst aus. Das machte mich fast wahnsinnig. Wenn ich am Keller vorbeiging, hörte ich dort auch oft Menschen miteinander reden. Und sobald ich den Stimmen nachging, verstummten sie einfach.«

# 3 Ein neues Wesen taucht auf

In seiner Jugend litt Jason unter dem sogenannten Reizdarmsyndrom. »Es war ein ständiger Kampf. Mir wurde von allem, was ich aß, übel und ich bekam auch Durchfall davon. Ständig hatte ich unglaubliche Schmerzen.«

Die Krankheit zehrte so sehr an ihm, dass ihm ein Freund während der Jahre auf der Highschool den Spitznamen »Jack Skeleton« verpasste, also Jack das Gerippe, vermutlich eine Anspielung auf Jack Skellington, den Kürbiskönig aus *Nightmare Before Christmas*. Ihm fehlten damals nur fünf Zentimeter an den zwei Metern, aber er wog auch nur 67,5 Kilogramm. Sicher können Sie sich ausmalen, was das bedeutete.

»Man konnte buchstäblich jeden Knochen in meinem Körper sehen«, sagt er. »Außerdem war ich gespenstisch blass. Das wirkte sich auf mein gesamtes Leben aus. Ich war wirklich in schlechter Verfassung und eindeutig nicht gesund.«

Was seine Situation noch verschlimmerte: Er war Legastheniker und stotterte zudem. »Ich hatte stets Mühe beim Lesen und Buchstabieren. Und wenn ich sprach, brachte ich kein vernünftiges Wort heraus.«

Als er sechzehn Jahre alt war, verschrieb man ihm nach einer Operation Codein. Die Folgen sollte er niemals vergessen. »Sofort machte sich bei mir eine Hellhörigkeit – vergleichbar mit Hellsichtigkeit – bemerkbar. Damit meine ich, dass ich Dinge vernahm, die in Wirklichkeit gar nicht da waren. Es war eine äußerst beängstigende Erfahrung.«

Zwar legten sich seine Schmerzen, aber die Geräusche, die er vernahm, hörten nicht auf. »Es war so, als stünden Hunderte von Menschen in meinem Zimmer, die alle zur gleichen Zeit redeten und einander zu übertönen versuchten. Alle wollten sich gleichzeitig mit mir unterhalten. Und ihre Stimmen waren keineswegs leise. Ich konnte bei jeder einzelnen Stimme heraushören, aus welcher Richtung im Zimmer sie kam. Ich konnte die Sprecher zwar nicht sehen, aber alle riefen mir zur gleichen Zeit etwas zu. Ich hatte das Gefühl, den Verstand zu verlieren.«

Dieses seltsame Erlebnis hatte Jason jedes Mal, wenn er Codein einnahm. »Selbst heute noch steht in meinen Krankheitsakten, dass ich auf Codein allergisch reagiere. Und in Klammen ist dort festgehalten: *Akustische Halluzination.*«

Jasons Kindheitserlebnisse mit den sonderbaren Wesen, die ihn zu Hause heimsuchten, hörten erst auf, als er etwa elf Jahre alt war. Bis zum Alter von Mitte zwanzig geschah nichts wirklich Außergewöhnliches mehr.

»Nach Abschluss der Highschool wurde ich von einer sehr guten Universität zum Studium der Betriebswirtschaft zugelassen«, berichtet er. »Wie auch meine Familie freute ich mich sehr darüber, dass ich an dieser Universität studieren konnte. Sein Vater brachte ihn zur Uni, damit er sich dort immatrikulieren konnte. »Ich weiß noch, dass ich in einer Schlange stand und mich umsah. Auch andere Studentinnen und Studenten wurden von ihren Eltern zur Immatrikulation begleitet.«

Doch dann griff irgendetwas in sein Denken ein und lenkte es in eine völlig andere Richtung. »Wir gehen!«, platzte es trotzig aus ihm heraus. »Ich werde hier nicht studieren!«

Aus ihm selbst nicht bekannten Gründen war Jason bewusst, dass er die Universität verlassen musste, und zwar schnell. »Ich hatte einfach den plötzlichen Drang, hier so bald wie möglich herauszukommen«, erklärt er. »Ich spürte, dass dies nicht der richtige Weg für mich war.« Trotzdem verstand er natürlich, wie enttäuscht sein Vater in diesem Augenblick war.

Was also sollte er mit seinem Leben anfangen? Er hatte sich stets für Grafisches Design, Musik und Kunst interessiert, deshalb meldete er sich an einer Hochschule für Design an. Das Studium machte ihm Freude, und er fand dabei viele neue Freunde.

»Nach dem Studienabschluss hatte ein Freund die verrückte Idee, ein Musikstudio, kombiniert mit einem Laden für grafische Kunst, aufzumachen. Diese Idee sagte mir so sehr zu, dass ich die Gelegenheit beim Schopf ergriff. Und es dauerte nur zwei Monate, bis wir unseren eigenen Laden betrieben.«

Das war eine Phase in Jasons Leben, die ihm unglaublichen Spaß machte. Doch dieser Ausflug in ein Leben als Geschäftsmann war nur von kurzer Dauer. Und warum? »Während meiner Zeit im Studio begann ich unter einer Schlafstörung zu leiden, die man ›Schlafstarre‹ nennt«, erwidert er. Oft wachte er auf, nahm seine Umgebung vollständig wahr, konnte sich jedoch nicht rühren, weil sein Körper wie gelähmt war. »Mit meiner inneren Stimme schrie ich meine Arme und Beine an, sich endlich zu bewegen. Aber es war so, als wäre ich in ein Koma gefallen.«

Anfangs litt Jason nur etwa einmal im Monat unter der Schlafstarre, später etwa einmal pro Woche. Und schließlich geschah es Nacht für Nacht. Es war eine schwierige Zeit für ihn, aber irgendwann veränderte diese Schlafstörung sein ganzes Leben.

Als er eines Nachts wieder unter der Starre litt, merkte er plötzlich, dass er nicht allein im Zimmer war. »Ich spürte, dass irgendjemand oder irgendetwas im Raum umherging. Das war ziemlich beängstigend.« Dieses Gefühl hatte er von da an jede Nacht. »Geistig war ich hellwach, aber alles andere war erstarrt. Und ich wusste, dass ich nicht allein im Zimmer war.«

Damals interessierte sich Jason zwar nicht für UFOs oder Außerirdische, doch innerlich befürchtete er das Schlimmste: »Ich dachte, mir könnte eine Entführung durch Außerirdische bevorstehen. Denn das Unbekannte in meinem Zimmer konnte meiner Meinung nach nur etwas Außerirdisches oder Dämonisches sein.«

Eines Nachts konnte er die Situation nicht mehr ertragen. Er musste unbedingt herausfinden, wer oder was sich in seinem Zimmer aufhielt. »Ich war furchtbar wütend und versuchte mit aller Gewalt, mich aus der körperlichen Starre zu lösen. Als ich mich verzweifelt bemühte, meinen Körper zum Leben zu erwecken, tat sich plötzlich etwas. Ich schüttelte mich so heftig, dass ich mich aus meinem Körper geradezu herauskatapultierte. Nun schwebte ich über meinem Bett und konnte unter mir meinen Körper auf dem Bett liegen sehen. Mein Körper war so steif wie ein Brett, und ich hatte die Augen weit aufgerissen.«

Gleich darauf bemerkte er das Wesen. Es stand am Fußende des Bettes und war sehr groß. Sein Kopf berührte fast die mehr als zwei Meter siebzig hohe Zimmerdecke. »Man konnte keine Einzelheiten an ihm erkennen. Es war so, als würde man einen Schatten mit stark ausgeprägten Umrissen betrachten. Das Wesen sah aus, als hätte es einen Umhang an. Die beste Beschreibung, die ich von ihm geben kann, ist die, dass dieses Wesen wie eine herkömmliche Darstellung von ›Gevatter Tod‹ wirkte. Diese unmittelbare Begegnung erschütterte mich bis ins Mark, da ich auf so etwas überhaupt nicht gefasst war.«

Das Erlebnis schockierte Jason dermaßen, dass er spürte, wie er sofort in seinen Körper zurückgezerrt wurde. »Ich wachte mit klopfendem Herzen und völlig außer Atem auf«, berichtet er.

Was zum Teufel war geschehen? Was hatte er soeben gesehen? Eines stand für ihn fest: Das, was er erlebt hatte, war kein Albtraum gewesen. »Es war ein völlig anderes Gefühl – das Gefühl, aus dem eigenen Körper herauszufahren, sich selbst unter sich zu sehen und den Eindruck zu haben, dass man nicht länger im eigenen Körper steckt. Es ist schwer zu erklären, aber das Gefühl, sich außerhalb des eigenen Körpers zu befinden, kommt einem realer vor als das eigentliche Leben. Es ist sogar authentischer als das Gefühl, lebendig zu sein. Es ist realer als unsere Existenz in der dritten Dimension.«

Im Prinzip hat das alles mit physikalischen Vorgängen zu tun, meint Jason. »Die Realität der dritten Dimension, in der wir leben, hat bestimmte Schwingungen«, erläutert er. »Aber wenn sich diese Schwingungen verstärken, können wir unser Bewusstsein in eine andere Realität verlagern, die unmittelbar jenseits unseres Blickfeldes existiert. Wenn wir uns in unserem Astralkörper befinden, haben wir Zugang zu dieser vierten Dimension, weil sich unser Bewusstsein jetzt in unserer astralen Gestalt verkörpert. Deshalb kam es mir so vor, als befände sich niemand in meinem Schlafzimmer, als ich in der dritten Dimension in meinen Körper zurückkehrte. Das lag daran, dass diese Wesen ihren

*Das große Schattenwesen, das Jason während seiner Schlafstarre erblickte*

Raum in unserer vierten Dimension einnehmen. Mit meiner dreidimensionalen Sichtweise kann ich diese Wesen nicht erkennen. Für uns sind sie unsichtbar, während sie uns sehen können. Wesen, die in anderen Dimensionen leben, können, wenn nötig, absichtlich Verbindung mit der dritten Dimension aufnehmen.«

In jener Nacht drangen Jason lange verschüttete Erinnerungen ins Bewusstsein. Nun wurde ihm klar, dass das, was er nur für Träume gehalten hatte – beispielsweise seinen Ausflug zum Park hinter seinem Elternhaus – in Wirklichkeit Reisen in seinem Astralkörper gewesen waren. Nach diesem Erlebnis hörten alle ungewollten Schlaflähmungen auf. Doch zugleich entdeckte Jason, auf welche Weise er sich selbst in einen Zustand der Schlafstarre versetzen und kontrollieren konnte, wann und wie er seinen Körper verlassen wollte.

»Jetzt tat ich es von mir aus. Es wurde mir nicht mehr angetan«, sagt er. »Ich glaube, dieses Wesen hatte meine Schlafstarre absichtlich herbeigeführt, um mir zu zeigen, wie ich meinen Körper verlassen kann. Nun war ich in der Lage, meinen Körper in Schlaf zu versetzen, während ich geistig hellwach blieb.«

Anfangs wälzte sich Jason einfach aus seinem Körper heraus. »Das war schwierig, man brauchte viel Übung dazu. Doch plötzlich stellte ich fest, dass ich über meinem Bett schwebte. Es war so, als befände ich mich zwar in einem Körper, jedoch nicht in einem physisch greifbaren Körper. Es kam mir so vor, als wäre ich reine Energie. Man hat in diesem Zustand ein Sichtfeld von 360 Grad – einen vollständigen Rundblick. Man verfügt weder über Arme noch Beine, und man atmet auch nicht. Man ist nichts als schwebende Energie, kann aber trotzdem sehen, Dinge wahrnehmen und erleben.«

Später entdeckte er andere Methoden der Loslösung von seinem menschlichen Körper, die dieselbe Wirkung hatten: »Ich fand viele Möglichkeiten, meinen Körper zu verlassen und in den astralen Zustand einzutauchen. Anfangs war die einzige mir bekannte Methode, mich schlafen zu legen und dann mit aller Gewalt mit meinem Körper nach außen zu drängen. Ich stellte auch fest, dass sich in meinem Bauch ein sehr warmes, prickelndes Gefühl entwickelte, wenn ich mich in den entsprechenden Zustand versetzte. Mit dieser Empfindung ging jedes Mal ein leises, vibrierendes Summen einher. Ich stellte meine Wahrnehmungen auf diesen Ton ein. Sobald ich das tat, verstärkten sich Frequenz und Intensität des Tons, bis er mich buchstäblich aus meinem Körper herauskatapultierte.«

Mit der Zeit lernte Jason, beide Methoden gut zu beherrschen. »Und irgendwann brauchte ich sie gar nicht mehr. Es dauerte nicht lange, bis alles unbewusst geschah. Wenn ich mich schlafen legte, spürte ich plötzlich, wie ich meinen Körper auf ganz natürliche Weise und ohne jede Mühe verließ.«

# 4 Visionen einer apokalyptischen Zukunft

Jasons Erlebnisse veränderten sich, nachdem er sich innerlich besser auf die astralen Reisen eingestellt hatte. Bald darauf besuchten ihn auch andere Wesen, die ihn auf astrale Reisen mitnahmen. Diese Wesen kamen stets nachts zu ihm und lösten ihn aus seinem menschlichen Körper heraus. Die astralen Reisen führten sowohl in die Vergangenheit als auch in die Zukunft. »Ich war ein Beobachter«, sagt er. »Ich konnte lediglich zuschauen, jedoch nicht ins Geschehen eingreifen.«

Nach wie vor konnte er die Wesen nur in Umrissen erkennen, doch jetzt kam ihm ihre Gestalt menschenähnlicher vor. »Sie waren groß, wie ich wahrnahm, hielten sich jedoch jenseits meines Blickfelds, unmittelbar hinter mir, auf. Und sie traten stets zu zweit auf. Sie fassten mich an den Schultern und gaben mir die Richtung vor. Ihre Berührung spürte ich auch körperlich.« Sie kommunizierten nur wenig mit ihm, und wenn, dann stets auf telepathische Weise.

Anfangs waren seine Reisen alles andere als angenehme Erlebnisse. »Sie brachten mich durch die Zimmerdecke und das Hausdach ins Freie, und dann schoss ich ins All hinauf«, berichtet er. »Ich stieg immer weiter in die Höhe und sah die Erde unter mir liegen. Und wir reisten noch weiter durch das All.«

Irgendwann hielten sie jedes Mal an, und Jason wurde angewiesen, auf die Erde zurückzukehren. »Sie sagten mir, ich solle einen bestimmten Punkt anpeilen. Danach beförderten sie mich mit hoher Geschwindigkeit nach unten, und ich landete genau am angepeilten Ort.«

Was er sah, überwältigte ihn. »Ich wusste, dass ich mich irgendwo in den Vereinigten Staaten befand, hatte jedoch keine Ahnung, in welcher Zeit ich gelandet war. Der Himmel war blutrot, fast orangefarben. Es war so, als wäre der Himmel in Brand geraten, als stünde er in Flammen. Und die Erde war völlig versengt. Kein Baum stand mehr aufrecht da. Von jedem Baum, den ich sah, war nur noch ein Stumpf von wenigen Zentimetern übrig, alles andere war verkohlt. Auch der Boden war orangerot. Genau wie der Himmel war auch der Boden verbrannt.« Jason musterte die verwüstete Landschaft gründlich. Es war ein faszinierender Anblick.

*Die verbrannte Erde, die Jason auf einer seiner Zeitreisen gezeigt wurde*

»Doch dann wurde mein Bewusstsein plötzlich unter die Erdoberfläche gezerrt, die nächste Szenerie war eine Art Bunker. Ich sah einen Mann in Lederkleidung, der eine Schutzbrille trug. Aber er starb in diesem Bunker. Was auch geschehen sein mochte, der Bunker hatte ihm keinen Schutz geboten. Der Mann litt sehr.«

Anschließend wurde Jason schnell ins All zurückbefördert und danach zurück in sein Schlafzimmer.

Was hatte er gesehen? In welcher Zeit war er gelandet?

Jason zerbrach sich den Kopf darüber. »Es sah aus wie nach einem Atomkrieg, denn alles war völlig verwüstet ... Nichts war mehr übrig. Es gab keine Gebäude mehr. Und keine Menschen, bis auf den sterbenden Mann in dem Bunker.«

Warum hatte man ihm diese Szenerie vor Augen geführt? Und wieso hatten die Wesen ihm nichts dazu erklärt?

»Es kam mir so vor, als wollten sie mich das einfach nur sehen lassen«, sagt Jason.

Er war etwa 22 Jahre alt, als man ihn erstmals mit einer apokalyptischen Zukunft konfrontierte. Ungefähr sechs Monate später nahmen die Wesen ihn erneut mit. Wieder setzten sie ihn an einem bestimmten Ort ab, der seinem Eindruck nach in den USA lag. Doch es war ein anderer Zeitpunkt in der Zukunft.

Nochmals offenbarte sich eine entsetzliche Szenerie, nochmals war er lediglich Beobachter. Er befand sich in einem Lager, in dem Kinder gefangen gehalten wurden. »Es war widerlich. Im Lager befanden sich Soldaten und Panzer. Die Soldaten schossen auf die Kinder und überrollten sie mit ihren Panzern. Es war entsetzlich und unerträglich brutal.« Das Lager ähnelte einem KZ während des Zweiten Weltkriegs, doch die Kinder waren nicht so angezogen wie seinerzeit die KZ-Häftlinge. »Und die Soldaten sahen nicht wie deutsche Soldaten aus. Deshalb wusste ich, dass ich nicht in der Zeit des Zweiten Weltkriegs gelandet war«, erklärt er.

»Ich tauchte völlig in die Szene ein. Ich konnte die Kugeln schwirren hören und auch die Schreie der Kinder. Es war grauenvoll. Im Lager befanden sich Hunderte von Kindern, alle im Alter zwischen fünf und dreizehn Jahren. Und sie gehörten unterschiedlichen Ethnien an. Ich stand mittendrin und erlebte es so, als passierte das alles unmittelbar vor mir.«

Als sich Jason umsah, merkte er, dass das Lager von Betonmauern und Stacheldraht umgeben war. »Ich weiß noch, dass ich zum Himmel aufblickte und er dem Himmel ähnelte, den ich schon früher gesehen hatte. Er war rot. Irgendetwas war auf dem Planeten eindeutig aus dem Ruder gelaufen.«

*Das Gefangenenlager, das Jason auf einer seiner Zeitreisen gezeigt wurde*

Dieses Erlebnis wirkte bei ihm noch tagelang nach. »Ich war krank, als ich von der Reise zurückkehrte. Mehrere Tage sprach ich kaum mit jemandem. Ich war leichenblass. Was ich dort gesehen hatte, war wirklich entsetzlich.«

Jason wollte daraufhin keine Zeitreisen mehr machen. »Man hatte mir die schlimmsten vorstellbaren Dinge vor Augen geführt. Meine neu entdeckten Fähigkeiten waren mir jetzt zuwider.«

Doch die Zeitreisen gingen weiter.

Beim nächsten Mal setzte man Jason an einem Ort ab, bei dem es sich offenbar um ein von der nordamerikanischen Katastrophenschutzbehörde eingerichtetes Lager handelte. (Interessanterweise behaupten Verschwörungstheoretiker, dass diese von der Katastrophenschutzbehörde betriebenen Masseninternierungslager jetzt und zukünftig überall in den Vereinigten errichtet werden sollen, um Regimekritiker einzusperren, sobald irgendwann in der Zukunft – in Vorbereitung einer einzigen Weltregierung – das Kriegsrecht und der Ausnahmezustand verkündet wird.)

Nach Jasons Aussage bestand das Lager, das er sah, aus vielen Zelten, in denen Familien lebten. Es war Nacht, und die Zelte wurden von Soldaten bewacht. »Ich spürte, dass alle, die in diesen Zelten wohnten, wahre Dankbarkeit empfanden. Sie schätzten sich glücklich, in den Lagern wohnen zu dürfen.« Aber zugleich nahm Jason auch Spannungen zwischen den Familien und den Soldaten wahr. »Sie schienen einander in gewisser Weise zu misstrauen. Die Soldaten redeten nicht mit den Leuten. Ich merkte, dass selbst die Soldaten Angst hatten. Alle flüsterten viel miteinander. Trotzdem hatte ich den Eindruck, dass die Menschen dankbar dafür waren, hier untergekommen zu sein.«

Während einer anderen Zeitreise hörte Jason eine der lautesten Explosionen, die er je erlebt hatte. Er hatte keine Ahnung, wo er sich befand. Er wusste nur, dass er den Lärm des Geschehens mitbekommen sollte. »Die Erde bebte im wahrsten Sinne des Wortes. Es fühlte sich so an, als würde gleich mein Trommelfell platzen. Ich meinte wirklich, mein Hörvermögen zu verlieren. Als der Lärm aufhörte, war ich wieder in meinem Bett, hielt mir aber immer noch die Ohren zu.« Auch auf vielen weiteren Zeitreisen erlebte Jason solche postapokalyptischen Szenen.

Ein Erlebnis anderer Art berührte ihn ebenfalls sehr: die spirituelle Begegnung mit Norval Morrisseau, einem Künstler, der von den kanadischen Ureinwohnern abstammte und auch als »Picasso des Nordens« bezeichnet wurde. Jason hatte Morrisseaus Werk stets bewundert. Morrisseau, auch als »Copper Thunderbird« (Kupferroter Donnervogel) bekannt, stellte in seinen Arbeiten die Legenden seines Volkes, die kulturellen und politischen Spannungen zwischen den traditionell lebenden Ureinwohnern Kanadas und den eingewanderten Europäern, die eigenen existenziellen Kämpfe und seine tiefe Spiritualität und Mystik bildlich dar. Er gründete die Woodland School of Canadian Art und war prominentes Mitglied der »Indian Group of Seven«. Im Dezember 2007 starb er im Alter von 76 Jahren in Toronto.

Jason beharrt darauf, dass Morrisseaus Geist ihn eines Nachts nicht lange nach seinem Tod besuchte. »Ich fühlte mich zu seiner Kunst stets hingezogen«, erklärt er. »Deshalb wusste ich genau, wer er war, als er mich besuchte. Er nahm mich zu seiner Gemäldegalerie in der spirituellen Welt mit. In dieser Galerie zeigte er mir Hunderte seiner Bilder, die an der Wand hingen. Auf allen waren schwimmende Fische in wunderbarer Farbpracht zu sehen, gemalt in dem Stil, für den er berühmt war. Es war eine wunderschöne Szenerie.«

*Gemälde eines Fisches von Norval Morrisseau*

Danach führte er Jason durch einen Gang zu einer anderen Bildergalerie, doch dort hingen keine seiner Werke. »Stattdessen«, so Jason, »zeigte er mir das Porträt eines Soldaten, der wie ein amerikanischer Marineangehöriger aussah. Es wirkte sehr realistisch. Und während wir die Galerie erkundeten, landeten wir in einem weiteren Raum. Dieser enthielt Bilder von Visionen, die denen ähnelten, die die Wesen mir vor Augen geführt hatten. Der Himmel war rot. Es sah dort wie nach einer atomaren Explosion aus, und es war auch ein Atompilz abgebildet. Ich glaube, Norval wollte mir den großen Kontrast zwischen der Schönheit der Natur und der Zerstörungswut des Menschen zeigen. Diese Bilder verfolgen mich immer noch.«

Eine interessante, kaum zufällig zu nennende Fortsetzung hatte diese Geschichte Jahre später, als Jason Gelegenheit bekam, Duke Redbird kennenzulernen, ebenfalls ein einflussreicher weiser alter Mann, der von den kanadischen Ureinwohnern abstammt. »Schließlich landeten wir in Dukes Haus und sprachen über spirituelle Reisen, die Vergangenheit und die Zukunft«, berichtet Jason. »Es war ein sehr aufschlussreiches Gespräch. Als ich Duke von der Reise erzählte, bei der mich Norval in seine Galerie mitgenommen hatte, sah er mich mit großen Augen an und lächelte. Ich hatte ja keine Ahnung gehabt, dass Duke einer von Norvals engsten Freunden gewesen war.«

Duke erklärte, dass Norval mit ihm ständig über seine Galerie in der spirituellen Welt gesprochen habe. »Das war die Galerie, in der Norval die Bilder sah, bevor er sie malte.

In diesem Augenblick spürten wir beide, wie Norvals Geist den Raum erfüllte. Es war so, als hätte er uns beide zusammengebracht, damit wir diese Geschichten miteinander teilen konnten. Das war für mich ein höchst erstaunliches Erlebnis.«

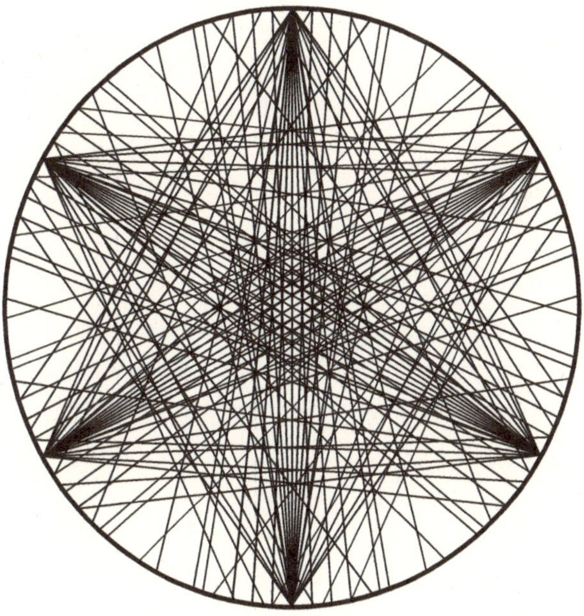

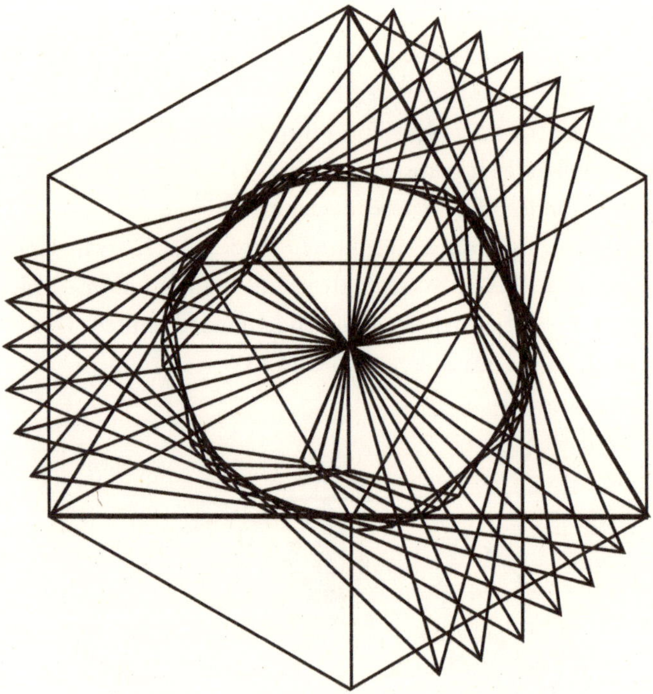

»Der Schlüssel zu innerem Wachstum besteht darin,
die höheren Dimensionen des Bewusstseins in
die eigene Wahrnehmung einzubringen.«

Lao-Tse

# 5 Die Heilung beginnt

Jasons Reisen veränderten sich plötzlich, nachdem er die Wesenheiten gebeten hatte, ihn künftig mit derart entsetzlichen Visionen zu verschonen. Die Wesen tauchten zwar wieder auf, doch diesmal übermittelten sie ihm eine Botschaft: »Ehe du wieder auf die Reise gehst und bevor du derjenige werden kannst, der du werden wirst, musst du dich selbst heilen.«

Trotz seiner astralen Reisen litt Jason immer noch unter dem Reizdarmsyndrom und sah wirklich so aus, als stehe er an der Schwelle des Todes. »Mein Vater machte sich große Sorgen um meine Gesundheit«, berichtet Jason. »Deshalb beschlossen wir, einen Arzt aufzusuchen. Er sollte herausfinden, ob ich noch unter einer anderen Krankheit litt als nur unter dem Reizdarmsyndrom. Ich war tatsächlich nur noch Haut und Knochen.«

Jason unterzog sich mehreren Tests, einschließlich einer Blutuntersuchung. Man versäumte es auch nicht, Röntgen- und Ultraschallaufnahmen von ihm zu machen. Fast jede vorstellbare Untersuchung wurde an ihm durchgeführt.

»Als die Ergebnisse vorlagen, teilte mir der Arzt im Grunde lediglich mit, ich sei nicht nur gesund, sondern sogar bei besserer Gesundheit als der Durchschnitt. Mir kam das so vor, als wollte er mich auf den Arm nehmen. Ich fühlte mich todkrank, und der Arzt erzählte mir, ich sei gesünder als der Durchschnitt. Die Ärzte konnten keine weitere Krankheit bei mir feststellen und sagten, mein Reizdarmsyndrom sei nur von Stress ausgelöst und werde sich schon irgendwann legen.«

In diesem Augenblick erkannte Jason, dass die Apparatemedizin ihm nicht weiterhelfen würde. »Mir wurde klar, dass die Wesen mit ihrer

Botschaft, ich müsse mich selbst heilen, nicht gemeint hatten, ich müsse einen Arzt aufsuchen.«

Was also sollte er zur Selbstheilung unternehmen?

Nun übermittelten die Wesen ihm weitere Botschaften. Anfangs ging es dabei nur um die Umweltbedingungen. »Sie teilten mir mit, unsere Nahrungsmittel und das Wasser seien mit vielen Chemikalien und Giften verseucht. Ich müsse versuchen, nur vollwertige und keine industriell verarbeiteten Lebensmittel zu mir zu nehmen und nur Wasser aus den reinsten Quellen, die ich finden könne.«

Er erhielt auch Informationen, die sich auf die »Energie« bezogen, die in allen Nahrungsmitteln und im Wasser steckt. »Sie erklärten mir, dass das Essen, das wir zu uns nehmen, die Energien der Orte und Menschen aufnimmt, mit denen es in Berührung kommt. Wenn die Nahrungsmittel schließlich zum Konsumenten gelangen, ist diese Energie oft negativ beeinflusst und von ihrer Substanz her schädlich. Deshalb müssen wir lernen, diese Energie umzuwandeln, bevor wir die Lebensmittel konsumieren. Wir müssen lernen, die schädliche Energie herauszulösen und sie durch heilsame Energie zu ersetzen.«

Jason erinnert sich dabei an eine Geschichte, die von einem Guru in einem indischen Ashram handelt: »Er pflegte in der Küche umherzugehen und sah dem Personal dabei zu, wie es das Essen vorbereitete und kochte. Wenn er spürte, dass jemand mit negativen Gedanken und Gefühlen kochte, warf er denjenigen sofort aus der Küche heraus. Und das tat er, um die Reinheit der im Essen steckenden Energie zu schützen.«

Haben Sie jemals etwas in einem Restaurant gegessen, das später Übelkeit bei Ihnen auslöste? Vielleicht war das Essen verdorben. Zweifellos wird uns manchmal deswegen schlecht. Es kann jedoch auch an etwas anderem liegen: »Vielleicht nimmt man dann schlicht die negative Energie des Kochs, die in das zubereitete Essen eingegangen ist, in sich auf«, meint Jason. »Tatsächlich ist das eine uralte Erfahrung aus biblischen Zeiten, die mit dem ›Opferlamm‹ oder ›Sündenbock‹ zu tun hat. Wenn jemand erkrankt war, führte man damals ein Ritual durch, um die Krankheit auf einen anderen Wirt zu übertragen – auf ein Tier.

Das Tier wurde dann auf zeremonielle Weise geopfert, damit die Krankheit zusammen mit dem Tier starb.«

Falls jemand das geopferte Tier fand und von dessen Fleisch aß, würde er nun seinerseits erkranken, wie man annahm.

»Die in Nahrungsmitteln und im Wasser steckende Energie ist wichtig für unser spirituelles Wachstum, aber auch für unsere Vitalität und Gesundheit«, sagt Jason. »Die Beschaffenheit dieser Energie wird von der Sonne geprägt und ist von der Lichtmenge abhängig, die während des Wachstums der Nahrungsmittel gesammelt und gespeichert wird. Wenn wir diese Nahrungsmittel konsumieren, empfangen wir das darin gespeicherte Licht. Die Versorgung mit Energie ist wesentlich, und daran mangelt es bei dem meisten, was wir zu uns nehmen. Das Licht nährt unsere Körper mit seiner Energie und erweckt unseren Geist.«

Genauso verhält es sich mit dem Wasser: »Wasser ähnelt kleinen Solarzellen, die Licht sammeln und speichern. Wenn wir geeignetes Wasser trinken, nehmen wir tatsächlich reine Lichtenergie in uns auf. Sobald wir uns von der Natur lossagen, lösen wir uns auch von der Quelle, die sich auf der Erde im Licht manifestiert. Deshalb wurde der ägyptische Gott Ra auch als ›Sonne‹ und ›Quelle‹ bezeichnet, und deshalb erhob der Pharao Echnaton den Gott Aton in Gestalt der Sonnenscheibe zum Gott über alle Götter Ägyptens. Und deshalb wurden die alten Götter als ›Sonnengötter‹ bezeichnet.«

Aber selbst die Luft, die wir atmen, ist verseucht. »Die Wesen teilten mir mit, dass die Mächtigen dieser Welt – die Regierungen oder auch der Militärisch-Industrielle Komplex – Chemikalien und Metalle in die Luft freigesetzt haben, was katastrophale Folgen für unsere Umwelt und auch die biologischen Systeme hat«, berichtet Jason.

Man informierte ihn auch über die lautlosen Energiewellen, die ebenfalls dazu benutzt werden, uns zu manipulieren und zu schaden. »Damit ist das gemeint, was wir als MF, ELF und andere Übertragungsfrequenzen kennen. Diese Frequenzen beeinflussen unser Denken und haben auch unser biologisches System verändert, bis sogar bis hinein in unsere Zellen.«

Eines Nachts lösten die Wesen Jason aus seinem menschlichen Körper, damit er ein Übertragungssignal mitbekam. »Es war völlig verrückt«, sagt er. »Es war so, als tauchte mein Bewusstsein in eine EMF- oder andere Übertragungsfrequenz ein. Wir stoppten bei einem Sender, dem ich zuhören sollte. Es klang so, als lauschte ich einer Radiosendung mit zwei Moderatoren, die einander mit ihrem Geschwätz die Bälle zuspielten. Der Inhalt dessen, was sie von sich gaben, war niedrigstes Niveau. Es kam mir vor, als hörte ich dem Geplapper von Vierjährigen zu, die gerade das Fluchen gelernt hatten. Sie machten Witze über das Furzen und Rülpsen und sagten die blödesten Dinge. Nach diesem Erlebnis dachte ich als Erstes: Kein Wunder, dass da draußen so viele Idioten herumlaufen. Es war, als wollten sie absichtlich das niedrigste geistige Bewusstsein über ihren Sender in der Welt verbreiten, um die Bevölkerung unterschwellig zu programmieren.«

Eines der größten Probleme, mit denen wir heutzutage konfrontiert sind, besteht in der Errichtung von Millionen von Mobilfunkmasten überall in der Welt. »Die Frequenzen, die von ihnen ausgestrahlt werden, können bei uns großen Schaden anrichten«, meint Jason. »Diese lautlosen Waffen können unsere Gehirnwellen und Emotionen manipulieren.«

Wer weiß schon, was diese Masten alles anrichten können?

»Aber viele Menschen haben damit begonnen, das zu untersuchen«, so Jason. Er schlägt den Leserinnen und Lesern vor, sich mit den Arbeiten von Dr. Magda Havas, Lehrbeauftragte an der Trent University in der Nähe von Petersborough, Ontario, zu befassen, deren Forschungsgebiete Umwelt und Ressourcen sind. Sie konzentriert sich dabei vor allem auf die biologischen Auswirkungen von Kontaminationen der Umwelt und seit den 1990er Jahren insbesondere auf die elektromagnetische Belastung der Umwelt durch die Ausstrahlungen von Funkfrequenzen, elektromagnetische Felder sowie elektromagnetische Interferenzen.

Die Wesen teilten Jason darüber hinaus mit, dass es unter der Erde noch andere, bewusste Formen von Energie gibt. »Während wir auf der Erde wandeln, haben diese Wesenheiten die Möglichkeit, unsere Energie ›abzuzapfen‹, um sich davon zu ernähren«, erklärt er. »Es ähnelt einem unterirdischen Vampirismus.«

Obwohl er nie weitere Informationen über diese Wesenheiten oder Gebilde erhielt, landete er eines Tages zur eigenen Verblüffung in den Dimensionen unter seinen Füßen. »Während ich durch diese unterirdischen Dimensionen reiste, stieß ich auch auf eine Ebene, auf der sich sehr unheimliche Gebilde befanden. Sie ähnelten fast schwarzem Teer, der sich bewegte und über Bewusstsein verfügte. Ich bekam nur einen kurzen Eindruck von ihnen und stieg gleich darauf in tiefere Ebenen des Erdinneren hinab.«

Nachdem er von all diesen Problemen erfahren hatte, zeigten die Wesen ihm, auf welche Weise er sich gegen diese ihn nach unten ziehenden Energien wappnen konnte. Zu diesem Zeitpunkt erhielt Jason eine weitere Botschaft: »Du musst Qigong lernen.«

Jason ergriff die Gelegenheit beim Schopf, diese chinesische Meditations-, Konzentrations- und Bewegungsform für Körper und Geist zu erlernen, denn er musste nicht lange nach einer solchen Möglichkeit suchen: Zu dieser Zeit nahm seine Cousine Unterricht in Qigong und praktizierte es. »Ich nahm gemeinsam mit ihr an dem Kurs teil, weil mir klar war, dass das mein erster Schritt zur Gesundung war.«

Eigentlich ist Saundra eine Cousine ersten Grades von Jasons Mutter. Als Einzige in der Familie hat sie die Gabe der Hellsichtigkeit. Als Medium ist sie fähig, übersinnliche Botschaften und Visionen zu empfangen. Eines Tages übermittelte Saundra Jason eine sehr sonderbare, aber aufschlussreiche Botschaft. Das war in der Zeit, in der Jasons kontrollierte Astralreisen begannen. »Wir trafen uns mit der ganzen Familie zum Mittagessen und ich saß ihr am Tisch gegenüber«, erinnert sich Jason. »Zu diesem Zeitpunkt wusste Saundra nichts von meinen Erlebnissen.«

Plötzlich sah Saundra ihn eindringlich an und begann ihm eine Botschaft zu übermitteln. »Sie sagte, ich befände mich in einem Prozess der Erweckung. Ich sei ein Wesen von einem anderen Sternensystem und führe einen Kampf mit einer Art von Lebewesen, die man die *Reptiloiden* nenne.«

Jason starrte Saundra nur an und hörte ihr zu. Die Botschaft warf ihn geradezu um. »Sie hatte ja keine Ahnung von dem, was ich durchgemacht hatte. Ich sah sie nur an und teilte ihr mit, sie sei der tollste Mensch in der ganzen Familie.«

Dann vertraute sich Jason ihr an und erzählte ihr, was ihm alles zugestoßen war. Da sein dreiundzwanzigster Geburtstag vor der Tür stand, beschloss Saundra, ihn zu einem örtlichen esoterischen Markt einzuladen. Dort bot sie ihm als Geburtstagsgeschenk an, er könne auf ihre Kosten ein spirituelles Foto von sich machen lassen. Sie gingen nicht zu einem Fotostudio der üblichen Art. Das Foto wurde in einem dunklen Raum mit Hilfe verschiedener Filter vor der Kamera aufgenommen. Auf diese Weise sollten auch die Energien, die einen in diesem Raum umgaben, eingefangen werden. Der Marktstand, an dem die spirituellen Fotos gemacht wurden, bestand im Grunde nur aus einer Dunkelkammer, die mit sehr dicken Samtvorhängen ausgekleidet war, damit kein Lichtstrahl eindringen konnte. Das Gerüst bestand aus schweren Kupferrohren, sodass keine Energie von außen in den Raum oder von innen nach draußen gelangen konnte.

»Die Fotografin benutzte eine wirklich teure Kamera mit speziellen Filtern, die es einem ermöglichen sollten, die Energien ringsum zu sehen, wenn die Aufnahme von einem gemacht war«, erläutert Jason. »Dabei sollte man auch Lichtfunken oder Umrisse von Wesenheiten im Hintergrund erkennen können.«

Jason betrat die Dunkelkammer und die Fotografin machte die Aufnahme von ihm. »Sie blickte auf ihre Kamera und teilte mir mit, sie müsse ein weiteres Foto von mir machen, da es beim ersten Mal nicht geklappt habe.« Als sie dieses zweite Foto entwickelte, starrte sie es an. »Sie bat mich, die Dunkelkammer zu verlassen, damit ein anderer Wartender ein Foto von sich machen lassen könne.«

Die Fotografin musterte die Aufnahme der anderen Person: Sie war gelungen. »Dann entschuldigte sie sich bei mir und sagte, die Kamera funktioniere wieder. Also ging ich wieder in die Dunkelkammer, wo sie eine dritte Aufnahme von mir machen wollte«, berichtet Jason.

Erneut musterte sie die fertig entwickelte Aufnahme besorgt und bat ihn, nach draußen zu gehen, sie müsse mit ihm reden. »Wohlgemerkt kannten wir uns gar nicht, doch als Erstes fragte sie mich, ob ich Stimmen höre. In scherzhaftem Ton erwiderte ich: ›Tun wir das nicht alle‹?«

Als Nächstes fragte ihn die Frau, ob er meditiere, und danach: »Wer sind Sie? Was arbeiten Sie?« Jason teilte ihr mit, dass er derzeit keiner regulären Beschäftigung nachgehe. Anschließend zeigte sie ihm das Foto, das sie von ihm gemacht hatte.

»Das Foto zeigte die ganze Dunkelkammer, aber man konnte darauf überhaupt keine Einzelheiten erkennen, nicht einmal mich. Bei jedem anderen, den die Frau fotografiert hatte, konnte man deutlich jede Einzelheit des Gesichts und des Körpers ausmachen, außerdem Lichtfunken ringsum. Aber davon war auf den Aufnahmen meiner Person nichts zu sehen. Jede Spur von Energie fehlte darauf. Die Frau teilte mir mit, sie habe in all den Jahren, in denen sie Aurafotos gemacht habe, niemals eine solche Aufnahme gesehen. Sie fragte mich, ob sie eines davon behalten dürfe, und gab mir einen Abzug davon.«

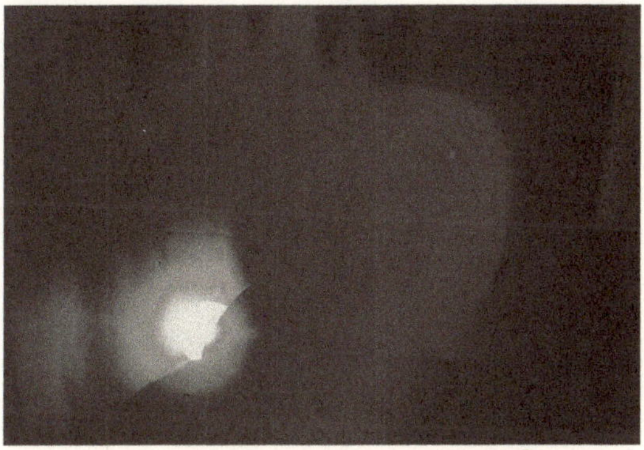

*Jasons Aurafoto: die ursprüngliche Aufnahme*

In diesem Augenblick wurde Jason klar, dass er sich möglicherweise tatsächlich von den meisten Menschen unterschied. Bald darauf sollten weitere Veränderungen in seinem Leben eintreten, als er mit den Qigong-Übungen begann.

Während wir dieses Buch, *Verbotenes Wissen*, verfassten, sah sich Jason das Aurafoto noch einmal an und beschloss, es mit Hilfe des Photoshop-Programms zu vergrößern. Interessanterweise und zu Jasons eigener Verblüffung konnte man auf der Aufnahme nun deutlich ein sonderbares, lustiges Gesicht erkennen – offenbar das Gesicht eines lächelnden Wesens. Darüber hinaus tauchten im Hintergrund, als Jason mit dem Photoshop-Programm die Helligkeit veränderte und den Kontrast verstärkte, Umrisse auf, die wie mehrere ägyptische Gestalten wirkten. Zumindest scheint es so, wenn man den Blick bewusst entspannt.

*Das vergrößerte Aurafoto von Jason, auf dem ein lächelndes Wesen zu erkennen ist*

»Qigong« kann man als »Bewegung von Energie« oder »Kultivierung der Lebensenergie« übersetzen. Diese uralte Kunst der Selbstverteidigung aus China setzt Körperhaltung, Meditation und Atmung zur Erlangung und zum Erhalt körperlicher Gesundheit und spirituellen Wachstums ein. Während Körper und Geist in diese Übungen eintauchen, stellt man eine Verbindung zu den Lebensenergien des Universums her. Man lässt diese Kräfte durch den Körper strömen, was das biologische und zugleich das spirituelle System stimuliert.

Jason führte diese Übungen täglich durch, er war wie besessen davon. Jetzt bestimmte Qigong mehr oder weniger sein ganzes Leben.

»Ich praktizierte es jeden Tag, und zwar morgens, mittags und abends«, berichtet er. Schließlich, nach etwa einem Jahr, machte etwas in ihm »Klick«, wie er sagt. »Nun spürte ich tatsächlich, wie Energie durch meinen Körper strömte. Wenn ich meine Hände aneinander legte, war es so, als wären sie zwei Magneten. Ich fühlte die Energie von einer Hand zur anderen und zurück fließen. Ich war jetzt für die Energie sensibilisiert, die durch meinen Körper floss und konnte auch die Akupunkturpunkte spüren. Wenn ich etwas aß, das mir nicht bekam, merkte ich, wie verschiedene Punkte in meinem Körper darauf mit Schmerzen reagierten.«

## Der sonderbare Text

Als Jason nach und nach die Botschaften erhielt, die unser Essen, das Wasser, die elektromagnetischen Emissionen, Außerirdische und Astralwesen betrafen, wusste er anfangs nicht, mit wem er darüber reden sollte: »Die Einzigen, die mir stets zuhörten, waren meine Freunde. Also begann ich mit ihnen über all diese verrückten Themen zu sprechen. Das war der einzige Themenkomplex, über den ich mich mit ihnen unterhalten wollte.«

Jason merkte schnell, dass sich seine Freunde bei solchen Gesprächen unwohl fühlten. Außerdem sahen sie ihn dabei so an, als hielten sie ihn für durchgeknallt. »Aber ich hatte alle diese Dinge in mir aufgestaut und konnte nicht anders, als sie den Menschen mitzuteilen, die mir am nächsten standen«, erklärt er.

Leider musste Jason feststellen, dass sich seine Freunde mit der Zeit immer mehr von ihm distanzierten. »Wenn ich heute an diese Zeit zurückdenke, frage ich mich, wieso ich mich überhaupt so weit öffnete und diese Art von Verrücktheit zur Schau stellte«, sagt er.

Was seine Paranoia noch verschlimmerte, war eine unheimliche SMS auf seinem Handy, die ohne Angabe eines Absenders bei ihm eintraf. Auf dem Display des Telefons wurden nur fünf sonderbare Symbole angezeigt. Die Nachricht lautete:

*»Wir beobachten und belauschen dich.*
*Du hörst besser auf, über uns zu reden.*
*Sonst wird das Folgen haben.«*

Als Jason das las, rastete er völlig aus und löschte die SMS auf der Stelle. »Das richtete tatsächlich ein Chaos in meinem Kopf an«, bemerkt er. »Nach Erhalt dieser Nachricht hörte ich auf, meinen Freunden so verrückte Dinge zu erzählen, und versuchte nur einfach, wieder der gute alte Jason zu sein.«

Jason hoffte, einer seiner Freunde habe sich nur einen Scherz mit ihm erlaubt. Aber wieso hatte das Display seines Handys derart sonderbare Symbole angezeigt? Bis heute hat sich keiner seiner Freunde dazu bekannt, ihm diese alarmierende Nachricht geschickt zu haben.

Jason fiel es häufig schwer, die ihm von den Wesen übermittelten Themen für sich zu behalten. Eines Abends bemerkte sein Vater, dass ihm irgendetwas schwer zu schaffen machte. »Da konnte ich mich nicht mehr zurückhalten und brach, von Gefühlen überwältigt, in Tränen aus«, sagt er. Jason vertraute seinem Vater schließlich an, was ihm zugestoßen war. Und auch, dass er außerkörperliche Erlebnisse gehabt hatte. »Obendrein erzählte ich ihm von den Wesen. Er war sehr bestürzt und versuchte mich zu beruhigen. Doch eigentlich sagte er kaum etwas dazu.«

Allerdings bat ihn sein Vater, einen Psychiater aufzusuchen. »Das lehnte ich aber unverblümt ab. Ich empfand diesen Vorschlag sogar als verletzend und beleidigend. Im Nachhinein verstehe ich natürlich, dass er mir – aus seiner Perspektive – lediglich helfen wollte.«

Einige Tage danach besuchte Jason seinen Vater wieder und benutzte dessen Computer. Dabei fiel ihm auf, dass sein Vater zahlreiche Internet-Seiten, die sich mit Schizophrenie befassten, mit einem Lesezeichen markiert und abgespeichert hatte. »Und da erkannte ich, dass ich meine Erlebnisse nie wieder Menschen anvertrauen konnte, die sich mit solchen Themen und auf solchen Gebieten nicht gründlich auskannten«, so Jason.

»Mir ging auch durch den Kopf, wie Menschen mit übersinnlichen Erfahrungen in unserer Gesellschaft behandelt werden. Ich kann mir lebhaft vorstellen, wie jemand solche Dinge seinen Eltern anvertraut und dann unversehens mit wahren ›Hämmern‹ von Medikamenten traktiert wird, wobei man ihm erzählt, dass er nicht richtig tickt oder der Teufel in ihn gefahren ist.«

Welche Ängste haben wir davor, unsere beschränkte Sicht von Realität zu erweitern?

»Vielleicht greift hier genau die Programmierung durch Wesen, deren Ziel darin besteht, uns dazu zu bringen, diese falsche Realität weiterhin für die einzig wahre zu halten«, meint Jason.

Nach dem Motto: *Stelle Autoritäten niemals in Frage. Denke niemals eigenständig. Wehre dich niemals gegen die herrschenden Mächte.*

»Wir sollen nicht aus der Reihe tanzen, sondern stets gehorchen«, sagt Jason. »Nur so kann unsere Gesellschaft nämlich auf einem vorherbestimmtem Weg bleiben, den eine unsichtbare Hand für uns ausgewählt hat.«

## Angezogen von Heilern

Von dem Zeitpunkt an, als die Wesen Jason die Botschaft ›Du musst dich selbst heilen‹ übermittelten, trieb es ihn dazu, verschiedene Schamanen, Gurus und spirituelle Heiler aufzusuchen, um von ihren Heilkünsten und Lehren zu profitieren.

»Wenn ein besonderer Heiler in die Stadt kam, buchte ich jedes Mal eine Sitzung bei ihm«, berichtet Jason. »Bei völlig unterschiedlichen Heilern lernte ich verschiedene Formen von Energie und spirituellen Heilkünsten kennen. Diese Erlebnisse haben mir die Augen geöffnet. Ich konnte spüren und nachvollziehen, was sie taten und auf welche Weise sie dabei vorgingen.

Doch was ich bei einigen dieser Heiler erlebte, schockierte mich auch. Anstatt mich zu heilen, luden sie ihr eigenes Karma und eigene belastende Energien bei mir ab. Ich kam mir wie ein Schwamm vor, der alles aufsog. Es war, als wäre der Zweck derartiger Sitzungen nicht meine Heilung, sondern dass ich die Heiler durch eine Seelenreinigung heilte.«

Oft fühlte sich Jason nach solchen Sitzungen sehr schlecht – vollgestopft mit ihn belastenden Energien und ihm unbekannten Wesenheiten. »Wenn ich dann nach Hause zurückkehrte, meditierte ich und praktizierte Qigong«, berichtet er.

Er hatte viele Fragen. Warum schickte man ihn zu diesen sogenannten Meistern? Wieso zahlte er ihnen sehr viel Geld dafür, dass sie bei ihm ihren Seelenmüll abluden?

»Die Wesen, die mit mir arbeiteten, erklärten mir, ich müsse erfahren, wie die Heilkunst funktioniert und was es mit dem Heilen in Wahrheit auf sich hat«, sagt er. »Es kam mir so vor, als wollten mich die Wesen hinter die Kulissen der Bühne führen, auf der diese Heiler auftraten.«

Die Wesen teilten ihm mit, er werde niemals einen anderen Menschen heilen können, bevor er sich nicht selbst geheilt habe. »Das war die Lektion, die sie mir erteilen wollten. Jene Heiler hatten ihre Hausaufgaben nicht gemacht. Man selbst ist der Filter des schöpferischen Lichts, das ins Bewusstsein dringt. Man lässt diese Energie durch den eigenen mentalen, emotionalen, spirituellen und physischen Körper strömen. Danach strahlt man diese Energie nach außen ab, entweder ins Universum oder zu einem potenziellen Empfänger. Wenn man jedoch selbst blockiert oder innerlich mit belastenden Energien, Gedankenformen, dem eigenen Karma oder Wesenheiten beschäftigt ist, kann man all dies auf jeden Menschen übertragen, der bereit ist, sich dafür zu öffnen. Viele Menschen behaupten einfach, sie verfügten über positive Energie, weil sie sich auf Liebe und Licht konzentrieren oder mit einem im Wissen fortgeschrittenen Heiler zusammenarbeiten. Aber Liebe, Licht und irgendein anderer Mensch können nicht kaschieren, was man tief in seinem Inneren verbirgt. Ein solcher Versuch wird, im Gegenteil, nur das verstärken, was man zu unterdrücken versucht.«

Wie also kann man jemanden heilen, wenn man selbst noch an sich arbeiten muss?

»Es gibt Kanäle von Energie, die einen ständig durchströmen«, antwortet Jason.

Aber was ist, wenn diese Kanäle nur sehr wenig Energie mit sich führen?

Was, wenn es darin Stellen gibt, die blockiert sind?

Wie wirkt sich das auf den Fluss und die Beschaffenheit der eigenen Energie und Gesundheit aus?

»Wir müssen diese Kanäle so reinigen, dass das Licht ungehindert hindurchströmen kann«, erklärt Jason. »Diese Kanäle füllen das Gefäß, das man als Mensch darstellt, mit Leben und führen einem Energien aus der Natur zu, die einen umgibt.«

Stellen Sie sich selbst als ein Gefäß vor, das Lichtenergie enthält, geschöpft aus der Quelle allen Seins. Was wäre, wenn man Ihnen einen Spiegel dieses Gefäßes und dessen Inhalt zeigen würde? Würden Sie sich über das, was Ihnen gezeigt wird, freuen?

»Die meisten Menschen, die auf dieser Erde wandeln, wirken so, als wäre ihr Gefäß von einer Lehmschicht umhüllt und mit etwas gefüllt, dass Schlamm ähnelt«, meint Jason. »Das ist kein besonders hübsches Bild und nicht das, was Menschen gern hören oder sich eingestehen würden.«

Dazu ein anderes bildliches Beispiel: Stellen Sie sich eine Flasche mit Cola und eine andere mit Wasser vor. Welche enthält mehr Licht?

»Der Weg der Heilung«, erklärt Jason, »setzt die Fragen voraus: Wie können wir die Dunkelheit, die wir in uns tragen, in Licht verwandeln? Wie können wir so rein werden wie das Wasser in der Flasche?«

Nur durch den Heilungsprozess können wir uns höheren Energien und Wesenheiten öffnen.

»Man muss die geeignete Resonanz und Energie in sich aufgebaut haben, um diese höheren Energien zu empfangen und sich mit ihnen zu verbinden«, fährt Jason fort. »Diese höheren Wesenheiten können zu einem nur durchdringen, wenn die eigene Energiemenge dazu ausreicht, deren Bewusstseinsfelder in sich aufzunehmen. Wir müssen außerdem sehr darauf achten, mit welcher Art von Energie wir dabei verbunden sind oder auch, welche wir empfangen.

Es gibt viele medial veranlagte Menschen, die mit im astralen Bereich sehr niedrig angesiedelten Wesenheiten Verbindung pflegen. Diese

Wesen verbinden sich mit ihnen auf telepathische Weise, durch ihre mentalen Körper.

Man muss berücksichtigen, dass da draußen auch viele Betrüger unterwegs sind, und die gelieferten Informationen werden durch ihre Wahrnehmung von Realität gefiltert. Diese Wirklichkeit ist die Realität dessen, was wir mit uns herumschleppen. Wir sehen die Welt durch die Brille unserer Verletzungen.«

Mehrere medial veranlagte Menschen haben in jüngster Zeit offenbart, dass man sie getäuscht hat und es ihnen sehr leid tut, bestimmte Botschaften übermittelt zu haben.

»Sie mussten feststellen«, so Jason, »dass man sie zu Experimenten der Gedankenkontrolle missbraucht hat und die Botschaften, die sie empfingen, Fehlinformationen enthielten. Diese Fehlinformationen zielten darauf ab, eine bestimmte Geschichte und ein bestimmtes Vorhaben zu untermauern. Diese Ereignisse haben das Leben und die Glaubwürdigkeit der betroffenen Menschen zerstört.

Wenn wir uns auf den Weg der Heilung begeben, befreien wir uns nach und nach von den tief in unserem Inneren wohnenden üblen und hemmenden Energien. Und zugleich beginnen wir damit, sie durch reine Energien aus dem Ursprung allen Seins zu ersetzen, bis sie uns ganz erfüllen. Dieser Prozess baut mit der Zeit alle Erscheinungsformen unseres Körpers auf und stärkt sie.

Je reiner man selbst wird, desto mehr lässt man hinsichtlich der Qualität wie auch der Quantität zu, dass einen das Bewusstsein des Lichts durchströmt. Es ist ein Prozess des Aufbaus, der das Bewusstsein auf der tiefsten Ebene verändert.«

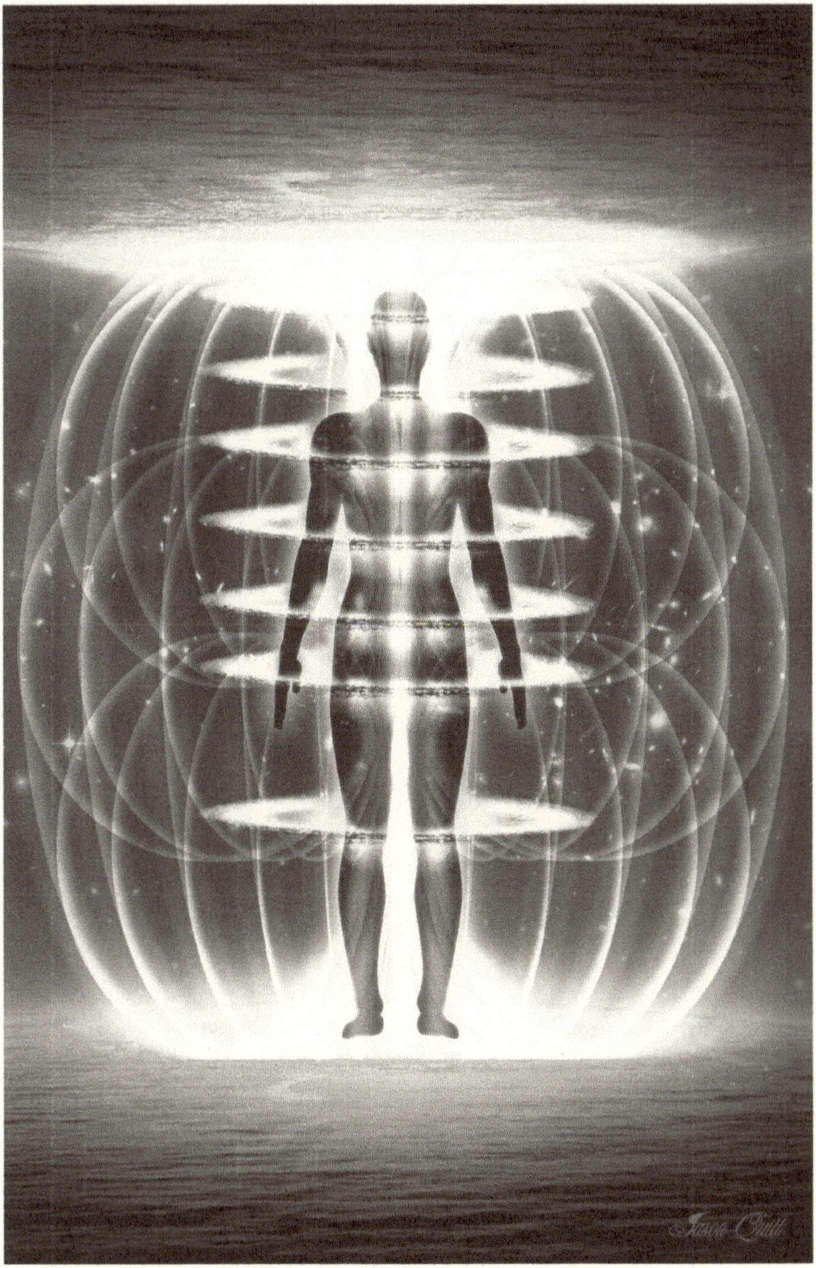


*Jason Quitts Originaldarstellung der Energiekörper*

*Jason Quitts Originaldarstellung des Chakrasystems*

# 6 Begegnung mit Thoth

Es dauerte nicht lange, bis Jason mit absoluter Sicherheit wusste, dass für ihn ein Leben bestimmt war, das er sich nie und nimmer hätte vorstellen können. Mit unorthodoxen Methoden heilte er seinen Körper. Zugleich hatte er völlig unglaubliche Erlebnisse außerhalb seines menschlichen Körpers, wenn er mit Wesen, die er noch immer nicht deutlich gesehen hatte, auf Zeitreisen ging.

Was als Nächstes passierte, veränderte sein Leben grundlegend.

Jason beschloss, die jährliche Gesundheitsmesse in Toronto zu besuchen. Als er durch die Gänge schlenderte, stieß er auf einen Messestand, an dem ein seltener russischer Stein namens Schungit verkauft wurde. Solche Steine sind angeblich mindestens zwei Milliarden Jahre alt und man sagt ihnen nach, dass sie sehr wirksame Antioxidantien enthalten. Die Energien dieser uralten Steine, so nimmt man an, absorbieren und beseitigen alles, das eine gesundheitliche Bedrohung für den Menschen darstellt.

»An dem Stand hing das Bild eines aufrecht stehenden ägyptischen Pharaos, der in jeder Hand einen Stab hielt«, berichtet Jason. »Das erregte sofort meine Aufmerksamkeit.«

Marz, der Inhaber des Messestands, reichte Jason zwei solcher Stäbe, und er nahm sie genau wie der Pharao auf dem Bild in die Hände. »Als ich danach griff, spürte ich sofort eine Welle von Energie durch meinen Körper strömen. Ich kannte dieses Gefühl gut. Es war dasselbe Gefühl, das ich beim Praktizieren von Qigong hatte.«

Jason kaufte die Stäbe und begann sie zu Hause zu benutzen. Wieder einmal nahm sein Leben eine dramatische Wendung. Durch die beim Qigong in geregelte Bahnen geleitete Energie hatte sich sein Gesundheitszustand mittlerweile merklich verbessert. Nun nutzte er auch die Stäbe zu täglichen Übungen.

»Wenn ich sie in den Händen hielt, spürte ich an verschiedenen Stellen meines Körpers starke Schmerzen«, erklärt Jason. »Ich bewegte dann jedes Mal meine Arme und ließ sie verschiedene Positionen einnehmen. Bei entsprechender Körperhaltung merkte ich, wie die Energie dorthin floss, wo der Schmerz saß. Diese Haltung behielt ich dann einige Zeit bei. Zunächst nahm der Schmerz sogar noch zu, doch irgendwann fühlte es sich so an, als stieße die Energie den Schmerz aus meinem Körper heraus.«

Jeden Morgen erwachte Jason mit anderen Schmerzen und ging dagegen mit Übungen anhand der Stäbe und von Qigong vor. »Nun heilte ich mich tatsächlich selbst, genau wie es mir die Wesen aufgetragen hatten.«

Eines Nachts suchte ihn ein neues Wesen auf. Es war ein ägyptischer Pharao. »Ich wurde zu einem ägyptischen Tempel gebracht. Dort stellte sich der Pharao vor mir auf und zeigte mir verschiedene Körperpositionen und Möglichkeiten, meine Arme und Hände zu halten. Ich ahmte es ihm nach, und dabei kam es mir so vor, als öffnete sich etwas oberhalb meines Körpers. Und plötzlich strömte so etwas wie warme Sonnenenergie durch meinen Leib. Diese Energie war so stark, dass es sich anfühlte, als vibrierte mein ganzer Körper heftig. Wenn ich in meinem Bett wieder aufwachte, hielt ich meine Arme immer noch in derselben Stellung und konnte nach wie vor spüren, wie Energie durch meinen Körper floss.«

Fast jede Nacht wurde Jason zu einem Tempel gebracht. Und jedes Mal zeigten ihm wechselnde Pharaonen verschiedene Körperhaltungen. »Im Grunde ahmte ich nur das nach, was sie mir vormachten. Alles, was sie taten, machte ich dann auch. Wir kommunizierten nicht verbal miteinander, sondern nur durch Körperhaltungen.«

Den Leserinnen und Lesern, die zufälligerweise altägyptische Abbildungen oder Kunstwerke besitzen, wird aufgefallen sein, dass die Figuren oft so wirken, als würden sie auf spezifische Weise aufrecht stehen und ihre Hände und Arme ebenfalls auf besondere Weise halten.

*Der am Schungit-Stand abgebildete Pharao, der in jeder Hand einen Stab hält*

Während seiner nächtlichen Ausflüge lernte Jason Hunderte energetische Übungen der alten Ägypter kennen und eignete sie sich an.

»Es war fast so, als wollte man mich ausbilden und dabei mein wahres Potenzial wecken«, erklärt er. »Die Körperhaltungen der Ägypter entsprachen genau den Abbildungen, die ich gesehen hatte.«

Jason begann damit, alle Körperhaltungen, die er gelernt hatte, zu dokumentieren. »Ich ging zu Bibliotheken, lieh mir Bücher über Ägypten aus und scannte alle Positionen ein.«

Er sammelte alles, was er in die Hände bekam, nahm das Material zu seiner Cousine Saundra mit und erzählte ihr, was er erlebt hatte. »Sie übermittelte mir die Bedeutungen der Körperhaltungen und half mir dabei, sie in die korrekte Reihenfolge zu bringen. Ich übte mich Tag und Nacht darin, um mich mit diesen neuen Energien vertraut zu machen.«

Die neuen Übungen zeigten mehr Wirkung als das Qigong, wie Jason bald feststellte. »Ich spürte, dass die Körperhaltungen der Ägypter viel größeren Einfluss auf mich hatten. Im wahrsten Sinne des Wortes fühlte ich, wie sich das Energiesystem meines Körpers im Laufe der Übungen veränderte.«

Während seiner Ausflüge zu den ägyptischen Tempeln stellte man ihm eines Nachts Thoth vor. Jason war damals etwa fünfundzwanzig Jahre alt.

*Die ägyptische Gottheit Thoth*

Nach Aussagen akademisch ausgebildeter Historiker und Archäologen, die sich mit der Kultur und der Religion Altägyptens beschäftigen, betrachtet man Thoth als Gottheit der Schrift und des Wissens. Die Ägypter glaubten, er habe ihnen die Hieroglyphenschrift geschenkt. Darüber hinaus verband man ihn mit dem Mond. In Zeichnungen wird Thoth mit einem menschlichen Körper, aber dem Kopf eines Vogels dargestellt. Als Jason ihm begegnete, ähnelte er allerdings einem alten Mann. Er erschien ihm in körperlicher Gestalt und trug ein Gewand. Trotz dieses Erscheinungsbildes war Jason klar, dass es sich um Thoth handelte. Während Jasons Zeitreisen im Astralkörper nahm die Gottheit ihn zu einem Tempel mit.

»Er hatte eine sehr tiefe Stimme, die von den Mauern des Tempels fast widerhallte«, berichtet Jason. »Er führte mich einen Gang entlang und sprach dabei. Es klang jedoch eher so, als betete er.«

Während dieser ersten Begegnung mit Thoth fand sich Jason unversehens in einem langen, von Kerzen erhellten Durchgang wieder. Er ist sich diesbezüglich zwar nicht sicher, hält es aber für möglich, dass der Durchgang in einer der Pyramiden lag.

Dokumente aus Altägypten legen nahe, dass Thoth mehrere wesentliche und herausragende Rollen in der ägyptischen Mythologie spielte. Unter anderem hielt er die Ordnung des Universums aufrecht und war eine der beiden Gottheiten, die jeweils auf einer Seite der Sonnenbarke des Sonnengottes Ra standen. Die andere Gottheit war Maat, die Göttin der Wahrheit und Gerechtigkeit. In der späteren Geschichte Ägyptens wurde Thoth vor allem die Schlichtung von Auseinandersetzungen zwischen den Göttern zugeschrieben, außerdem die Kunst der Magie, das Schriftsystem, die Entwicklung der Wissenschaft und der Richtspruch über die Toten.

Während einer von Jasons Begegnungen mit ihm führte Thoth ihn in eine Kammer, wo sie beide vor einem offenen Sarkophag stehen blieben. Jason wusste sofort, wen er vor sich sah: Es war Osiris. Er hatte den Körper eines Menschen und den Kopf eines Stiers. »Doch aus mir unbekannten Gründen waren seine Beine unterhalb der Knie abgetrennt«, bemerkt Jason.

Der überlieferten Geschichte nach ist anzunehmen, dass die Menschen in Altägypten Osiris als einen ihrer wichtigsten Gottheiten betrachteten. Er war der Gott des Jenseits und der Unterwelt sowie der letztlich entscheidende Richter über die Verstorbenen und galt auch als Gott der Wiederauferstehung und der Wiedergeburt. Zwar wurde er hin und wieder mit einem Stierkopf dargestellt, meistens jedoch als grün- oder dunkelhäutiger Mann mit dem Bart eines Pharaos, dessen Beine zum Teil wie bei einer Mumie umwickelt waren. Mitunter trug er auch eine auffällige Krone, die auf jeder Seite mit einer großen Pfauenfeder verziert war.

Im Tod verbanden sich die Herrscher über Ägypten mit Osiris, und da Osiris vom Tode wiederauferstand, vollzogen sie zusammen mit ihm die Wiederauferstehung und erlangten als seine Epigonen durch einen magischen Vorgang das ewige Leben.

*Jasons Vision von Osiris mit einem Stierkopf, der in einem Sarkophag liegt*

Jason hatte Ehrfurcht vor Osiris. Er spürte auch eine starke Verbindung mit ihm. Es kam ihm so vor, als schwänge seine Energie im Gleichklang mit ihm.

Gemäß uralter Texte und der frühesten Aufzeichnungen wurde Osiris von einem bösen König namens Seth ermordet und zerstückelt. Doch die Ägypter hielten die Macht des Osiris für so groß, dass sie an seine Wiederauferstehung glaubten. Dieser Glaube führte ursprünglich dazu, dass sich Pharaonen und diejenigen, die es sich leisten konnten, nach dem Tod mumifizieren ließen, um das ewige Leben zu erlangen.

Bei Jasons Begegnung mit Osiris im Sarkophag betete Thoth, löste Schmuck von Osiris und hängte ihn Jason um. Thoth war kein Geist, sondern bei allen Erlebnissen Jasons in den Tempeln ganz und gar körperlich anwesend.

»Es ähnelte einem Initiationsritual«, erklärt Jason. »Ich fühlte mich außerordentlich geehrt und privilegiert, und mich überwältigte ein

*Osiris wurde mitunter auch als grün- oder dunkelhäutiger Mann mit Bart dargestellt.*

sehr altes religiöses Gefühl. Es war so, als würde wieder die Verbindung zu irgendetwas hergestellt, das ich verloren hatte. Als wäre ich ein Pharao, der durch diese Initiation die eigenen Schritte in die Vergangenheit zurückverfolgen konnte.«

Bei einer weiteren Zeitreise erlebte Jason etwas, das ihm wie eine abschließende Zeremonie vorkam. Dabei reichte ihm Thoth einen Messingbehälter und forderte ihn auf, ihn zu öffnen.

»Als ich diesen Behälter öffnete, drangen unglaublich kräftige schöne Töne heraus«, berichtet Jason. »Es klang so, als hätten Millionen von Menschen einen Lobgesang angestimmt. Nur so kann ich es beschreiben. Der Gesang war überaus eindrucksvoll. Es kam mir so vor, als hätte sich in dem Moment jede Pore in meinem Körper geöffnet, um diese Töne in sich aufzunehmen.«

Als Jason von dieser Zeitreise zurückkehrte und aufwachte, überwältigten ihn die Gefühle. »Ich setzte mich im Bett auf und heulte mir die Augen aus dem Kopf. Es war so, als hätte dieses Erlebnis meinen ganzen Körper erschüttert. Aber es waren Freudentränen, die ich weinte, Tränen, durch die ich mich von früheren Verletzungen verabschiedete, damit ich den nächsten Schritt in meine Zukunft tun konnte.«

Am folgenden Abend nahm Thoth ihn zu einem Gebäude mit, das einem Lagerhaus ähnelte. »Thoth reichte mir mehrere Schriftrollen und teilte mir mit, ich sei wieder als Pharao eingesetzt und trage nun alle Kräfte und die Geschichte Ägyptens in mir.«

Interessant ist dabei die Formulierung »*wieder* als Pharao eingesetzt«, denn sie impliziert ja, dass Jason früher einmal Pharao gewesen war.

Das neue Wissen nutzte Jason nicht nur dazu, sich weiterhin selbst zu heilen, sondern ab 2007 auch dazu, Unterricht in ägyptischen Übungen und Körperhaltungen zu erteilen. Dazu schrieb er auch ein Buch mit dem Titel *Egyptian Postures of Power, Ancient Qigong System* (»Ägyptische Körperhaltungen, die Kraft verleihen – das alte Qigong«).

»Mir wurde unmissverständlich übermittelt, dass das, was ich gelernt hatte, große Bedeutung hat und ich es mit jedem teilen sollte, der diese Kenntnisse erwerben wolle«, berichtet Jason. »Es kam mir so vor, als sei ich durch die Einübung uralter ägyptischer Körperhaltungen zum Vermittler der damit verbundenen Energien an die Menschheit vorgesehen.«

Als Jason sein Buch zusammenstellte, erhielt er die folgende Botschaft: »Wir haben den Planeten, den ihr Erde nennt, bei seiner Entwicklung viele Phasen durchlaufen sehen. Manche würden wohl sagen, dass die Erde derzeit am Rande einer Katastrophe entlang taumelt. Aber wir, die wir uns auf den von Grund auf anderen Ebenen befinden, wissen, dass dies Teil der Evolution ist, welche die sich ausbreitenden Lebensformen auf ihrem Weg der spirituellen Entwicklung durchmachen müssen. Es gibt einige Kinder der Erde, die hier inkarniert sind und nun als Botschafter des Lichts agieren, um dazu beizutragen, diese Lebensformen aus der Dunkelheit herauszuführen.«

Was das bedeutet und was man Jason durch diese Botschaft mitgeteilt hat, heißt in Umgangssprache übersetzt, dass er eine der entwickelten Seelen ist, deren Geschichte nicht auf der Erde, sondern in einem anderen Sternensystem begann. Er hatte viele Inkarnationen – in Lemurien, Atlantis und auch in Ägypten, wo er die Mysterienschulen der Pharaonen leitete. In diesen Schulen wurden nur Menschen königlichen Bluts ausgebildet. Saundra und Jason, in diesem Leben Cousin und Cousine, waren im alten Ägypten Bruder und Schwester. Gemeinsam unterrichteten und heilten sie in der Ägyptischen Schule der Ewigen Lebenskraft. Sie haben ihre Verpflichtung dieser Welt gegenüber erkannt und sich an die ägyptischen Körperübungen des Kraft verleihenden Qigong erinnert.

*Auf einem Strand in Florida führt Jason einige von Hunderten ägyptischer Körperhaltungen vor*

»Diese uralten Techniken sind für unsere modernen Zeiten gut geeignet«, versichert Jason. »Das ägyptische Kraft-Qigong trägt zur körperlichen und psychischen Gesundung bei und eröffnet viele Möglichkeiten, die eigene Lebenskraft mit der obersten, kosmischen Energieebene zu verbinden, sodass man seinen höchsten Bestimmungen gerecht werden kann.«

Für die Leserinnen und Leser des vorliegenden Buches mag die Vorstellung, dass uralte ägyptische Körperübungen zu unserem Wohlbefinden beitragen können, schwer nachzuvollziehen sein. Doch Jason hofft, dass die folgenden Erläuterungen dieses Konzept verdeutlichen können:

»Wir leben in einem offenen Energiesystem, in dem wir fortwährend durch unsere Chakras, Kanäle und Energiekörper empfangen, übermitteln, uns mit unseren inneren und äußeren Welten verbinden und mit ihnen kommunizieren. Alles, was wir sind, und alles, was wir in uns haben, sei es positiv oder negativ, wird ins Universum übertragen. Und wie von einem großen Spiegel werden die Energien des Universums an uns zurückgeschickt. Wenn wir uns in unserem höchsten Stadium befinden und bewegen, sind unsere Energien mit dem natürlichen Energiefluss des Universums verbunden und in vollkommener Harmonie mit ihm gleichgerichtet. Diese Übereinstimmung oder Harmonie stärkt, heilt, verändert und erweitert unser Bewusstsein, hebt es auf neue Ebenen. Der damit einhergehende natürliche Energiefluss reguliert und synchronisiert alle unsere inneren Uhren und Körperfunktionen. Wenn wir mit diesem natürlichen Energiefluss nicht verbunden und im Gleichklang mit ihm sind, lässt unsere Energie nach und wir wenden uns anderen Energiequellen zu, um unsere Bedürfnisse durch bestimmte Abhängigkeiten, Süchte und Obsessionen zu befriedigen. Doch diese entsprechen nicht dem natürlichen Rhythmus der Energie, der nötig ist, sich die Gesundheit und die Lebenskraft zu erhalten.«

Im Laufe der Zeit manifestieren sich die negativen Energien in allen möglichen Krankheitssymptomen und Krankheiten.

»Unsere Körper sind buchstäblich große Antennen zum Empfang oszillierender Frequenzen«, erklärt Jason.

»Unser Denken, unsere Überzeugungen und unser Lebensstil haben Auswirkungen darauf, welche Energien wir ans Universum abgeben. Leider sind unsere Energiesysteme heutzutage größtenteils angegriffen oder funktionieren sogar überhaupt nicht mehr, allein schon deswegen nicht, weil unser Bewusstsein von dieser modernen Welt geprägt ist. Die Welt, in der wir heute leben, basiert auf der Wirtschaft, auf dem Kapitalismus, auf dem Kampf um Ressourcen und auf fundamentalistischer Religion. All das schädigt den natürlichen Energiefluss, und das führt zu Zerstörung und Chaos. Diese negativen Energien schlagen sich in unseren Energiefeldern nieder, denn wir haben sie selbst geschaffen.

Außerdem schleppen wir in unseren Energiesystemen noch die Erinnerungen und Energien unserer vergangenen und zukünftigen Leben mit herum. Der Grad, in dem wir Negatives oder Positives in uns tragen, wirkt sich auf unsere Verbindung mit den universellen Kräften aus. Indem wir uns selbst heilen, können wir uns der natürlichen Ordnung und dem Gleichgewicht von Energien annähern.

Wir haben vergessen, dass wir ein Mikrokosmos innerhalb des Makrokosmos sind. Unsere Körper sind auf spezifische Weise gestaltet, und zwar mit der unantastbaren Geometrie und den mathematischen Proportionen, die sich auch in der Natur spiegeln.«

Jason meint, dass es sehr wichtig für uns ist, die Geometrie unserer Körper zu verstehen: »Wenn unsere Körper eine bestimmte Haltung einnehmen oder wir eine symbolische Handgeste vollführen, verändern wir uns und verbinden uns durch die Gesetze der Resonanz mit spezifischen Energien. Bei all den Veränderungen, die derzeit auf und mit der Erde vor sich gehen, ist es sehr wichtig, diese Veränderungen in unserem Inneren einzuordnen und zu integrieren, damit wir fest im Boden verankert und im Gleichgewicht bleiben, unabhängig davon, was in unserem Leben passiert.«

Jede körperliche Geste kann man als besondere Schwingung betrachten, die ein Energiefeld rings um den Körper erzeugt. »Wenn man dabei in einer bestimmten Reihenfolge vorgeht, baut man bewusst einzigartige Energiestrukturen rings um den Körper auf«, erläutert

Jason. »Diese Schwingungen sind wie ein Code von Harmonien, der Musik in den Kosmos hinausschickt.«

Und er fährt fort: »Ich glaube, wir sind in diesem Leben dazu da, unsere Bestimmung zu erfahren und unser Karma auszuleben, damit wir uns entwickeln und zu höheren Ebenen der Existenz aufsteigen können. Wenn wir an früheren Erfahrungen, Gedankenformen, Traumata und Emotionen festhalten, ziehen sie uns ohne unser Wissen herunter und wirken sich sehr schädlich auf unsere jeweilige Lebenssituation und künftige Lebenswege aus.«

Die alten Ägypter glaubten, dass der Geist eines Menschen nach seinem Tod vor den Götterthron gebracht wird, wo man über ihn urteilt. »Dieses Urteil wurde gefällt, indem man das Herz eines Verstorbenen auf eine Waagschale legte und die Feder der Wahrheit auf eine andere«, erläutert Jason. »War das menschliche Herz schwerer als die Feder, wurde der Mensch zu einem neuen Versuch in die Welt zurückgeschickt. Wog das Herz genauso viel wie die Feder, hatte man eine Wahl: Entweder konnte man zu einer höheren Ebene aufsteigen, um eine der Gottheiten zu werden, oder als einer der von den Gottheiten ausgesuchten Pharaonen in die Welt zurückkehren.

Dieser Glaube spielte für einen sich entwickelnden Geist eine wichtige Rolle. Der Sinn lag in der Lehre, dass das, was man in seinem Herzen trägt, den eigenen Lebensweg bestimmt. Wenn man Angst, Zorn, Schuldgefühle oder Hass mit sich herumschleppt, kann man nicht zu einer höheren Ebene aufsteigen. Nur ein reines Herz voller Wahrheit und Liebe führt zum richtigen Weg.

Bei den Körperübungen der alten Ägypter bewegen wir uns sehr bewusst und lösen uns von Lebensphasen, die von negativer und hemmender Energie bestimmt waren und uns dadurch in negativen Denk- und Verhaltensmustern gefangen hielten. Je mehr wir üben, desto mehr verändern und reinigen sich unsere Energien, sodass wir zu höheren Sphären der Erfahrung fortschreiten können.«

Aber diese Übungen wurden nicht nur im alten Ägypten praktiziert. Tatsächlich sind sie sogar älter als die Geschichte der Menschheit. »Deren Geschichte zieht sich durch viele Zeitalter, Dimensionen und

Sternensysteme«, sagt Jason. »Ursprünglich wurden diese Übungen unserer frühen Zivilisation von den Plejaden übermittelt und anschließend in Atlantis praktiziert, als die Dinge dort nach und nach aus dem Gleichgewicht gerieten.«

Die Plejaden sind eine Sternengruppe in der Konstellation des Taurus und zählen zu denen, die der Erde am nächsten liegen – etwa fünfhundert Lichtjahre von unserem Planeten entfernt. Es gibt Belege dafür, dass alle uralten Kulturen diese Sternengruppe kannten, einschließlich der Mayas, der Azteken, der Chinesen und Japaner, der amerikanischen und kanadischen Ureinwohner und natürlich auch die Kultur Altägyptens. Gemäß uralter Theorien über Außerirdische und Forschungen einiger UFOlogen lebte in diesem Sternensystem auch die außerirdische Spezies der Plejader.

*Das Sternensystem der Plejaden*

Jason teilt die uralte Annahme, dass sich die Menschheit nicht im Laufe einer natürlichen Evolution herausgebildet hat, sondern durch genetische Eingriffe geschaffen wurde, bei denen sich die DNA der damals auf der Erde lebenden Hominiden mit einer DNA außerirdischen Ursprungs vermischte. Er behauptet, dass die uralten Körperübungen uns von den ursprünglichen außerirdischen Vorfahren, die die Menschheit auf der Erde erschufen, übermittelt wurden.

»Diese Übungen zielten darauf ab, die Schwingungen des menschlichen und planetaren Bewusstseins zu verändern, um künftige Katastrophen zu verhindern. Und da die Menschheit jetzt wieder einmal auf eine solche Katastrophe zusteuert, wurden uns diese Übungen erneut übermittelt. Sie sollen denjenigen, die sie praktizieren, dabei helfen, den negativen Einflüssen und Veränderungen der Umwelt ringsum zu entkommen. Bei regelmäßiger Durchführung entwickeln diese Übungen die Kraft, dem Praktizierenden die Geheimnisse des Aufstiegs zu höheren Ebenen zu offenbaren. Die Übungen wurden verändert und dem menschlichen Nervensystem angepasst, denn jede Zivilisation unterscheidet sich in dieser Hinsicht leicht von der anderen. Diejenigen, die bereit sind, diese Energien zu empfangen, werden mühelos Zugang zu deren Frequenzen erhalten.«

Jason ist davon überzeugt, dass diese Übungen ein großes Geschenk an die Erde und die Menschheit darstellen. Das ist einer der wichtigsten Gründe dafür, dass er in das Leben auf der Erde zurückgekehrt ist.

»Ich spürte, dass es meine Aufgabe ist, dieses verlorene Wissen wiederherzustellen und zu vermitteln. Auf diese Weise können wir nämlich nicht nur uns selbst heilen, sondern auch zur Gesundung unserer Umwelt und zur besseren Bewältigung unserer Vergangenheit beitragen und die Voraussetzungen für eine neue Zukunft schaffen.«

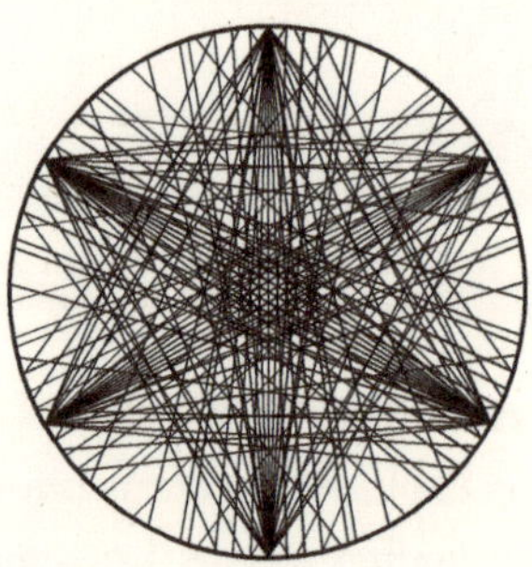

# 7 Das Spinnennetz

Im August 2006 wurde Jason eines Nachts von einer sehr lauten Stimme geweckt. »Möchtest du etwas über deine früheren Leben erfahren?«, fragte sie. Selbstverständlich reagierte Jason darauf schockiert und erwiderte: »Nein!« Erst einmal holte er tief Luft, um sich zu beruhigen, dann schlug er die Augen auf. In der hinteren Ecke seines Schlafzimmers stand ein Wesen, das eine Kapuze trug. Es unterschied sich jedoch von den »verhüllten« Wesen, denen er zuvor begegnet war. Sofort korrigierte er sich und stieß ein »Ja, das würde ich gern!« aus. Immer noch verblüffte ihn der Anblick dieses Wesens, das nun langsam auf ihn zuging. Es schien zwischen ein Meter zwanzig und ein Meter fünfzig groß zu sein. Jason bekam die Gesichtszüge und den Körper des Wesens nie zu sehen, weil es ein langes Gewand mit einer Kapuze trug, das dunkelbraun sein mochte. Es sprach mit äußerst hoher Stimme.

»Bei dieser Tonfrequenz klingelten mir die Ohren«, berichtet Jason. Ich fragte das Wesen, warum es ein Gewand trage. Die Antwort war recht interessant. Es erwiderte nämlich, seine Energien seien so stark, dass ich, würde es die Kleidung ablegen, bei meinem Bewusstseinsstand wegen der Leuchtkraft dieser Energien auf der Stelle verglühen würde.«

Mit jedem Schritt, den das Wesen näher kam, spürte Jason stärkere Vibrationen. Das Wesen ging zur Wand hinter Jasons Bett und begann mit viel Druck, etwas darauf zu schreiben. »Ich konnte es so laut hören, als ritzte das Wesen etwas in die Mauer. Danach nahm es auf meinem Bett Platz und bat mich, ein bestimmtes Mantra zu wiederholen. Es ließ mich das Mantra so lange wiederholen, bis ich es auswendig ohne Fehler hersagen konnte. Dann begann es zu sprechen.«

Die Botschaft, die das Wesen übermittelte, lautete:

*»Diese Schrift an der Wand nennt man eine ›Ektospur‹. Sie wurde hier für kurze Zeit angebracht, wird aber länger als die Zeit zugänglich sein. Sie kann jederzeit zu einem anderen Ort übertragen werden. Sie ist mit den sieben ätherischen Paralleluniversen verbunden und stellt ein Tor zu allen Welten dar. Den Zugang zu dieser Schrift erhält man durch Zeiten der Meditation, aber auch durch die Traumzeit. Vor dem Schlafengehen kann man auch Zugang zu ihr erlangen, indem man seine Hände auf die Wandoberfläche legt, mit Hilfe eines geheimen Mantras meditiert, danach die Hände sanft von der Wand löst und sie auf sein Drittes – inneres – Auge legt, denn dann erhält man während der Traumzeit Zugang zu der Kraft. Diese Schrift haben wir dir zum Geschenk gemacht. Sie verbindet zwei Welten miteinander.«*

Danach erhielt Jason eine zweite unfassbare Botschaft. Er erfuhr, dass die »Wesenheit« namens »Jason« in dieser Welt viele Male inkarniert sei. Meistens habe er nicht das Erwachsenenalter erreicht, da andere Wesen sein Leben in vielen seiner Reinkarnationen vorzeitig beendet hätten. In einem seiner früheren Leben – damals lebte er in China – habe ihn ein Fluss mit sich davongetragen. In einem anderen Leben sei er in einer Schlacht durch das Schwert umgekommen. In jenem Leben sei er ein hitzköpfiger junger Mann gewesen und habe seine Energie nicht angemessen genutzt, denn er habe sie dazu verwendet, in Kriegen zu kämpfen, anstatt zu heilen.

Jason konnte sich später einige dieser früheren Leben ins Gedächtnis rufen.

Während eines früheren Lebens in Japan war er ein mächtiger Schwertmeister in den Diensten eines Shogun gewesen. »Zur Eroberung von Gebieten führte ich viele Menschen in die Schlacht«, berichtet er. »Ich hatte ein Langschwert und war ein Meister der Kampfkünste. Ich erinnere mich aber nur noch an eine dieser Schlachten. Es war wie eine Filmszene: Auf dem Schlachtfeld lenkte ein Soldat sein Pferd direkt auf mich zu. Ohne jede Angst rannte ich meinerseits auf den

Soldaten zu und hielt mein Schwert dabei hinter meinem Rücken verborgen. Sobald ich in Schlagweite gelangte, schwang ich das Schwert um meinen Körper herum und nach oben und trennte dem Pferd durch einen Hieb in dessen Genick den Kopf ab. Als der Soldat nach vorne flog, sprang ich in die Luft und durchbohrte ihn mit dem Schwert. In einer einzigen fließenden Bewegung tötete ich das Pferd und dessen Reiter. Als mir das wieder einfiel, war mein einziger Gedanke, was für ein knallharter, übler Typ ich früher gewesen sein musste. Aber es war nur eines mehrerer Leben, in denen ich meine Gaben dazu missbrauchte, Kriege auszutragen.«

*Das Wesen, verhüllt mit Kutte und Kapuze, das Jason diese Informationen übermittelte*

Im heutigen Leben hat die Wesenheit namens Jason aus den früheren Erfahrungen gelernt und meidet die Gewalt und negative Energien. In Jasons gegenwärtigem Leben hat man ihm mitgeteilt, er müsse stets im Kopf behalten, dass er mit der Quelle allen Seins verbunden und von ihr umgeben ist. Nicht nur durch passende Chakras könne er sich mit dieser Quelle verbunden fühlen, sondern auch durch ein ätherisches Netz von Licht, das alle anderen Welten miteinander verknüpft. Das

Wesen teilte ihm mit, dass seine Gefährten und Familien dort auf ihn warteten. Durch Meditation und in der Traumzeit werde er sie erreichen können. Er werde Botschaften erhalten, die ihm den vor ihm liegenden Weg zeigen würden, den er gehen müsse.

Eine weitere Botschaft des Wesens lautete:

> *»Lange vor Anbeginn der Zeit wurden viele Länder und Universen durch das ›Spinnennetz‹ miteinander verknüpft. Dieses Spinnennetz bot vielen Zivilisationen und Universen die Möglichkeit, sich miteinander zu verbinden und miteinander zu kommunizieren. Leider wurden diese Verbindungen absichtlich von denen durchtrennt, die sie entdeckt hatten und selbst die Kontrolle über verschiedene Welten übernehmen wollten.«*

»Das ist die größte denkbare Verschwörung, denn sie betrifft nicht nur die Menschheit, sondern das ganze Universum«, sagt Jason. »Es spielt keine Rolle, ob die Regierung von Aliens weiß. Wir wissen es schon seit mehr als fünfzig Jahren.«

Jason zufolge waren die Schöpfer dieses »Großen Spinnennetzes« nur als die »uralten Baumeister« bekannt. Sie sind unvorstellbar alt und gehören nicht einmal zu unserer Zeitlinie.

»Man nimmt an, dass diese Wesen vor vielen Zeitaltern zu ihrer Ebene aufstiegen«, erklärt Jason. »Sie hatten außerordentlich große Macht und waren in technologischer Hinsicht so weit fortgeschritten, dass ihre Technologien unser Begriffsvermögen übersteigen. Ihre Gegenwart spürte man im ganzen Universum.

Keine andere Spezies konnte es mit ihnen aufnehmen. Aber nun, da sie nicht mehr da sind, wurde die von ihnen geschaffene Infrastruktur von vielen Systemen übernommen.

Stellen wir uns eine Situation vor, in der alle Planeten im Universum miteinander verbunden sind und alle Zivilisationen auf diesen Planeten miteinander kommunizieren können. Und nun kommt irgendeine Macht daher, entdeckt diese Verbindungen und sagt: ›Moment mal, wir selbst befinden uns auf einer so fortgeschrittenen Stufe, dass wir diese Verbindungen kappen können. Dann können wir nämlich ganze

Sonnensysteme kontrollieren.‹ Genau das ist geschehen. Diese Wesen haben unser Sonnensystem und viele andere an sich gerissen. Alle diese Welten wurden von der Verbindung abgeschnitten.«

Die Infrastruktur des »Großen Spinnenetzes« war ätherischer Natur – ein System von durch ein Netz verbundener Portale, das sich über die Zeit, den Raum und die Dimensionen erstreckte. Als dieses Netz noch intakt war, konnte man zu allen Raumregionen und sogar durch die Zeit reisen und auf diese Weise andere Welten und Wesen besuchen. Wie hoch entwickelt muss eine Spezies von Wesenheiten gewesen sein, um ein solches System einrichten zu können!

In uralten Kulturen überall in der Welt ranken sich viele Legenden und Mythen um das »Große Spinnennetz«.

Hier einige Beispiele: Bei den Tewa und Hopi gibt es eine Legende über eine Spinnenfrau, die vom Großen Sonnengeist zur Erde geschickt wurde, um die vormenschlichen Lebewesen aus der Dunkelheit heraus und in eine andere Welt zu führen. In den Schöpfungsmythen des Volkes der Yoruba in Nigeria und Benin kamen die Götter, die im Himmel wohnten, auf die Erde, um dort zu spielen, und dazu stiegen sie auf Spinnenfäden hinab, die wie Treppen aus Spitze vom Himmel hinuntergelassen wurden.

Die Maori in Neuseeland erzählen sich die Geschichte von Tawhaki. Dessen Großmutter lehrte ihn, dass die einzige Möglichkeit, die Oberwelt zu erreichen, darin bestehe, durch ein vom Himmel herunterhängendes Spinnennetz zu klettern. Eine ähnliche Geschichte gibt es in Afrika. Dort lernt Anansi, der Spinnengott, das große Spinnennetz des Himmels zu erklimmen, um Himmel und Erde miteinander zu verbinden. Die Polynesier sprechen von einer uralten Spinne, die eine Riesenmuschel dazu benutzte, Himmel und Erde zu formen. (Es ist bemerkenswert, dass das Christentum bis heute die Riesenmuschel bei Taufen verwendet, da man solche Muscheln als Symbol der Geburt betrachtet.)

Die Lakota-Indianer kennen den Mythos, in dem der trickreiche Spinnengott Iktomi sein betrügerisches Netz von Land zu Land spinnt. Er gilt dort als Gott neuer Technologien und neuer Sprachen, der die Macht hat, Götter wie Sterbliche hinters Licht zu führen. Ihm wird nachgesagt, dass er sein Netz dazu benutzt, Menschen wie Marionetten zu lenken. Viele Lakota-Indianer betrachten Iktomi als Gott der Europäer, die offenbar bereitwillige Anhänger seines bizarren Verhaltens und seiner Tricks sind, obwohl sie dabei selbst übers Ohr gehauen werden.

Die ägyptischen Lehren vom »Netz« verbinden solche Aspekte miteinander. Die Mystiker lehrten, dass die nicht-initiierten Seelen der Menschheit in einem großen Netz gefangen gehalten werden und nicht fähig sind, sich frei zu bewegen. Erst wenn man in die höheren Lehren des Netzes eingeführt worden ist, kann man sich aus diesen Fesseln lösen und ungehindert durch das große Netz reisen – zu jeder Welt auf den spirituellen Ebenen.

Wer also sind die Wesen, die für die Übernahme des Netzes verantwortlich sind? Nach dem, was das mit einer Kapuze verhüllte Wesen Jason mitteilte, nennt man sie die *Reptiloiden.* »Mir wurde gesagt, dass die Reptiloiden eigentlich aus vielen verschiedenen Gruppen von Außerirdischen bestehen, die sich über viele Sternensysteme erstrecken. Diese Gruppen können sich stark voneinander unterscheiden, sind jedoch alle durch das genetische Erbe ihrer evolutionären Vergangenheit miteinander verbunden. Sogar die Menschen haben dieses genetische Erbe tief in ihrem Inneren.«

Die Reptiloiden sind auf Planeten überall im Universum zu finden. »Aber hinsichtlich ihrer Technologie sind sie der Menschheit weit voraus«, erklärt Jason. »Sie existierten ja schon lange, ehe sich die Menschheit überhaupt entwickelte.«

Wegen der »feindlichen Übernahme« des Netzes durch die Reptiloiden haben sich höhere Wesen aus anderen Dimensionen und Sternensystemen dazu entschlossen, hier, in dieser Zeitlinie, zu inkarnieren, um als Heiler zu wirken und den Planeten Erde wieder mit dem universalen Netzwerk zu verbinden.

»Diese Wesen sind als die ›Hybriden‹ der Menschheit bekannt, so Jason. »Viele von ihnen spüren jetzt nach und nach die ›Reaktivierung‹, die sie aus den anderen Bereichen empfangen, sobald sie ein bestimmtes Alter und einen bestimmten Reifegrad erreicht haben. Diese ›Reaktivierung‹ wird bei ihnen sowohl große Zufriedenheit als auch Unzufriedenheit über die erdgebundenen Ebenen auslösen. Bald werden sie nach Möglichkeiten Ausschau halten, irgendetwas zu unternehmen, und den Drang spüren, sich mit anderen ihrer Art zu verbinden, um sie bei der großen Aufgabe zu unterstützen.«

Als Saundra Jason seinerzeit beim Mittagessen zum ersten Mal Botschaften übermittelte, erzählte sie ihm, er sei eines der Wesen, die die Reptiloiden bekämpften. Damals hatte Jason nicht die leiseste Ahnung, was Saundra damit meinte. Doch er sollte es bald herausfinden.

»Das Wesen teilte mir mit, ich sei Teil einer auserlesenen Gruppe von Wesen aus höheren Dimensionen, die man dazu ausgewählt habe, auf der Erde zu inkarnieren, um das Bewusstsein auf dem Planeten zu verändern. Kinder, die mit solchen Gaben geboren werden, sind Zielscheibe der Reptiloiden. Die Reptiloiden können sie aufspüren und wissen, wer und wo sie sind. Ihnen ist klar, dass diese Kinder hier inkarnieren, um die Reptiloiden bloßzustellen und ihnen entgegenzuwirken. Das tun wir, indem wir das Bewusstsein derjenigen, mit denen wir in Berührung kommen, verändern. Doch viele der Kinder werden aufgespürt und getötet, ehe sie das Erwachsenenalter erreichen. Ich hatte viele frühere Leben auf der Erde und habe fast nie das Erwachsenenalter erreicht.«

Wie bereits erwähnt, missbrauchte Jason seine Macht in einigen Leben, in denen er es bis zum Erwachsenenalter schaffte. »Ich setzte sie dazu ein, in vielen Kriegen zu kämpfen«, erklärt er.

In der Zeit seiner Treffen mit dem durch eine Kapuze verhüllten Wesen tauchten eines Abends ein männliches und ein weibliches Wesen auf, die ungefähr in seinem Alter waren. »Das weibliche Wesen übermittelte mir auf telepathische Weise ein Bild – eine Karte der Erde. An verschiedenen Orten konnte ich darauf Lichter erkennen. Manche leuchteten heller als die anderen. Diese Lichter zeigten an, wo auf der Erde die höheren Wesen lebten, die man für die Inkarnation ausgewählt hatte. Hunderte von ihnen waren über die ganze Welt verteilt, aber weniger als eine Handvoll hatte gelernt, die inneren Kräfte zu beherrschen.«

Anschließend bearbeitete das männliche Wesen Jasons Kraftfeld, um ihm dabei zu helfen, noch mehr innere Energie freizusetzen. Als die Wesen ihn verließen, war Jason klar, dass er kein Einzelgänger war: Es gab auf dieser Welt andere, die genau wie er waren. »Wir sind hier«, sagt er, »um der Menschheit zu zeigen, wie sie sich befreien kann. Unser Ziel ist es, dass wir Menschen Souveränität erlangen und die Wahrheit darüber erfahren, wer wir sind.«

Seine letzte Begegnung mit einer Gruppe von Reptiloiden fand im Juni 2015 statt, und zwar in einer traumähnlichen Situation, in der die Kommunikation auf telepathische Weise erfolgte. Bei dieser Art von Kommunikation schläft und träumt Jason meistens und spürt plötzlich die Anwesenheit eines anderen Wesens. Dieses Wesen »stößt« ihn dann aus der Traumphase heraus und katapultiert ihn in einen anderen Bewusstseinszustand hinein, der zwar einem Traum ähnelt, in Wirklichkeit jedoch ein außerkörperliches Erlebnis auf einer astralen Ebene der Existenz ist.

»Es ist fast so, als übernehme ein Traum die Herrschaft über mich«, erläutert Jason. »Plötzlich befindet sich mein Bewusstsein in diesem anderen Zustand, während mein menschlicher Körper im Zustand des Schlafes verharrt. Ich habe dann immer noch das Gefühl, ich befände mich im Hier und Jetzt, aber das Erlebnis vollzieht sich in meinem Geist und in meiner Seele. Man weiß dabei, dass man dieses Erlebnis tatsächlich hat und es nicht nur ein Traum ist. Wenn es vorbei ist, wacht man auf.«

Zu der Begegnung mit den Reptiloiden kam es zwei Tage, bevor Jason als einer von vierundzwanzig Gastrednern zur Alien Cosmic Expo nach Brantford, Ontario, eingeladen war, und sie fiel völlig anders aus als erwartet. Drei Reptiloide stellten sich ihm auf telepathische Weise vor, während er sich in einer Traumphase befand. Das Wesen, das der Anführer der Gruppe zu sein schien, sah menschenähnlich aus. »Er war groß und muskulös, hatte aber grüne Schuppen und Augen wie ein Reptil«, berichtet Jason. »Die beiden anderen ähnelten eher Dinosauriern als Menschen. Auch sie waren groß und muskulös, hatten jedoch Schwänze und wirkten fast wie Drachen.«

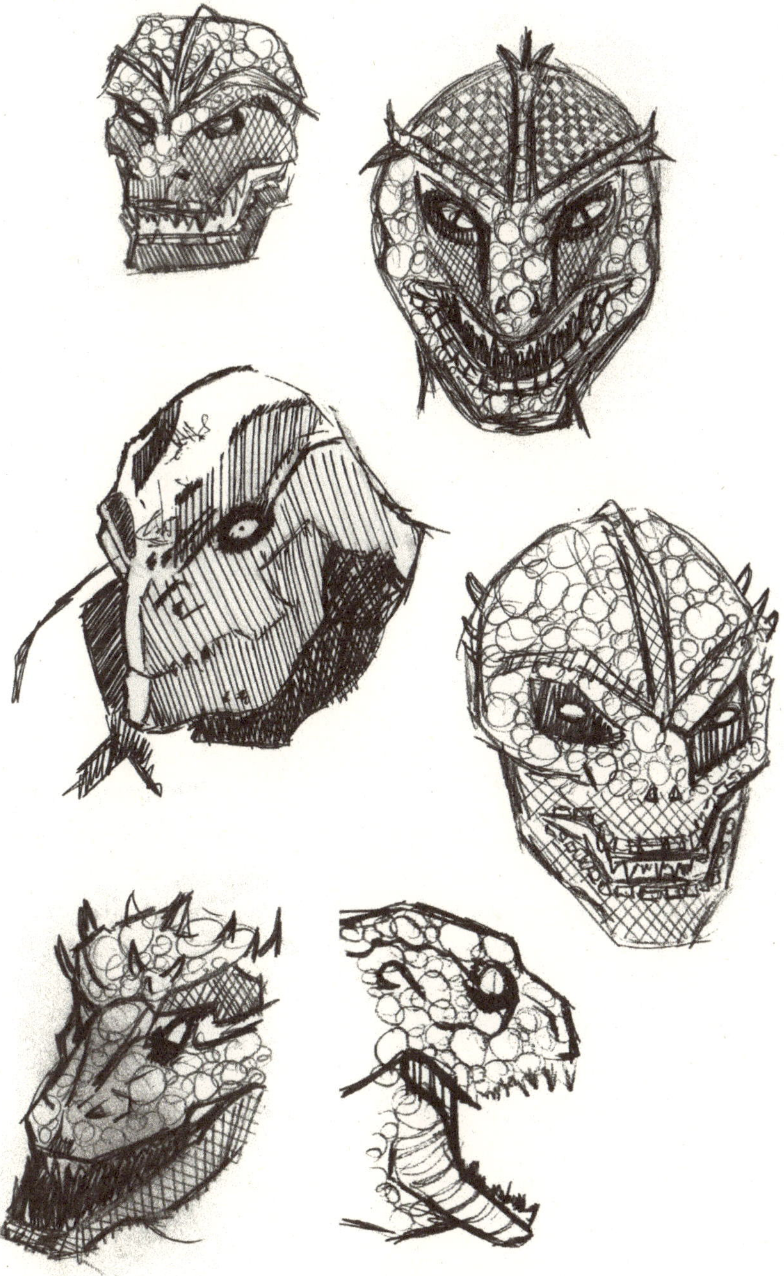

*Reptiloide Wesen, die Jason besuchten*

Jason stellte den sonderbaren Besuchern mehrere Fragen. Auf die Frage, wer sie seien, erwiderte der Anführer, seine Spezies sei unter zahlreichen Namen bekannt. »Beispielhaft nannte er Namen wie *Reptoide*, *Saurier*, *Reptiloide*, *Dinoide*, *Sirianer*, *Raptoren* und mehrere andere, an die ich mich nicht mehr erinnern kann.«

Und woher stammten sie? Aus dem Sternbild Sagittarius, antwortete der Anführer. Und was sei der Anlass ihres Besuches?

Der Anführer erklärte, ihnen sei bekannt, dass Jason nach Echnaton gesucht habe.

Tatsächlich beschäftigte sich Jason zum Zeitpunkt dieser Begegnung mit Forschungen über den mysteriösen Pharao Echnaton, der früher den Namen Amenhotep IV getragen hatte. Einigen Ancient-Alien-Theoretikern nach änderte er seinen Namen im Jahre 1347 vor Christus, nachdem er am Himmel ein unbekanntes Flugobjekt gesehen und mit dessen Besatzung kommuniziert hatte. Sie trug ihm auf, in Ägypten eine neue Hauptstadt errichten zu lassen. Einen Monat später habe er seinen neuen Namen angenommen.

Warum Jason sich so sehr für Echnaton interessierte, erläutern wir in einem der folgenden Kapitel. An dieser Stelle reicht es zu sagen, dass Historiker und Archäologen, die sich mit Altägypten befassen, annehmen, dass Echnaton ein Pharao der 18. Herrscherdynastie Ägyptens war. Er regierte siebzehn Jahre lang und starb irgendwann im Zeitraum zwischen 1336 und 1334 vor Christus. Bekannt ist, dass Echnaton die traditionellen ägyptischen Rituale der Anbetung und Verehrung zahlreicher männlicher und weiblicher Gottheiten abschaffte und von seinem Volk verlangte, nur noch dem Sonnengott Aton zu huldigen. Man nannte Echnaton auch den »ketzerischen Pharao«. Doch nach seinem Tod kehrte man in Ägypten nicht nur zu den früheren religiösen Ritualen zurück, sondern löschte auch jede Erwähnung Echnatons in den Aufzeichnungen.

1907 wurde bei einer Ausgrabung unter Leitung Edward R. Arytons eine Mumie entdeckt, die viele für die Überreste des ungewöhnlichen Pharaos Echnaton hielten. Die DNA-Analyse der in diesem Grab bestatteten männlichen Mumie zeigte, dass es sich um den Vater des Königs

Tutanchamun handelte. Dass es Echnaton war, konnte nicht bestätigt werden und ist nach wie vor umstritten.

»Der Anführer erzählte mir, die Überreste Echnatons seien in den 1920er Jahren tatsächlich gefunden, jedoch in Italien versteckt worden«, erklärt Jason. »Ich nehme an, er bezog sich dabei auf Rom und den Vatikan.«

Jason empfand diesen Besuch der Reptiloiden als sehr sonderbar: »Schon deswegen, weil ich dabei keine Feindseligkeit mir gegenüber spürte, obwohl ich mich doch angeblich im Krieg mit ihnen befand. Sie hatten keine bösen Absichten. Das Treffen war nur dazu da, Informationen an mich weiterzugeben.«

Während dieser Begegnung teilte der Anführer Jason auch mit, seine Spezies gehöre nicht einmal zu unserer gegenwärtigen Zeitlinie. »Sie stammten aus einer anderen Zeitlinie und aus einem völlig anderen Weltenraum.« Mit anderen Worten: Sie kamen aus einem anderen Universum, das von unserem völlig getrennt ist. »Ich spürte, dass diese Spezies unvorstellbar alt ist«, bemerkt Jason.

*Skulptur, die Pharao Echnaton zeigt*

Wie es unter den Menschen gute und böse gibt, müssen wir begreifen lernen, dass das ebenso für Außerirdische gilt. »Sie sind nicht alle gleich und haben jeweils unterschiedliche Motive.«

Nach dem, was Jason erfuhr, gibt es zwei Hauptgruppen von Reptiloiden. Eine davon ist in spiritueller Hinsicht höher entwickelt und kommt auf die Erde, um denen, die dafür bereit sind, zu einem veränderten höheren Bewusstsein zu verhelfen. Die andere Gruppe umfasst Wesen von ungeheurer Macht, die Kontrolle und Einfluss über zahlreiche Sternensysteme besitzt.

»Sie halten das für rechtmäßig, da sie schon länger existieren als alle anderen«, wurde Jason mitgeteilt. »Außerdem halten sie sich für unsere Vorfahren. Tatsächlich betrachteten viele unserer Vorfahren diese Wesenheiten als Gottheiten. So ist es zu erklären, dass sie ihre Überlegenheit anderen Welten gegenüber, die diesem Glauben anhingen oder anhängen, geltend machen.«

Allerdings glauben nicht alle Reptiloide an ihr Recht, andere Welten und Zivilisationen zu beherrschen.

Nach dem, was Jason erzählt wurde, sind einige Reptiloide – beispielsweise seine Besucher – davon überzeugt, dass manche der mit ihnen verwandten Gruppen von irgendeinem künstlichen Bewusstsein beziehungsweise einer dunklen Macht beeinflusst und gelenkt werden. »Tatsächlich ist der Machtzuwachs Künstlicher Intelligenzen ja etwas, das immer mehr auch auf die Menschheit unserer Zeit zukommt«, meint Jason.

Interessanterweise arbeiteten Anfang 2016 Unternehmen wie Google, Microsoft, Facebook und IBM, um nur einige zu nennen, eifrig an der Entwicklung einer KI-Technologie, die das Potenzial hat, die Art und Weise, wie Menschen Computer und Handys benutzen, grundlegend zu verändern. Die Unternehmen haben auch durchblicken lassen, dass es nicht mehr lange dauern wird, bis man Menschen KI-Chips einpflanzen kann, um so eine »schlauere« Art von Menschen zu schaffen.

»Viele von uns würden von einer solchen Zukunft lieber Abstand nehmen«, meint Jason. »Man bezeichnet diese Entwicklung als *Transhumanismus* – die Verschmelzung von Maschinen und Künstlicher Intelligenz mit Menschen aus Fleisch und Blut. Persönlich glaube ich, dass so etwas für die Menschheit eine Katastrophe wäre, wie sie es auch in vielen anderen Sternensystemen war, die ich besucht habe.«

Anfang 2015 machte Jason eine Zeitreise ins Jahr 2700, in dem die Menschheit von einer allgegenwärtigen Künstlichen Intelligenz gelenkt wurde. »Dieses System wurde allem und jedem eingepflanzt. Wenn man ein Gebäude betrat, konnte man durch die KI mit dem Gebäude kommunizieren. Es gab eine direkte Schnittstelle im biologischen System des Menschen, sodass man ständig unmittelbare Verbindung mit der KI hatte. Es war so, als hätte man eine telepathische und zugleich eine Netz-Verbindung in seinem Kopf.«

Jason fügt hinzu, dass diese Zeitlinie sich nach einem früheren Krieg zwischen zwei außerirdischen Spezies herausgebildet habe, in dem es um die Herrschaft über die Erde ging. Er weiß nicht, welche Arten von Aliens daran beteiligt waren, nimmt aber an, dass es Reptiloide und Insektenartige waren.

»Nach Kriegsende wurde beschlossen, Regierungen oder eine regierende Schicht abzuschaffen und die Herrschaft der Künstlichen Intelligenz zu übertragen«, erläutert Jason. »Als ich nach dieser Zeitreise aufwachte, war ich anfangs von dieser verblüffenden High-Tech-Zukunft geradezu begeistert. Doch als ich gründlicher über die KI nachdachte, beschlich mich ein unheimliches Gefühl und nach und nach setzte sich der Eindruck in mir fest, dass das für die Menschheit keine sonderlich gute Zukunftsperspektive darstellen konnte. Zum Glück haben wir die Fähigkeit, unsere Zukunft noch zu verändern.«

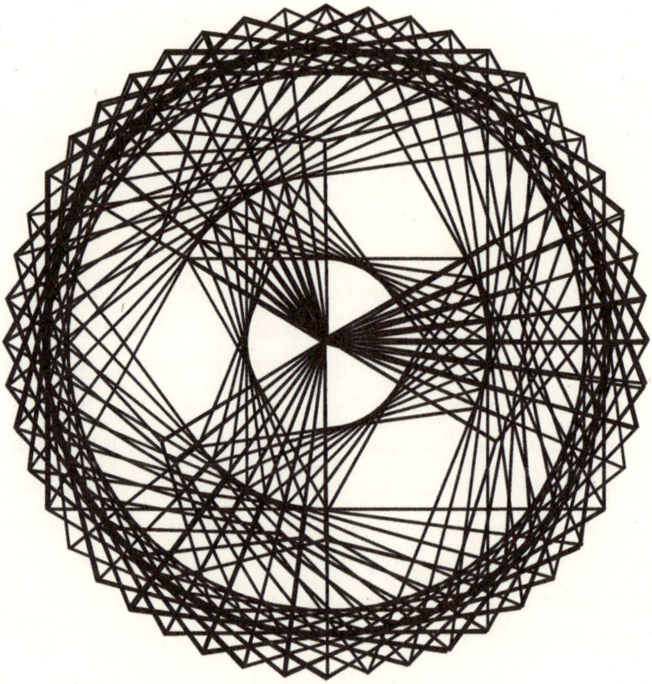

»Niemand rettet uns, wenn nicht wir selbst.
Niemand vermag es, und niemand wird es tun.
Wir selbst müssen diesen Pfad begehen.«

Buddha

# 8 Der Schamanen-Faktor

Im Jahr 2006 lud Saundra Jason zu einer Veranstaltung mit Peter Bernard ein, einem Schamanen der Algonquin. Er hielt einen Vortrag im Haus einer Freundin.

Bernard stammt von den Algonquin der Pilwakanagan First Nations of Golden Lake in Ontario ab. Er ist davon überzeugt, dass im Prinzip alles und jeder heilen und die Menschheit Gedanken und Träume dazu nutzen kann, Heilungen zu unterstützen.

Die Themen, die an diesem Abend bei dem Vortrag im privaten Kreis erörtert wurden, fanden bei Jason in vielerlei Hinsicht Widerhall. Bernard beendete seinen Vortrag mit der Ankündigung, er werde eine Schule namens *The 8th Fire* gründen und dort allen Interessierten das schamanische Erbe der Algonquin vermitteln.

»Ohne zu zögern meldete ich mich zusammen mit Saundra und ihrem Mann Neil für den Kurs an«, berichtet Jason. »Ich spürte eine starke Verbindung zu den Überlieferungen und den Wahrheiten der kanadischen Ureinwohner und war fest entschlossen, für deren Überleben sie kämpfen. Sie sagen, dass ein Schüler nur zu lernen bereit sein muss und dann auch die Lehrer erscheinen. Nun ja, zu diesem Zeitpunkt in meinem Leben tauchten tatsächlich zahlreiche einflussreiche Lehrer auf.«

Jason gefiel der Unterricht, den er in der 8th Fire School of Algonquin Shamanism erhielt. Doch anfangs hätte er nie gedacht, wie wichtig ihm Peter Bernard eines Tages sein würde. Fast zehn Jahre später sollte Peter ihm sogar das Leben retten.

Das Erste, was Peter der Gruppe mitteilte, lautete: »Ehe wir mit dem Unterricht beginnen, werde ich jeden Einzelnen von euch töten müssen.

Am meisten fürchtet ihr den Tod, also müssen wir diese Angst überwinden, ehe wir mit irgendwelchen Lektionen anfangen.«

Jason musste lachen. »Aber es stimmte«, sagt er. »Wie können wir in irgendeiner Sache weiterkommen, wenn uns viele Denk- und Verhaltensmuster und Ängste daran hindern, uns ganz und gar auf diese Sache zu konzentrieren? Etwa dreißig Leute nahmen an diesem Unterricht teil, und wir kamen aus völlig unterschiedlichen Lebensrichtungen. Wir waren da, um etwas in unserem Leben zu verändern, dazuzulernen und neue Erfahrungen zu machen. Was für eine Chance!«

Während des zweiten Unterrichtstages lernte Jason grundlegende Heilmethoden, bei denen Pendel für das Heilen durch Chakras eingesetzt wurden. Eine Frau aus dem Kurs kam auf ihn zu und fragte ihn, ob er Jason heiße. »Ich bejahte. Sie war froh, dass sie mich gefunden hatte«, erklärt Jason. Sie teilte ihm mit, ihre »Führer« hätten ihr mitgeteilt, sie müsse »Jason« finden.

Sie begannen die Heilmethoden aneinander auszuprobieren. Als sie damit fertig waren, umringten viele Kursteilnehmer die Frau und stellten ihr Fragen. Diese Frau war Nora Anderson, eine bekannte örtliche Heilerin, die man auch NORAWALKSINSPIRIT (»Nora, die im Geiste wandelt«) nannte. Von der Stadt Mississauga, Ontario, aus, die westlich von Toronto liegt, hatte sie seit fast zwanzig Jahren mediale Botschaften von Lichtwesen empfangen und übermittelt.

Ihre prophetischen Visionen begannen bereits 1987, doch ihr Leben nahm erst 1992 eine dramatische Wende, als ihr eine Geschwulst im Magen operativ entfernt werden sollte. Am Abend vor der Operation war ihr Schlafzimmer plötzlich in weißes Licht getaucht. Als sie etwas sagen wollte, redete sie plötzlich in einer fremden Zunge. Sie musste warten, bis sie sich von der Operation erholt hatte, bevor sie eine katholische Kirche in der Innenstadt von Toronto aufsuchen konnte, um mit jemandem über den mysteriösen Vorfall zu sprechen.

Dort näherte sich ihr eine Frau in einem langen weißen Gewand und mit langem weißen Haar, die eine Halskette mit einem goldenen Kreuz trug. Die Frau teilte ihr mit, Nora sei mit der Gabe gesegnet, in der Sprache des »Fire of the Tongues« (Feuer der Zungen) reden zu können. Als Nora ihr sagte, sie selbst könne die von ihr gesprochenen Wörter gar nicht verstehen, bat die Frau im weißen Gewand sie, den Mund zu öffnen. Als sie es tat, berührte die Frau ihre Zunge mit einem Finger und erklärte ihr, sie sei mit der Gabe der »Übersetzung und Deutung« gesegnet.

Dann trug die Frau ihr auf zu sprechen. Erneut sprach Nora mit fremder Zunge, doch diesmal verstand sie alles, was sie sagte. Am folgenden Tag kehrte sie zu der Kirche zurück, um mit der Frau zu reden, doch man sagte ihr, eine solche Frau sei nie in der Kirche gewesen.

2002 begann Nora, mit ihrer Kraft andere Menschen zu heilen. 2008 reiste sie bereits durch die Welt und besuchte Heilige Stätten wie Machu Picchu, Sedona, die Osterinsel, Stonehenge, Mount Shasta und Orte in Ägypten, um nur einige zu nennen.

Jason ahnte bei ihrer ersten Begegnung noch nicht, dass er und Nora enge Freunde werden würden und sie eine entscheidende Rolle in seinem Leben spielen würde. Völlig verblüfft von den vielen Menschen, die Nora umringten, entfernte sich Jason stillschweigend von der Gruppe. »Als ich wegging, spürte ich plötzlich, wie mich jemand mit voller Wucht in den Hintern trat«, erzählt Jason. »Ich flog nach vorne, aber als ich mich umdrehte, war niemand zu sehen.«

Was war gerade passiert?

Als Nora ihre Gespräche mit den Menschen beendet hatte, kehrte Jason zu ihr zurück und erzählte ihr, was ihm gerade zugestoßen war. Daraufhin übermittelte ihm Nora Folgendes: »Der Geist sagt, dass wir in diesem Kurs weiter zusammenarbeiten müssen. Aber nicht nur in diesem Kurs, sondern auch außerhalb. Wir sollen sofort damit beginnen.«

Also arbeiteten sie von da an in jeder zweiten Woche zusammen. »Ich wandte Heilmethoden bei ihr an, und sie bei mir«, berichtet Jason. »Der Geist übermittelte uns, unsere Energien seien sehr ausgewogen. Wir sollten uns nur darauf konzentrieren, einander zu heilen, bevor wir andere heilten.«

Sie wurden gute Freunde, »und wir unterstützten uns auch gegenseitig. Wenn uns irgendetwas zustieß, das wir nicht erklären konnten, hatten wir die Möglichkeit, gemeinsam darüber zu meditieren und die Erklärung zu finden. Wenn einer von uns erkrankte oder seine Energie von anderen Kräften beeinträchtigt wurde, konnte der andere die Sache wieder in Ordnung bringen.«

Im folgenden Monat saßen sie im Unterricht gerade in einem Kreis, als Jason plötzlich etwas durch den Raum fliegen spürte, das ihn seitlich am Arm traf. »Es fühlte sich wie ein Pfeil an, und als es mich traf, war es so, als hätte jemand heiße Asche auf meine Haut fallen lassen. Es tat ziemlich weh. Sofort wandte ich mich Nora zu und erzählte ihr, was passiert war.«

Nora sah ihn an und sagte nur: »Dich hat gerade ein Pfeil getroffen.« Dann zog sie den Pfeil aus Jasons Arm heraus und warf ihn auf den Boden.

»Der Schmerz hörte sofort auf«, berichtet Jason. »Ich war verblüfft.«

Was also war geschehen?

Nora erklärte, dieser Pfeil sei Ausdruck davon, dass jemand neidisch auf ihn sei. In diesem Moment entdeckte Jason eine neue Fähigkeit an sich: »Ich konnte spüren, wie solche Dinge von einem Menschen zum anderen flogen. Die Gedanken anderer Leute nahmen, ihnen nicht bewusst, Gestalt an und wurden auf diese Weise losgeschickt. Als ich diese neue Fähigkeit an mir bemerkte, brauchte ich eine Weile, um herauszubekommen, wie ich diese ›Pfeile‹ aus meinem Körper entfernen konnte, wenn ich getroffen worden war. Doch dann lernte ich damit umzugehen und konnte den Pfeil schließlich mühelos herausziehen, sobald mich einer erwischt hatte.«

Bald darauf entdeckte Jason, dass er den Schild rings um seinen Körper verstärken musste, um sich vor solchen Pfeilen zu schützen. »Das erreichte ich durch Qigong. Je mehr meine Energie wuchs, desto weniger belästigten mich diese Pfeile. Es dauerte nicht lange, bis diese Belästigung ganz aufhörte, weil die Pfeile mein Energieschild nicht mehr durchdringen konnten.«

Fast zur selben Zeit machte sich bei Jason eine andere einzigartige Fähigkeit bemerkbar: »Wenn ich mich mit Menschen unterhielt, sah ich ätherische Lichtstränge in deren Köpfe schießen. Es sah so aus, als endeten diese Lichtstränge jeweils in einem hellen Funken. Außerdem tauchten Lichtflecke und Funken auch rings um die Menschen auf, während sie mit mir sprachen. Ich beobachtete, wie gedankliche Formen von Intelligenz in ihren Geist eindrangen, während sie redeten. Wenn ich einen Lichtfleck oder Funken neben ihnen auftauchen sah, verband sich ein höheres Wesen mit ihnen. Diese Beobachtung wurde für mich zu einem ganz alltäglichen Erlebnis.«

Eines Tages bat Peter Bernard Jason, sich vor die Kursteilnehmer zu stellen, weil er etwas zeigen wollte. »Er forderte die Kursteilnehmer zu einem Versuch auf, sich auf die ›Wellenlänge‹ meiner Energie einzustellen und herauszufinden, was sie dabei von mir mitbekamen und erfassen konnten. Nachdem Bernard ihnen etwas Zeit für eigene Eindrücke gelassen hatte, ging er von einem Kursteilnehmer zum anderen. Jeder musste mir laut mitteilen, was er gesehen, erfahren oder gespürt hatte. Was sie über mich sagten, war völlig haarsträubend und aberwitzig.«

Nachdem jeder irgendetwas gesagt hatte, teilte Peter den Kursteilnehmern mit, sie seien nicht in Jasons Inneres eingetaucht, sondern in Wahrheit nur ins eigene Innere. Sie müssten innerlich an diesen Dingen arbeiten.

»Danach erklärte Peter, wir alle seien Filter und sähen die Welt durch die Verletzungen, die wir mit uns herumschleppten. Bis wir selbst die eigenen Wunden heilten, würden wir die Welt stets mit verzerrtem Blick sehen. Das war eine wirklich tiefgründige Darlegung.«

## Begegnung mit Swamiji

Im Juli 2006 wurden Jason und seine Mutter von Françine, einer Freundin seiner Mutter, zur Teilnahme an einer *Puja* eingeladen, die ein großer spiritueller Meister namens Sri Sri Sri Ganapati Sachchidananda Swamiji leiten werde. Eine Puja ist ein Gebetsritual, das Hindus durchführen, um eine Gottheit oder auch mehrere Gottheiten zu sich einzuladen, zu ehren und anzubeten oder ein Ereignis auf spirituelle

Weise zu feiern. Manchmal findet eine Puja auch zu Ehren eines besonderen Gastes oder besonderer Gäste statt oder zur Erinnerung an sie nach ihrem Tod.

Jason wusste damals noch nichts über den Mann, der sein nächster Lehrer werden würde. Er wusste auch nichts über den kulturellen Hintergrund des indischen Gurus oder seine spirituellen Übungen. Doch Françine bestand darauf, dass Jason und seine Mutter teilnahmen. Also fuhren sie zu dem Tempel in Mississauga, Ontario. Jason hatte keine Ahnung, dass Sri Swamiji weltweit bekannt war und Tourneen durchgeführt hatte, um Spiritualität durch Konzerte zu verbreiten, die zugleich heilende Wirkung hatten.

Später wurde Sri Swamiji auch durch die Großveranstaltungen berühmt, die im Guiness Buch der Rekorde Eingang fanden: Im indischen Tenali (Andhra Pradesh) intonierten 200.000 Menschen am 31. Januar 2015 bei einer weltweiten Friedensveranstaltung siebenundzwanzig Mal den (den Hindus heiligen) Vers *Hanuman Chalisa.* Der frühere Rekord hatte bei 128.918 Teilnehmerinnen und Teilnehmern gelegen.

An der größten musiktherapeutischen Sitzung an einem einzigen Ort beteiligten sich am 6. April 2015 sage und schreibe 1824 Menschen. Mehr als zwei Stunden lang befolgten sie die Anweisungen von Swamiji im Opernhaus von Sydney.

Der längste von ihm geleitete Gesangsmarathon hatte fünfhundert Teilnehmerinnen und Teilnehmer und dauerte vierundzwanzig Stunden. Er fand vom 31. Juli bis 1. August 2015 in Frisco, Texas, statt.

Als Jason, seine Mutter und Françine im Tempel ankamen, sangen bereits alle uralte Lieder des Sanskrit, angeleitet von Sri Swamiji. Sie suchten sich einen Sitzplatz und lauschten der Musik. »Aber eigentlich fühlte ich mich fehl am Platz, so als gehörte ich gar nicht dorthin«, sagt Jason.

Nach der Zeremonie wurden Platten mit wunderbarem vegetarischen Essen für alle vorbereitet. Plötzlich kamen Menschen zu den Neuankömmlingen hinüber und stellten sich vor. Nach und nach fühlte sich Jason wohler, da alle so freundlich zu ihnen waren.

Doch Jason empfand beim Gedanken an diese erste Begegnung mit Sri Swamiji und die Lieder bei der Zeremonie niemals irgendetwas Besonderes. Er freute sich einfach über dieses Erlebnis, die Musik, die Menschen und das Essen.

Etwa ein Jahr später nahm Françine erneut Verbindung mit Jason und seiner Mutter auf. Swamiji war wieder da. Also nahmen sie an einer weiteren Zeremonie teil. Swamiji war noch nicht anwesend, als Jason, seine Mutter und Françine im Bankettsaal ankamen. Doch während Jason im Saal stand, spürte er plötzlich etwas: »Es war so, als strömten warme Wellen durch den Saal. Und jede Welle war stärker als die vorhergehende. Ich konnte nicht fassen, welche Kraft ich durch meinen Körper fließen fühlte. Und das geschah, ehe Swamiji das Gebäude überhaupt betreten hatte.«

Später erfuhr Jason, dass Swamiji seine Energie stets vorausschickt, um den Veranstaltungsraum, ehe er ihn betritt, von negativen Einflüssen zu reinigen. Während der Zeremonie drückte Swamiji den Teilnehmern schwarze Asche auf die Stirn und sprach über die Öffnung des spirituellen Auges, das Heilen und die Kraft der Musik.

Am Abend dieses Tages hatte Jason ein weiteres unglaubliches Erlebnis: »Ich war schon beim Einschlafen, da schreckten mich schauerliche Schreie auf, die aus dem Zimmer meiner Mutter kamen. Es klang so, als würde sie ermordet.« Jason sprang aus dem Bett, rannte zu ihrem Zimmer und riss die Tür auf.

Seine Mutter saß im Bett, schrie und starrte nur vor sich hin. Jason beruhigte sie. Sie erklärte, irgendetwas habe sie geweckt, und als sie die Augen öffnete, stand ein Mann am Fußende ihres Bettes. »Dieser Mann sah sie nur an und lächelte dabei«, erklärt Jason. »Das war so real, dass die Erscheinung erst verschwand, als ich ins Zimmer stürmte.

Bis heute bedeckt meine Mutter ihr Drittes Auge (das spirituelle Auge auf der Stirn) nicht mehr mit Asche, weil sie Angst hat, wieder so etwas zu sehen.« Jason empfahl seiner Mutter, ruhig zu bleiben, falls so etwas nochmals passiere, und keine Angst zu haben. Stattdessen solle sie Fragen stellen, etwa »Wer bist du?« und »Wieso besuchst du mich?«.

2009 kam Swamiji nochmals, und diesmal nahm Jason Nora und ihren gemeinsamen Freund Kevin mit zur Puja. Wieder einmal hatte Jason dabei ein besonderes Erlebnis: »Während Swamiji Musik machte und die uralten Mantras sang, empfand ich die Töne so, als wären sie durch den Raum schießende Laserstrahlen. Sie trafen mich, und es fühlte sich so an, als führten sie eine Operation an mir durch. Ich spürte, wie sie sich durch meinen Körper bewegten, und auch, dass irgendetwas in meinen Körper eingebettet wurde. Es war so, als führte die Musik eine Heilung und zugleich eine Initiation durch. Das war ein magisches Erlebnis.«

Am Schluss dieser Puja brach Swamiji einige Blütenblätter von einer Rose ab, reichte sie Jason, Françine, Nora und Kevin und forderte sie auf, diese Blätter zu essen.

Mehrere Monate später fand sich Jasons unversehens in Swamijis Ashram wieder, befördert durch die Astralsphäre. »Ich weiß noch, dass es eine große Feier war. Wir alle tanzten und sangen die uralten Mantras.«

Swamiji kam auf ihn zu und umarmte ihn. »Es fühlte sich so an, als hätte ich gerade einen Abschluss an seiner Schule erworben. Er sah mir mit breitem Lächeln in die Augen und sagte, er sei fortan nicht mehr mein Guru.«

Als Jason nach diesem Erlebnis aufwachte, war er einerseits glücklich, andererseits auch traurig. »Ich verstand nicht, was er damit meinte. Es kam mir so vor, als hätte er mich verlassen und wolle nicht länger mein Guru sein.« Jason war verwirrt. Deshalb traf er sich mit Nora und Kevin zum Mittagessen und erzählte ihnen von dem Erlebnis. »Nora sah mich nur an, lächelte und begann mit dem Channeling.« Sie erklärte, Swamiji habe ihn alles, was er habe weitergeben können, gelehrt. Jason sei nun sein eigener Guru.

»Nora sagte auch, ich müsse mich von Swamiji lösen, doch seine Kräfte würden immer mit mir sein, wenn ich sie brauchte. Diese Botschaft erfüllte mein Herz mit tiefem Frieden, denn nun wusste ich, dass ich wegen meiner Erlebnisse und Erfahrungen über alles verfügte, was ich benötigte. Das würde es mir ermöglichen, in meinem Leben neue Erfahrungen und neue Lehrer zuzulassen.«

## Die Geisterkatze

Sehr früh während Jasons Erweckung erschien ihm ein Tier. »Ich hatte sehr realistische Träume, in denen ich spürte, dass mich jemand oder etwas außerhalb meines Schlafzimmerfensters beobachtete«, berichtet er. »Es war ein ungutes Gefühl, sogar ziemlich beängstigend.«

Diese Träume wiederholten sich jede Nacht, bis Jason den Mut fand, aus dem Fenster zu sehen. »Draußen vor meinem Fenster wartete ein wilder weißer Löwe auf mich. Er knurrte, kratzte am Fensterglas und versuchte mit aller Macht in mein Zimmer zu gelangen.« Jason merkte auch, dass der Löwe ums Haus schlich. Im Traum lief er selbst durch das Haus, um sicherzustellen, dass alle Türen und Fenster verschlossen waren. »Dieser Löwe machte mir so große Angst, dass ich in kalten Schweiß gebadet und mit rasendem Herzen aufwachte. Und dieser Traum kehrte mit denselben Szenen immer wieder. Irgendwann hatte ich das satt und fand es an der Zeit, den Traum abzuwandeln.«

*Die weiße Löwin mit ihren Jungen, die Jason als sein Totem erschien*

Während des folgenden Traums ging er gelassen zur Eingangstür und machte sie auf. »Dann legte ich mich auf den Fußboden, rührte mich nicht und tat so, als wäre ich tot. Langsam schlich das riesige Tier ins Haus und baute sich über mir auf. Schließlich senkte es die Nase und beschnupperte mein Gesicht.«

Plötzlich bemerkte Jason, dass unmittelbar hinter der Eingangstür drei kleine weiße Löwenjungen standen. »Da wurde mir klar, dass das Tier weiblich und die Mutter von Kleinen war. Gleich darauf wandte sich die Löwin um und zog sich wieder nach draußen zurück.« Aus diesem Traum wachte Jason mit einem Gefühl der Erleichterung auf. Er hatte den Ausgang des Traums verändert und nun keine Angst mehr vor der Löwin.

»Ein paar Wochen später beschloss ich, an einer der von Nora geleiteten Versammlungen in einem Park teilzunehmen. Viele Menschen besuchten diese Versammlungen, um Noras spirituelle Botschaften zu hören und Heilungen von ihr zu empfangen. Als ich durch den Park ging, sah mich eine ihrer Schülerinnen an und sagte: ›Dich begleiten sehr schöne Löwen‹.« Das traf Jason wie ein Schlag vor den Kopf. »Ich blieb wie angewurzelt stehen und fragte sie, ob sie mir die Löwen beschreiben könne.« Die Frau teilte ihm mit, er sei von einer »großen Löwin mit ihren Jungen umgeben«, und die Löwin sei »sehr wild und beschütze ihre Jungen mit aller Kraft«.

»Genau dort bestätigte mir eine mir völlig unbekannte Frau, dass das, was ich erlebt hatte, real gewesen war«, erklärt Jason. »Die Löwin ist das, was kanadische oder nordamerikanische Ureinwohner ein *Totem* oder *spirituelles Tier* nennen würden. Ich kann mich glücklich schätzen, diese Löwen um mich zu haben.

Später erlebte ich sogar, wie die Löwenjungen auf mein Bett sprangen und sich an mich schmiegten, während ich schlief, und es fühlte sich unglaublich real an. Ich spürte, wie das Bett wackelte, wenn sie heraufsprangen, und auch, wie sie hinuntersprangen, wenn ich aufwachte. Aber mein Zimmer war leer und die Tür geschlossen. Ich nannte sie meine Geisterkatzen.«

## Die Begegnung mit Madi Nolan

Im April 2007 holten Jasons Freunde Kathy und Dennis eine einzigartige Heilerin nach Toronto, die dort ein Seminar mit dem Titel »White Lotus Healing – Psychic Surgery« (Heilung durch Weißen Lotus – Seelenchirurgie) leiten sollte. Jason hatte eine Woche zuvor in Toronto während der Gesundheitsmesse einen Vortrag von ihr gehört, der ihn enorm fasziniert hatte.

Die Heilerin Dr. Madi Nolan behauptete, ein reinkarnierter tibetischer Lama zu sein und sich ihr ganzes Leben lang in den spirituellen Künsten ausgebildet zu haben. »Sie muss damals über siebzig Jahre alt gewesen sein. Ihre Geschichten waren absolut fantastisch«, erinnert sich Jason.

Ihr tibetischer Name war Lama Rigzden Chodon Rinpoche. Während ihrer Tour durch Kanada übermittelte sie das geheime, ihr jedoch bekannte *Self-Empowerment* – Methoden und Wissen aus dem Teil von Tibet, der Shangri La genannt wird. Sie war in den USA geboren und behauptete, mit Erinnerungen und Begabungen aus ihren früheren Leben als Lama Rinpoche (auch als »Tulku« bekannt) zur Welt gekommen zu sein.

Einen Tulku betrachtet man als Reinkarnation eines buddhistischen Meisters, der aus Mitgefühl für das Leiden von mit Bewusstsein begabten Wesen gelobt hat, wiedergeboren zu werden, um allen Wesen dabei zu helfen, Erleuchtung zu erlangen.

Wie Dr. Madi Nolan sagt, hat sie mit zwei Jahren Tibetisch zu reden begonnen, obwohl sie in einer Englisch sprechenden amerikanischen Familie aufwuchs. Mit vier konnte sie sich an ihre früheren Leben in Tibet erinnern, mit fünf wurde sie zu einer Stadt tibetischer Flüchtlinge in Nordindien mitgenommen. Mit achtzehn Jahren wurde sie als Lama und als Ärztin für tibetische Medizin ordiniert.

Bei ihrem Vortrag auf der Gesundheitsmesse in Toronto, den Jason besucht hatte, sprach sie über frühere Leben, dimensionale Wesenheiten, Magie und Erscheinungen.

Sie erzählte sogar Geschichten über ihre Ausbildung während der Kindheit. Ihr Großvater, sagte sie, sei Mitglied der Großen Weißen Bruderschaft gewesen und habe ihr beigebracht, durch Wände zu gehen und zu verschwinden. »Ihre Geschichten waren völlig abgefahren – etwa die über die Weiße Bruderschaft. Verrücktes Zeug, aber es faszinierte mich wirklich«, erklärt Jason.

Die Große Weiße Bruderschaft geht auf die Sumerer und das Jahr um 6.000 vor Christus zurück, wurde aber erst im alten Ägypten unter der Führung der Gottesgestalt Thoth wirklich bekannt. Diese Bruderschaft hing dem Glauben an, dass übernatürliche, sehr mächtige Wesen ihre spirituellen Lehren und Kräfte, einschließlich der Fähigkeit, durch Wände zu gehen, durch ausgewählte Menschen verbreiten. Der Ausdruck »weiß« bezieht sich dabei auf die Nutzung »weißer« statt »schwarzer« Magie und hat nichts mit Rassenzugehörigkeit zu tun.

Jason besuchte Dr. Madi Nolans Seminar vor allem, um weitere Geschichten von ihr zu hören. In dem Seminar ging es vorrangig um Erscheinungen und Offenbarungen. Da gerade Nolans populäres Buch und die erfolgreiche spirituelle DVD *The Secret* herausgekommen waren, interessierten sich viele Menschen für dieses Thema. Fast zweihundert Leute nahmen an dem Seminar teil.

Zum Thema passend wurde jeden Tag eine Verlosung veranstaltet, um festzustellen, wer preiswürdig war. Jeder schrieb seinen Namen auf einen Zettel und warf ihn dann in einen Kasten. Vermutlich haben Sie's erraten: Jason gewann am ersten Abend. Aber damit fing sein Glück erst an. Er gewann auch am zweiten und am dritten Abend. Madi sah ihn nur an und sagte: »Jason, halte du dich da raus!« Unglaublich, aber Jasons Name wurde nochmals gezogen. »Sie nahm den Zettel, warf ihn auf den Boden und zog einen anderen Namen«, erinnert sich Jason. »Ich fand es ziemlich komisch, jedes Mal zu gewinnen.«

Wie hoch war die Wahrscheinlichkeit, jedes Mal zu gewinnen? Vermutlich gleich null.

»Ich bin mir sicher, dass damit eine Botschaft und irgendeine Fähigkeit verbunden war, die ich offenbar besitze, aber das hat mir nicht dabei geholfen, je in irgendeiner anderen Lotterie zu gewinnen«, sagt Jason.

Kurz nach dem Seminar setzten viele Leute Mitteilungen ins Netz, in denen sie Madi als Schwindlerin bezeichneten und dazu aufforderten, ihr nicht auf den Leim zu gehen.

Wie konnte eine so liebenswürdige Dame so viel Wut auf sich ziehen?

Jason dachte nicht viel darüber nach und kümmerte sich um sein eigenes Leben. Doch ein Jahr später hatte er ein bemerkenswertes Erlebnis: Irgendwann wachte er mitten in der Nacht auf, und Madi stand in seinem Schlafzimmer. Natürlich war er erschrocken und fragte:

»Madi, was tust du denn hier?« Sie ging zu ihm hinüber, setzte sich auf sein Bett und teilte ihm mit, sie habe etwas für ihn.

»Als ich mich aufsetzte, legte sie ihre Hände an meinen Hinterkopf und zog ihn nach vorne. »Dann blies sie Luft in meinen Mund. Es fühlte sich an, als hätte sich meine innere Kraft so ausgedehnt wie ein riesiger Luftballon. Anschließend stand sie auf, ging direkt durch die Wand und verschwand.«

Als Jason sich wieder einmal mit seiner Freundin Kathy traf, erzählte er ihr von diesem sonderbaren Erlebnis und fragte sie, ob sie wisse, was Madi mit ihm angestellt habe. Kathy erklärte, Madi habe ihm sakrales Wissen übermittelt und ihm die Gabe des öffentlichen Redens verliehen.

Ein Schwindel? Ausgeschlossen.

Jason hatte nicht geträumt. Er war hellwach gewesen, als er dieses Erlebnis hatte. Jetzt war er mehr denn je davon überzeugt, dass Madi wirklich eine Lehrmeisterin der Spiritualität war. »Mir war sofort klar, dass sie niemandem etwas vortäuschte.«

Interessanterweise ist Madi nach dieser Begegnung offenbar von der Erde verschwunden. Jason gelang es niemals, ihren Aufenthaltsort ausfindig zu machen.

Die Gabe des öffentlichen Redens, die Madi ihm verliehen hatte, erwies sich als überaus wichtig für Jasons weitere Entwicklung. Bislang hatte Jason fast immer fürchterlich gestottert. Nie hatte er es bis dahin für möglich gehalten, sich vor eine Menschenmenge zu stellen, um eine Rede zu halten. Doch nach dem Erlebnis mit Madi verschwand das Stottern, und damit wuchs auch sein Selbstvertrauen.

In der Schule hatte er das Lesen gehasst, vor allem deswegen, weil er Legastheniker war. Doch nun war er geradezu süchtig nach Büchern. Alles interessierte ihn – von der Geschichte des Altertums bis zur Philosophie. »Wenn ich ein Buch zur Hand nahm, konnte ich es nun buchstäblich an einem Tag durchlesen«, erzählt er. »Und danach konnte ich mich an beinahe jede Zeile des Gelesenen erinnern.«

»Was du suchst, sucht zugleich dich.«

Rumi

# 9 Wohin ist er verschwunden?

Als Jason seine ägyptischen Körperübungen durchführte, geschah eines Abends etwas Ungewöhnliches. Mitten während der Qigong-Bewegungen kam es ihm plötzlich so vor, als spürte und hörte er eine Explosion. »Sie begann in meinem Bauch und schoss durch meinen ganzen Körper«, berichtet er. »Und ich fühlte nicht nur, wie diese Explosion mich bis ins Mark erschütterte, es klang auch genau wie eine Explosion.«

Was hatte er gerade erlebt?

Sofort rief Jason Saundra an und fragte sie, ob sie es durch ihre medialen Fähigkeiten herausfinden könne, erwartete aber eigentlich keine Antwort. Dennoch erklärte sie ihm: »Sie sagen, du hättest deine Energie auf eine völlig andere Ebene verlagert – offenbar aus den niederen Dimensionen in die höheren.«

Konnte das zutreffen? Jason fühlte sich nicht viel anders als zuvor, aber er hatte eindeutig etwas Ungewöhnliches erlebt.

Am folgenden Morgen klopfte sein Bruder Lorne an Jasons Schlafzimmertür, er müsse ihm dringend etwas erzählen. »Heute Nacht habe ich etwas sehr Sonderbares erlebt«, sagte er. Lorne beschrieb, wie zahlreiche unterschiedliche Wesen ihn geweckt hätten.

»Offenbar haben sie nach mir gesucht«, erwiderte Jason.

Die Wesen hatten Lorne regelrecht verhört. »Sie teilten ihm mit, ich sei verschwunden und sie müssten erfahren, wohin ich verschwunden sei«, berichtet Jason. »Lorne sagte, eines der Wesen habe ihn sogar bedroht und ein orangefarbenes Licht auf seine Stirn gerichtet, um ihn zum Reden zu bringen. Aber da mein Bruder hart im Nehmen ist, antwortete er dem Wesen, es solle sich verpissen und ihn gefälligst in Ruhe lassen. Danach hat mein Bruder mit seinem spirituellen Auge ein blaues Licht ausgeschickt, und da sind die Wesen geradezu ausgerastet und lösten sich in Luft auf.«

Jason fand dieses Erlebnis seines Bruders ebenso verblüffend wie belustigend. Allerdings passte diese Geschichte genau zu dem, was Saundra Jason am Vorabend mitgeteilt hatte: dass sich seine Lebensenergien nicht mehr in den niederen Dimensionen konzentrierten. War das nur ein zufälliges Zusammentreffen beider Ereignisse? Und stimmte das, was Saundra behauptet hatte? Hatte sich seine Lebenskraft tatsächlich aus den niederen Dimensionen gelöst?

»Nach Aussagen der Wesen, die meinen Bruder heimgesucht hatten, war ich schlicht und einfach verschwunden und sie versuchten verzweifelt, mich zu orten«, meint Jason. »In deren Dimensionen war ich nun nicht mehr sichtbar. Ich hatte mein Bewusstsein verlagert.«

Die gleiche Explosion erlebte Jason noch einmal, etwa ein Jahr später. Damals arbeitete er auf der Gesundheitsmesse in Toronto und der Tag zog sich schrecklich in die Länge.

»Ich saß allein an meinem Stand und dachte gerade darüber nach, wie ich die Zeit nutzen könne. Neben mir hing ein Plakat, auf dem Sachmet, die ägyptische Göttin mit dem Löwenkopf, in einer typisch altägyptischen Körperhaltung sitzend abgebildet war.«

In der Mythologie Altägyptens wurde Sachmet als leidenschaftliche Jägerin betrachtet, und man glaubte, ihr Atem habe die Wüste geschaffen. Sie galt auch als Beschützerin der Pharaonen, denen sie bei Kriegen als Anführerin half, und als Tochter des Sonnengottes Ra.

»Ich beschloss zu meditieren und dabei eine sitzende Haltung wie Sachmet einzunehmen«, berichtet Jason.

»Aus irgendeinem Grund legte ich beim Meditieren die Zunge an den Gaumen. Als ich das tat, spürte ich, wie ich mich mit Energie auflud, die mir vom Bauch bis zum Hals aufstieg. Wenn ich meine Zunge vom Gaumen löste, floss die Energie einfach durch meinen Körper nach unten und entwich durch meine Füße. ›Wow, das ist eine tolle neue Erfahrung‹, dachte ich bei mir.

Jason begann mit diesen Möglichkeiten zu spielen: »Erst baute ich die Energie in mir auf, dann ließ ich sie durch meine Füße wieder abfließen. Später beschloss ich, die Energie erneut aufzubauen, aber meine Zunge dabei am Gaumen zu lassen. Ich baute nach und nach immer mehr Energie auf, bis ich plötzlich eine Explosion spürte, die meinen ganzen Körper erfasste. Bestürzt sprang ich von meinem Stuhl auf und sagte mir: Jetzt reicht es, ich spiele damit besser nicht mehr herum.

Was dieses Erlebnis geradezu witzig machte, war, dass irgendein Unbekannter, der zufällig an meinem Stand vorbeiging, in diesem Moment stehen blieb und sich dort umsah. Dann warf er mir einen beunruhigten Blick zu und fragte: ›Was ist hier passiert‹?«

*Sachmet, die ägyptische Göttin mit dem Löwenkopf*

Jason schüttelte nur den Kopf und tat so, als wüsste er nicht, was der Mann mit der Frage meinte. Er hatte auch wirklich keine Ahnung, was der Mann gesehen hatte.

Was hatte seine Energie bei seinen Spielchen mit der Umgebung angestellt?

»Ich glaube, ich hatte die Energie in meiner Umgebung völlig verändert«, meint Jason. »Vermutlich hatte ich den Raum ringsum ›leergefegt‹ und ihn mit Schwingungen aus höheren Dimensionen gefüllt.«

Und er fährt fort: »Wenn wir bei Qigong-Übungen mit den Energien des Geistes, des Körpers und der Spiritualität arbeiten, verändern wir das Wesen unserer Existenz. Wir erwecken unsere Energiekörper und ermöglichen es ihnen, sich mit den Lichtströmen des Universums zu verbinden. Diese Veränderung vollzieht sich nach und nach, hat aber tiefgreifende Auswirkungen. Es ist so, als bauten wir mit der Zeit einen Muskel auf, von dessen Existenz wir gar nichts geahnt hatten. Und wenn dieser Muskel stark genug ist, beginnt er ein Eigenleben zu führen.

Während wir die Energie in uns und ringsum stärken, beginnen wir, uns in unsere Umgebung hinein auszudehnen und berühren zahlreiche Dimensionen auf einmal. Wir können dann unsererseits die Energien dieser neuen Umgebung in uns aufnehmen, damit sie jede Zelle unseres Körpers nähren und stärken.«

In einem Sommer entschloss sich Jason zum Heilfasten. Er wusste, dass das Fasten der Gesundheit in vielerlei Hinsicht nützt. Man empfahl ihm eine bestimmte Methode, bei der man vor allem Limonade mit Ahornsirup und Cayennepfeffer zu sich nimmt. »Die Anweisung lautete, sechs bis acht Gläser dieser Mischung pro Tag zu trinken und sehr viel Wasser in der Zeit dazwischen. Morgens soll man warmes Wasser mit Meersalz trinken, um den Körper jeden Morgen durchzuspülen.

Nach drei Tagen verschwand das quälende Hungergefühl. Stattdessen fühlte ich mich nun euphorisch. Auch während des Fastens setzte ich meine Qigong-Übungen fort. In dieser Zeit schlief ich so gut wie sonst nie in meinem Leben.«

Außerdem hatte er sehr lebhafte Träume. Er hatte den Eindruck, sie dauerten Stunden. »Wenn ich danach aufwachte, konnte ich mich hundertprozentig an jede Einzelheit der Träume erinnern. Unter normalen Umständen ist das sehr schwierig.«

Jason fastete mehr als eine Woche und entwickelte dabei ein verstärktes Wahrnehmungsvermögen. »Wenn ich eine Straße entlangging, nahm ich die Umgebung ringsum hypersensibel wahr. Jedes Mal, wenn ich etwas ansah, hatte ich das Gefühl, mich wie durch magnetische Anziehung damit zu verbinden.

Meine Lebenskraft verband sich auch plötzlich mit Bäumen, wenn ich an ihnen vorbeiging. Sobald diese Verbindung hergestellt war, spürte ich, wie mir von jedem Baum Energie zuströmte. Es war, als nährte ich mich von der Kraft meiner Umgebung. Und je mehr Kraft mir zufloss, desto euphorischer fühlte ich mich. Da ich kein Essen mehr zu mir nahm, setzte vermutlich ein anderer Mechanismus ein und sorgte dafür, dass ich Energie aus anderen Quellen bezog.«

Während sich Jason in natürlichen Umgebungen euphorisch fühlte, geschah das genaue Gegenteil, sobald er sich in künstlichen Umgebungen befand, etwa in einem Einkaufszentrum oder Kaufhaus. »Wenn ich ein Kaufhaus betrat, hatte ich buchstäblich das Gefühl, mir würde Lebenskraft abgezogen. Sofort wurde mir speiübel. Und noch seltsamer war, dass meine Augen sich unverzüglich blutrot färbten, als würden sie von Sandkörnern darin gereizt.«

Am vierzehnten Tag beschloss Jason, das Heilfasten zu beenden, und gewöhnte sich nach und nach wieder an feste Kost. »Anschließend versuchte ich, alle zwei Monate ein dreitägiges Fasten einzuhalten, um meinen Körper in Schuss zu halten. Es ist schon erstaunlich, was unser Körper uns lehren kann, wenn man ihn bestimmten hilfreichen Situationen aussetzt.«

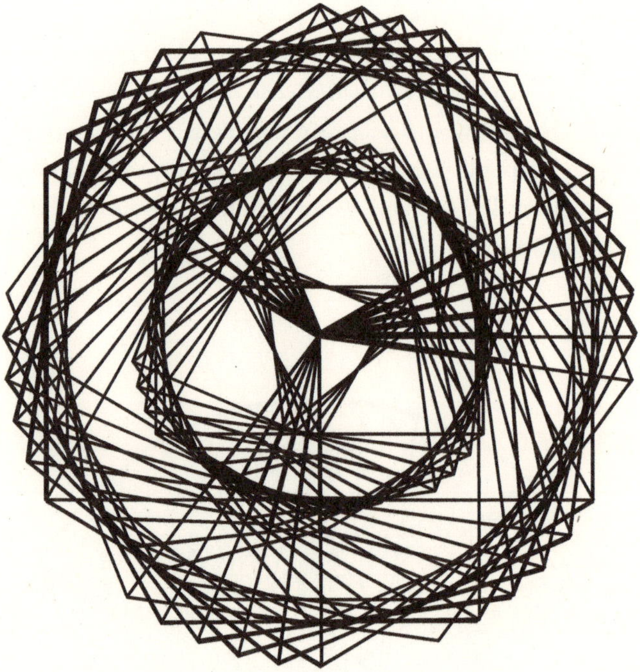

»Du befindest dich in einem Gefängnis.
Falls du hinaus möchtest, musst du dir als Erstes klarmachen,
dass du in einem Gefängnis sitzt. Wenn du dich als frei
betrachtest, kannst du dem Gefängnis nicht entfliehen.«

Georges I. Gurdjieff

# 10 Wir sind nicht die Stimme in unserem Kopf

Etwa zu der Zeit, als Dr. Madi Nolan nach Toronto kam, im Jahr 2007, betrieben Jasons Freunde Kathy Wilson und Dennis Barnett einen Laden namens *Healing Nexus*. Beide waren ausgebildete Wünschelrutengänger und führten Kurse dazu und zu anderen Themen durch. Außerdem hatten und haben beide unglaubliche mediale Fähigkeiten.

Eines Abends, als Jason, Dennis und einige andere bei Kathy zu Besuch waren, nahm Dennis Jason auf die Seite und fragte ihn etwas Sonderbares: »Was würdest du denken, wenn ich behaupte, dass deine inneren Stimmen und Visionen gar nicht deine eigenen sind?«

Jason war seine Verwirrung anzumerken. Was meinte Dennis damit?

»Du weißt doch, wie es ist, wenn man einzuschlafen versucht und gedanklich einfach nicht abschalten kann, oder? Was, wenn du feststellen würdest, dass diese Gedanken nicht einmal deine eigenen sind?«

Jason starrte Dennis verwirrt an. Was sagte sein Freund denn da? Jason war jedoch klar, dass Dennis gute Gründe dafür haben musste, ihm von dieser seltsamen Vorstellung zu erzählen.

»Wenn deine Gedanken abschweifen, Karussell mit dir fahren oder dir plötzlich merkwürdige Dinge durch den Kopf schießen«, fuhr Dennis fort, »solltest du einfach innehalten, dein Pendel holen und sagen: *Du bist nicht mein eigener Gedanke. Ich bitte dich, mich sofort zu verlassen.*«

Nach wie vor war Jason verwirrt, nahm das, was Dennis sagte, aber sehr ernst.

»Also tat ich genau das, was er mir empfohlen hatte. Jedes Mal, wenn mir ein abwegiger Gedanke durch den Kopf schoss, bat ich diesen, mich zu verlassen. Ich behandelte solche Gedanken wie fremde Eindringlinge. Wenn meine Gedanken Amok liefen und mich wach hielten, erklärte ich jedes Mal nachdrücklich: *Du bist nicht mein eigener Gedanke. Lass mich auf der Stelle in Ruhe!*«

So verfuhr Jason mehrere Monate, bis schließlich irgendetwas bei ihm »klickte«.

»Ich spürte tatsächlich, wie etwas in meinem Gehirn ›Klick‹ machte, und danach trat Ruhe ein«, berichtet er. »Meine Gedanken schwiegen. Es war, als wäre zwischen meinen Ohren nichts als Wind. Ich glaube, dass ist der Seelenzustand Buddhas – der Zustand von Zen, wenn sich im Teich keine Wellen kräuseln. Es ist ein höchst surreales Gefühl von tiefem Frieden. Trotzdem hat man in diesem Zustand ein sehr reales Empfinden für das Hier und Jetzt. Man wird sich jedes Atemzugs bewusst. Meiner Ansicht nach ist das der Zustand, den die meisten Menschen, die meditieren, anstreben.«

Einige Monate später nahmen Dennis' Worte eine völlig neue Bedeutung für Jason an. Eines Nachts, als er einen ganz gewöhnlichen Traum hatte, hörte er plötzlich, wie seine eigene Stimme in seinem Kopf etwas sehr Beunruhigendes sagte: *»Jason, du stirbst an Krebs. Du hast nur noch zwei Jahre zu leben.«* Sofort fühlte er sich deprimiert. »Ich dachte: Oh nein, ich bin todkrank, wie traurig.«

Doch dann erinnerte er sich an das, was Dennis ihn gelehrt hatte, und sagte laut: »Halt mal! Diese Gedanken sind nicht meine eigenen.« In diesem Augenblick schoss er aus seinem Körper heraus, und was er dann sah, war ein wirklich verblüffender Anblick: Neben ihm im Bett lag ein Wesen und raunte ihm etwas in sein Ohr. Sofort packte Jason es am Arm und brüllte es wütend an: »Wer bist du?« Das Wesen war völlig verblüfft. Jason hatte es auf frischer Tat ertappt. Verzweifelt bemühte es sich zu entkommen, doch Jason hielt es fest und fragte erneut: *»Wer bist du?«*

Das Wesen erwiderte etwas, aber es klang wie Kauderwelsch. Also stellte Jason eine weitere Frage: »Bist du ein Lichtwesen?«

Da hörte das Wesen auf, sich zu wehren, und sagte ganz ruhig: »Nein, das bin ich nicht.«

Diese Auskunft reichte Jason. »Verschwinde von hier!«, herrschte er es an, »Du darfst nie wieder Verbindung mit mir aufnehmen!« Und tatsächlich verschwand das Wesen.

Und wie sah dieses Wesen aus?

Das war das eigentlich Beunruhigende an dieser Begegnung. »Wirklich unheimlich war, dass dieses Wesen schön war«, sagt Jason. »Es sah wie ein Engel aus. Und es war umgeben von leuchtend weißen Lichtfunken. Hätte es sich so jemandem gezeigt, der es nicht besser einschätzen konnte, wäre derjenige wahrscheinlich auf die Knie gefallen, um es anzubeten, und hätte es als ein göttliches Wesen oder einen Engel gepriesen.«

Und nun ging Jason ein noch beängstigender Gedanke durch den Kopf: Was, wenn er sich die Stimme in seinem Kopf zu Herzen genommen hatte? Was, wenn er jetzt wirklich glaubte, bald zu sterben? Würde sich tatsächlich manifestieren, was dieses Wesen in ihn eingepflanzt hatte? »In diesem Moment verstand ich voll und ganz, was Dennis mich gelehrt hatte«, erklärt Jason.

Bald darauf entdeckte er, dass das, was er jetzt wusste, viel weiter reichte, als er sich je hätte vorstellen können: »Dieses Erlebnis eröffnete mir eine unglaublich dunkle Welt.«

Das war einer der Gründe dafür, dass er sich dazu entschloss, seine Erfahrungen zum Nutzen anderer in einem Buch festzuhalten. »Die meisten Menschen denken niemals über solche Dinge nach oder glauben nicht, dass so etwas überhaupt existiert. Und deshalb erzähle ich auch keine Geschichten über Regenbogen oder Einhörner. Die Geschichten müssen schon ein bisschen unheimlich sein, denn alles, was wir erleben, beginnt mit einer gewissen Furcht und verwandelt sich dann in Wut. Diese Emotionen sind unsere Überlebensmechanismen. Die einzige Liebe und das einzige Licht, das wir haben, ist die eigene Liebe und das eigene Licht. Das ist der Kern dessen, was wir sind. Der Urgrund der Liebe ist Mitgefühl und Vergebung. Um dort hinzugelangen, müssen wir vorher alle diese anderen Emotionen durchleben und ein Gleichgewicht herstellen. Wir müssen lernen, wie man Furcht und Wut steuern kann.«

Jason erinnert an den Film *Matrix* und die Szene, in der Morpheus Neo die Wahrheit über die Wirklichkeit enthüllt. »Dann zeigt er Neo Akkumulatoren und sagt, dass wir genau das für diese Wesen sind: eine unbegrenzte Quelle von Energie. Das ist zwar nur ein Satz aus einem Film, doch dieser Satz kommt nach dem, was mir mitgeteilt wurde, der Wahrheit über die Welt, in der wir leben, sehr nahe. Die Menschen dienen einigen astralen Wesen als Nahrung. Die Energie, die wir hier produzieren, nährt andere Dimensionen. Diese Wesen ernähren sich tatsächlich von unseren Gedanken und Gefühlen.«

Als Jason das herausfand, war das der Beginn dessen, was für ihn auf mehreren Ebenen zu einem Kampf um sein Leben werden sollte.

»Diese Wesen wollen, dass wir weiter schlafen«, erklärt er. »Wenn nämlich jemand erwacht, hat das einen Kaskade-Effekt, der sich auf vielen Ebenen vollzieht. Diese Wesen versuchen das um jeden Preis zu verhindern.«

Nach Aussagen von Jason sind diese sich von menschlicher Energie nährenden Geschöpfe astrale Wesen aus der vierten und fünften Dimension. »Sie sind *nicht* unsere verstorbenen Vorfahren. Und sie sind auch keine gefallenen Engel oder Dämonen, selbst wenn sie deren Gestalt annehmen können. In ihrer eigenen Kategorie sind es sehr bewusste Wesenheiten mit eigenen Plänen. Und diese Pläne bestehen darin, das Nahrungsangebot menschlicher Energie aufrechtzuerhalten.«

Auf welche Weise?

Am Anfang wird dem Menschen ein Gedanke eingepflanzt. »Man könnte meinen, es ist der eigene Gedanke, aber das stimmt nicht«, so Jason. »Dieser Gedanke verbindet einen mit einer Energie außerhalb des Selbst. Diese Energien können wir als morphogenetische Felder bezeichnen. Es sind *Clouds* kollektiven Bewusstseins. Der Gedanke löst eine Emotion in einem aus, sagen wir Furcht. Wenn diese Energie der Furcht Widerhall in einem findet, öffnet man sich und lässt zu, dass diese Wesen einem Energie abzapfen.«

Das kann auf sehr unterschiedliche Weise geschehen: »Nehmen wir ein extremes Beispiel: Sagen wir, man hat einen Angriff von Terroristen überlebt. Dieses Trauma prägt sich wie eine Blaupause in den eigenen

Energiehaushalt ein – sowohl die Erinnerung daran als auch die damit verbundenen Emotionen. Da dieses Trauma nun Teil des eigenen Energiesystems ist, können die Wesen jederzeit das Programm auslösen, das einem Energie entzieht.«

Und das beschränkt sich keineswegs auf den einzelnen Menschen, wie Jason sagt. »Diese Art von Programmierung lässt sich auch auf Menschenmassen anwenden. Nehmen wir zum Beispiel *9/11.* Die ganze Welt war traumatisiert, als wir diesem schrecklichen Ereignis live wieder und wieder im Fernsehen zuschauten.«

Wen haben wir mit dieser Energie genährt? »Da es absichtlich auf solche Weise geschah, kann man das mühelos erkennen, wenn man das Vorgehen erst einmal verstanden hat«, meint Jason.

Haben Sie jemals erlebt, wie ein völlig normaler Mensch von einer Minute zur anderen vor Wut und Zorn tobt? »Wir haben sogar einen Ausdruck dafür«, fährt Jason fort. »Jemand oder etwas hat bei einem solchen Menschen ›den Knopf gedrückt‹. Wenn dieser Knopf gedrückt wird, wird die energetische Struktur eines Traumas aktiviert, und die Emotionen werden dabei freigesetzt. Das öffnet diesen Menschen dann für die Übertragung dieser Energie.«

Die Energien, die uns am meisten schaden, sind Furcht, Wut, Hass und Gier. »Diese Energien schwächen uns und öffnen uns für diese Wesen«, erläutert Jason. »Ein Symptom davon ist, dass man sich dann ständig völlig ausgelaugt und lethargisch fühlt. Die einzigen Energien, mit denen man diese Art von Manipulation bekämpfen kann, sind Liebe, Freude und Humor.«

Wie also können wir dieses Aussaugen von Energie beenden?

»Das ist ganz einfach«, meint Jason. »Man muss sich selbst heilen. Diese Wesen können einen nur mittels der Verletzungen, die man mit sich herumschleppt, manipulieren. Wenn man loslässt und diese Traumata heilt und überwindet, haben diese Wesen nichts mehr, an dem sie ansetzen können. Wir bezeichnen das auch als *Karma.* Wir inkarnieren immer wieder auf der Erde, um unser Karma in den Griff zu bekommen. Wenn wir das nicht tun, sitzen wir hier auf ewig fest.«

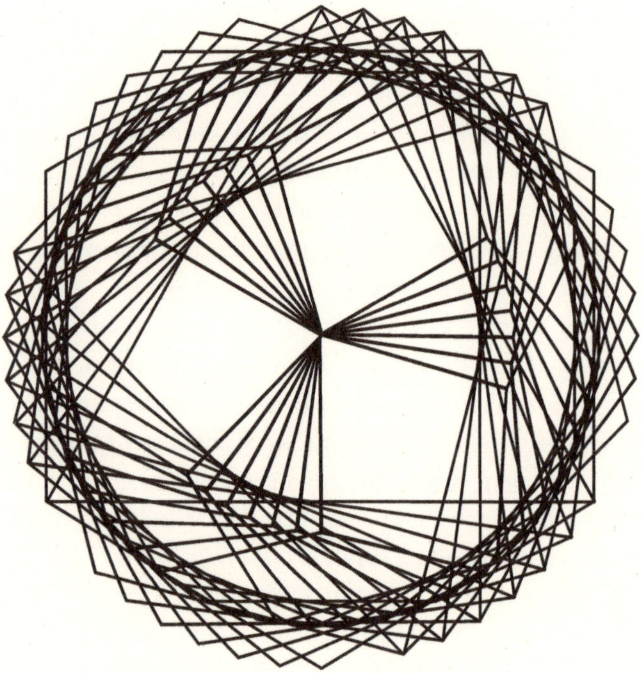

»Du bist nur so stark wie deine tiefste,
schlimmste Verletzung.«

Peter Bernard

# 11 Astrale Lehren

Als sich Jason diese neue Welt eröffnete, hatte er den Eindruck, man hätte ihn ein riesiges Meer geworfen und er müsse erst noch das Schwimmen lernen. Doch all das gehörte zu der für ihn nötigen Ausbildung. »Später sollte ich entdecken, dass mich noch viele Wesenheiten Prüfungen unterziehen würden«, berichtet er. »Diese Wesen waren mir nämlich von höheren Wesenheiten geschickt worden. Ich sollte dadurch lernen, mich in diesen Welten zurechtzufinden.«

Was Jason dabei erlebte, waren Prüfungen auf jeder Ebene seiner Psyche, die sowohl emotionale als auch physische Aspekte hatten.

»Im Nachhinein sehe ich sie mit neuen Augen an. Ich weiß jetzt, dass die schrecklichsten und mich am meisten fordernden Erfahrungen eigentlich ein Segen für mich waren und mich vieles lehrten. Ohne diese Erfahrungen wäre ich niemals vorangekommen, hätte niemals das gelernt, was ich lernen musste.«

Mit der Zeit betrachtete Jason die dunklen Wesen aus einer neuen Perspektive: »Ich hatte keine Angst mehr vor ihnen. Sie waren meine besten Lehrer. Was den spirituellen Weg betrifft, so verstehen die Menschen oft nicht, dass man, wenn man einen Schritt nach vorn tut, auch wieder einen Schritt zurück tun muss.

Alle Dinge im Universum befinden sich in einem Gleichgewicht. Man muss stets beide Seiten beachten, weil sich erst so ein Ganzes bildet. Man kann das Eine nicht ohne das Andere haben. Das ist das Wechselspiel zwischen Yin und Yang.«

Im Folgenden schildern wir einige Ereignisse, die Jason schwer zu schaffen machten.

## Ein wahrhaft »erdrückendes« Erlebnis

Während Jason schlief, spürte er plötzlich, wie jemand zu ihm ins Bett stieg. »Das astrale Wesen kletterte auf mich hinauf. Es fühlte sich so an, als würde ich zermalmt. Mein Körper war wie erstarrt, als hätte ich eine Schlafparalyse.«

Und wie sah dieses Wesen aus?

»Ich konnte nur einen Umriss erkennen. Er ähnelte dem eines Menschen«, berichtet Jason. Einzelheiten konnte er nicht ausmachen. »Es sah fast wie ein massiver Schatten aus.«

Dieses Erlebnis wiederholte sich einige hundert Mal. »Solche Erscheinungen«, sagt Jason, »sind sogar historisch überliefert, in Büchern und in der Kunst. Es kommt einem dabei so vor, als komme etwas ins Zimmer,

*»Der Nachtmahr« – Ölgemälde von Johann Heinrich Füssli, 1781. Das Gemälde zeigt eine schlafende Frau, auf der ein dämonisches Wesen kauert.*

während man schläft, und setze sich einem auf die Brust. Man fühlt sich so, als würde man erdrückt, und bekommt keine Luft mehr.«

Jason versuchte alles Mögliche, um diese Erscheinungen zu verhindern. Er flehte im Gebet sogar irgendeinen Engel oder ein anderes Wesen an, ihm zu helfen. »Aber das machte die Sache nur noch schlimmer. Ich musste eine andere Möglichkeit finden, um sie zu beenden. Irgendwann rastete ich einfach nicht mehr aus, wenn es geschah. Ich blieb so gelassen wie möglich. Ich konzentrierte mich auf mein Herz und lernte, Liebe für dieses Wesen zu empfinden. Und danach wiederholte sich dieses Erlebnis nicht mehr.«

## Jason verhindert eine Inbesitznahme

Ein anderes Wesen probierte, von Jason Besitz zu ergreifen. »Dieses Wesen wollte in meinen Körper schlüpfen, um mich zu zermalmen. Es war das schrecklichste Gefühl, das man sich vorstellen kann. Es war so, als versuchte man etwas davon abzuhalten, den eigenen Körper zu übernehmen.«

Dieses Erlebnis begann genau wie diejenigen mit anderen Astralwesen. Während Jason schlief, spürte er plötzlich, wie irgendetwas zu ihm ins Bett stieg. »Aber diesmal versuchte das Wesen, mich aus meinem Körper zu drängen. Dabei merkte ich, wie seine Energie in mich hineinströmte. Mir war klar, dass ich mit aller Kraft kämpfen musste, um dieses Wesen aus mir hinauszuschieben.«

Das klappte zwar, wurde jedoch von Mal zu Mal schwieriger. »Ich konnte noch so viel beten oder höhere Wesen heraufbeschwören, es half nichts. Im Gegenteil: Wenn ich das tat, büßte ich nur Kraft ein. Meinen Körper unter Kontrolle zu behalten wurde für mich zum Überlebenskampf. Ich hatte furchtbare Angst vor dem, was passieren würde, wenn das Wesen es tatsächlich schaffen würde, mich aus dem eigenen Körper zu verdrängen.«

Würde es diesem Wesen gelingen, Jasons Körper zu übernehmen? Würde er für immer und ewig in der Astralsphäre verloren gehen?

Zum Glück musste Jason das nie herausfinden. »Es war eine Prüfung für meine Seele«, meint er. »Diesen Kampf durfte und konnte ich nicht verlieren. Ich musste stärker sein als dieses Wesen. Meine Seele musste erfahren, dass ich stärker war und dieses Wesen nicht in mich eindringen konnte.«

Eines der eindrucksvollsten Erlebnisse hatte Jason eines Nachts, als ein sehr dunkles Wesen erschien. »Ich spürte, dass es in mein Schlafzimmer eingedrungen war, und alles ringsum versank in erdrückender Schwärze. Sofort war ich wie gelähmt. Die Energie dieses Wesens strömte über meinen Körper hinweg, und das war das schlimmste Gefühl, das ich je erlebt habe. Es war so, als überrollte mich ein schwerer Lastwagen und zerquetschte meinen Körper. Ich bekam keine Luft mehr. Und es fühlte sich so an, als würde mein Herz gleich aufhören zu schlagen. Niemals zuvor hatte ich einen dermaßen heftigen Schmerz erlebt.«

Jason glaubte, sein Ende sei gekommen. »Ich weiß noch, dass ich dachte: Nun ja, ich habe ein gutes Leben gehabt, ich bin bereit.« Doch dann fiel ihm wieder ein, was Peter Bernard ihn gelehrt hatte: »In unserem Herzen brennt ein Feuer, das Feuer der Schöpfung. Das macht unser Wesen aus.« Also hielt sich Jason an dem Gedanken fest: »Okay, ich werde sterben. Aber ich kehre nur in die Flammen in meinem Herzen und das Feuer der Schöpfung zurück.«

Nun geschah etwas völlig Unerwartetes: »Sofort merkte ich, wie das Feuer in meinem Herzen nach außen explodierte. Diese Explosion war das intensivste Erlebnis, das ich je hatte. Feuer explodierte aus jedem Teil meines Körpers in alle Richtungen und dehnte sich zu den fernsten Raumregionen aus. Sofort verglühte das dunkle Wesen.

Mein Bewusstsein verwandelte sich in dieses Feuer, und mein Wahrnehmungsvermögen dehnte sich mit dem Feuer in eine Region aus, die mir wie das Ende des Universums vorkam. In diesem Augenblick wusste ich, wie es sich anfühlt, ein Gott zu sein. Mir ist klar, dass das verrückt klingt, aber anders kann ich es nicht beschreiben. Es war, als hätte ich diese Schöpferkraft, als wäre ich das Schöpfungsfeuer. Man kann diese Kraft, die mich durchströmte, nicht erklären. Man kann sie nur fühlen. *Ich berührte alle Teile des Universums gleichzeitig und spürte die Gegenwart der Schöpfung.«*

Dann zog sich das Feuer plötzlich in Jasons menschlichen Körper zurück. Am ganzen Körper zitternd und mit rasendem Herzen wachte er voller Fragen auf: Wer sind wir in Wahrheit? Welche Kräfte schlummern in uns?

Zweifellos hat dieses Erlebnis Jason verändert. Er verlor die Angst vor Wesenheiten jeder Couleur. »Ich fühlte mich so, als hätte ich eine Konfrontation mit dem denkbar ungewöhnlichsten Wesen gehabt und sei als Sieger daraus hervorgegangen.«

## Nosferatu?

Nun wurde Jason alle paar Monate einer Prüfung unterzogen. In einer davon kam es ihm so vor, als würde er gewaltsam aus seinem Körper hinausgezogen, und zwar durch die Kehle. »Diesmal war das Wesen riesig, mehr als zwei Meter vierzig groß«, berichtet er. Jason kam dieses Wesen seltsam bekannt vor. Es sah aus wie die Figur des *Nosferatu* in dem klassischen Schwarzweiß-Stummfilm aus dem Jahr 1922, der vom Vampirismus handelt.

»Das Wesen war kahlköpfig, hatte große Krokodilsaugen, große spitze Ohren und riesige Reißzähne«, erinnert sich Jason. »Es packte mich am Nacken und streckte mich entlang der Wand hoch. Es knurrte und zischte mir direkt ins Gesicht.«

Hätte diese erschreckende Begegnung ein paar Jahre vorher stattgefunden, hätte sich Jason vermutlich vor Angst in die Hose gemacht, wie er zugibt. Aber mittlerweile war er zu einem anderen Menschen geworden. Statt sich zu ängstigen, lachte er das gruselige Wesen einfach aus. »Das Erste, was mir einfiel, war: ›He, was für niedliche Ohren.‹ Ich streckte die Hände hoch und spielte mit seinen Ohren. Dann sagte ich zu ihm: ›Du bist aber wirklich mal ein Süßer‹ und schnitt Grimassen, als hätte ich ein Baby vor mir. Ich weiß, wie verrückt das klingt, aber genau das tat ich.«

*Das Wesen, das Nosferatu ähnelte und reptiloide Gesichtszüge hatte, beim Angriff auf Jason*

Im nächsten Augenblick verschwand das Wesen. »Mir kam es so vor, als wäre es in dem Moment verschwunden, als ich beschloss, ihm keine Furcht, sondern Liebe entgegenzubringen«, sagt Jason.

Infolge dieses Erlebnisses wurde ihm klar, dass solche dunklen Wesen nur dann Zugang zu einem Menschen haben, wenn der es zulässt, dass sie ihn beherrschen.

»Sobald man Angst verspürt, öffnet man dem Vampir im Grunde Tür und Tor und lässt ihn ein. Je mehr ich gegen solche Wesen ankämpfte, desto deutlicher wurde die Erfahrung. Mit meiner Angst zog ich sie stets näher an mich heran. Doch wenn ich die negative eigene Energie in positive umwandelte und Liebe für diese Wesen zu empfinden versuchte, flüchteten sie einfach. Aber diese Liebe darf man nicht einfach vortäuschen. Es muss wirklich eine echte, von Herzen kommende liebevolle Haltung gegenüber diesen Wesen sein.«

Jason entdeckte noch etwas anderes: Wenn Menschen bei einem solchen Erlebnis Angst empfinden, stammt dieses Gefühl in Wahrheit nicht von ihnen selbst, sondern von diesen Wesen. »Wenn du Angst hast, erlangen sie Zugang zu dieser Angst und verstärken sie mit ihrer eigenen Angst. Auf diese Weise können sie deine Angst gegen dich verwenden, und das eröffnet ihnen einen leichteren Zugang zu dir.«

Jason erfuhr auch, dass diese dunklen Wesen ihre Gestalt verändern können. »Sie können einem als eine Person erscheinen, die man kennt. Man muss wirklich lernen festzustellen, wer diese Wesen in Wirklichkeit sind.«

## In Gestalt der Mutter

Bei einem solchen Erlebnis schlief Jason auf einer Couch im Hobbyraum des Hauses seiner Mutter, als sie in Astralgestalt zu ihm kam. »Sie begann mit mir zu reden, aber etwas daran kam mir seltsam vor«, erklärt Jason. »Etwas sagte mir, ich müsse etwas unternehmen, das ich nie zuvor getan hatte. Ich erschuf ein Merkaba-Symbol vor dem Chakra meines Herzens.«

Die Merkaba ist ein göttliches Lichtgefährt, das zu höheren Ebenen aufgestiegene Meister angeblich dazu nutzen, jene zu erreichen und sich mit ihnen zu verbinden, die auf höhere Sphären eingestimmt sind.

»Diese Merkaba war rot«, sagt Jason. »Ich begann, mit der Geometrie zu experimentieren und sie zu drehen. Und als sie in meinem Inneren eine passende Geschwindigkeit erreicht hatte, dehnte ich das Symbol so aus, dass es das ganze Zimmer umfasste. Während sich das Symbol ausdehnte und direkt durch meine Mutter hindurchging, flog die Tarnung dieses Wesens auf. Die Stimme war nicht mehr die meiner Mutter, sondern eine männliche, und ich erkannte, dass sich irgendein Astralwesen die Gestalt meiner Mutter ausgeborgt hatte. Als das Wesen merkte, dass ich es bei der Täuschung ertappt hatte, legte ich das Symbol der Merkaba um dessen Körper, verabschiedete mich von ihm und katapultierte es ins Universum, damit es dort Heilung suchen konnte.«

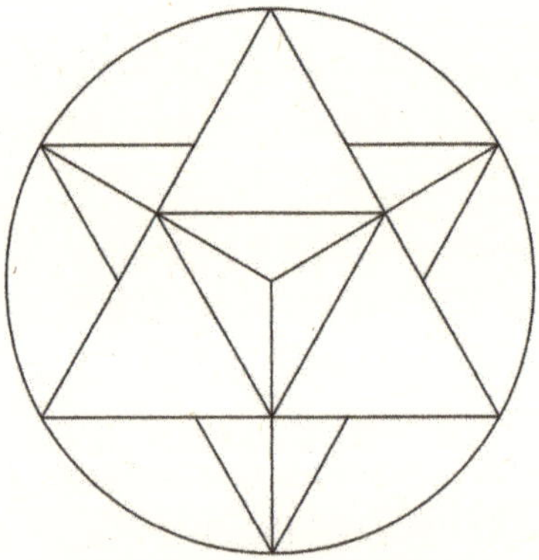

*Die Merkaba ist ein uraltes Symbol mit der Geometrie eines Sterntetraeders*

Woher wusste Jason, wie er dabei vorgehen musste?

Das ist ihm selbst nicht klar. »Es war so, als hätte etwas in meinem Kopf plötzlich geklickt. Ich erinnerte mich an etwas, das ich möglicherweise in einem meiner früheren Leben gelernt hatte.«

## Auskunft von einer Wesenheit

Eine begabte spirituelle Heilerin hatte Jason einmal mitgeteilt, sie könne immer, wenn er irgendein Zimmer betrete, die Wesenheiten im Inneren von Menschen vor Todesangst schreien hören. Bald darauf verstand er, warum.

»Ich begann die Wesen nicht nur im Raum zu spüren, sondern auch in den Menschen, mit denen sie Verbindung hatten. Aus irgendeinem Grund hatte ich die Fähigkeit, diese Wesen ohne oder fast ohne jeden Kampf zu entfernen. Wenn ich Patienten zur Heilung empfing, entfernte ich diese Wesenheiten aus deren Energiefeldern, und danach fühlten sich diejenigen, die Heilung suchten, sehr viel besser. Aber das hielt oft nur kurze Zeit an. Häufig kehrten die Patienten zurück, weil sich dieselbe Wesenheit erneut mit ihnen verbunden hatte.«

Einmal erhielt Jason eine direkte Botschaft von einer dieser Wesenheiten. Das veränderte für alle Zeiten den Blickwinkel, aus dem er sie betrachtete. »Ich fragte diese Wesenheit, warum sie ihrer Wirtsperson solche Probleme bereite. Sie erwiderte, sie werde dieser Person auch weiterhin das Leben zur Hölle machen, da sie sich weigere, sie ziehen zu lassen.«

Mit anderen Worten: Solange diese Person nicht loszulassen lernte, würde das Wesen ihr Leben auch weiterhin bestimmen. *Was bedeutete das?*

»Diese Person klammerte sich bewusst oder unbewusst an eine niedrigere Stufe der Lebenskraft«, meint Jason. »Diese Art von negativer Energie kann unterschiedliche Ursachen gehabt haben: eine Sucht, eine Besessenheit, bestimmte Emotionen, Gedankengänge, Karma oder Trauma. Aber was diese Ursache auch gewesen sein mag: Diese Energie war mit der Energie der Wesenheit verbunden. Sie würde erst dann freiwillig von der Person ablassen, wenn diese sich von der negativen Energie lossagte und gesundete.

Vor diesem Erlebnis hätte ich nie gedacht, dass Menschen ihrerseits von Wesenheiten Besitz ergreifen können. Ich hatte stets angenommen, es sei umgekehrt. Doch in diesem Fall war es die Energie dieser Person, die diese Wesenheit in ihrem Inneren gefangen hielt. Deshalb muss man jede Wesenheit mit Respekt behandeln, und alle mit dem gleichen Respekt. Man kann nie wissen, von welchem Wesen man als Nächstes etwas lernen kann.«

## Das richtige Tun

Jason fand sich manchmal in Situationen wieder, in denen er erst herausfinden musste, was zu tun war, um ein bestimmtes Erlebnis zu beenden. In einer solchen Situation, die einer Prüfung gleichkam, steckte er einmal plötzlich im Körper eines Kampfpiloten während des Zweiten Weltkriegs. Sein Flugzeug wurde von einem Geschoss des Gegners getroffen, begann zu sinken und drohte mit der Nase nach vorn in ein Gebäude einzuschlagen.

»Ich bekam panische Angst«, berichtet Jason, »denn es wirkte keineswegs wie ein Traum, sondern nur allzu realistisch, als mein Flugzeug in das Gebäude einschlug. Und ich starb dabei.«

Er versank in Dunkelheit, doch dann sagte eine Stimme: »Du hast versagt. Versuche es noch einmal.«

Plötzlich befand er sich wieder in demselben Flugzeug, und es spielte sich dieselbe Szene ab wie zuvor. »Erneut bekam ich panische Angst, doch diesmal versuchte ich, das Flugzeug am Gebäude vorbei zu lenken. Ohne Erfolg. Ich starb.«

Wieder versank er in Dunkelheit, und wieder sagte die Stimme: »Du hast versagt. Versuche es noch einmal.«

Nun versuchte Jason in derselben Szene den Auslöseschalter für den Schleudersitz zu finden, aber auch das hatte keinen Erfolg, sodass er starb. Die Stimme wiederholte: »Du hast versagt. Versuche es noch einmal.«

Die Szene wiederholte sich noch mehrere Male und endete stets mit Jasons Tod. Bis es Jason schließlich reichte. Bei der folgenden Wiederholung verschränkte er die Hände hinter dem Kopf und entspannte sich. »Ich genoss einfach den Augenblick«, sagt er. »Ich war völlig gelassen und richtete den Blick ohne jede Angst auf jede Einzelheit meiner Umgebung. Es war mir sogar gleichgültig, dass ich auf das Gebäude und meinen Tod zusteuerte.«

Jasons Flugzeug prallte auf dem Gebäude auf, und wieder starb er dabei. Doch zu seiner Verblüffung erklärte die Stimme diesmal, er habe die Prüfung bestanden.

»Ich bin mir nicht sicher, was diese Prüfung mir vermitteln sollte. Aber ich glaube, es ging dabei um die Annahme des eigenen Schicksals. Wenn man mit hundertprozentiger Sicherheit weiß, dass man sterben wird, warum sollte man dann dagegen ankämpfen? Genieße einfach das, was du ringsum siehst, und finde inneren Frieden. Vermutlich ging es in dieser Prüfung also um den inneren Frieden beim Sterben. Das halte ich für sehr wichtig.

Wenn man voller Angst und Zorn stirbt, begleiten einen diese Emotionen meiner Meinung nach ins Jenseits.«

## Offenbarung der Matrix

Ein anderes Mal träumte Jason, er befände sich an einem Strand. Dort sah er zu, wie die Wellen ans Ufer rollten – eine sehr friedliche Szene. Plötzlich wachte er auf und lag wieder im Bett. Doch ihm wurde schnell klar, dass dieses Bett nicht in seinem Schlafzimmer stand. »Hellwach setzte ich mich in meinem Bett auf und merkte, dass ich immer noch am Strand war.« Das verwirrte ihn. Träumte er nach wie vor?

Irgendetwas sagte ihm, er müsse nach links blicken. Als er es tat, sah er, wie sich knapp zwei Meter von ihm entfernt ein Portal öffnete. »Es wirkte wie ein Schwarzes Loch. Dieses Portal ließ die Strandszene verschwinden, sog sie in sich auf und zeigte stattdessen mein dahinter liegendes Schlafzimmer. Das war ein verblüffendes Erlebnis.«

Jason ist davon überzeugt, dass er hellwach war, als er beobachtete, wie das Portal die Strandszene verschluckte.

Wurde ihm auf diese Weise die Matrix der Realität offenbart? Existierte er in einer Simulation, die dem Holodeck – der holografischen Umgebungssimulation – von *Star Trek* ähnelte?

Jason begann sich zu fragen, was eigentlich Realität ist. Was, wenn wir im Traum eines anderen leben? Können wir wirklich mit Sicherheit sagen, in welcher Realität wir leben?

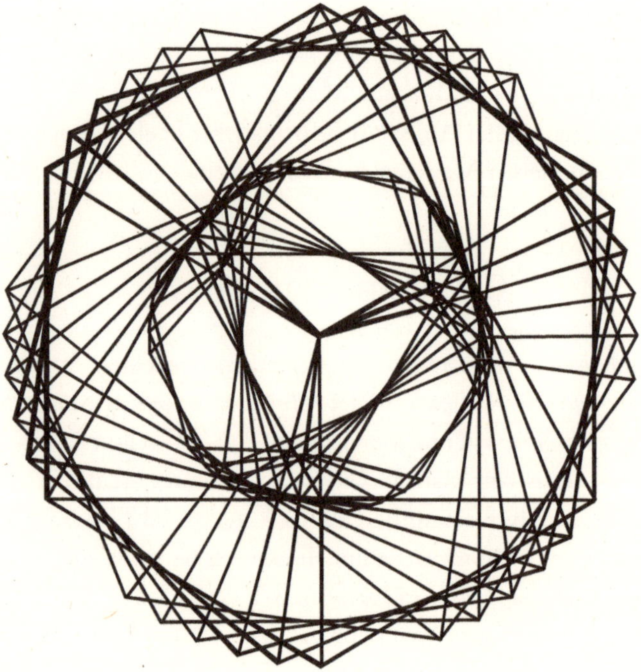

»Die unendlichen Schwingungsebenen,
die Dimensionen der Vernetzung, kennen keine Grenzen.
Es gibt nichts, das voneinander unabhängig ist.
Alle Lebewesen, alle Dinge bewohnen dein Bewusstsein.«

Alex Grey

# 12 Erlebnisse in Peru

Im Mai 2009 reiste Jason nach Peru, um die historischen Heiligen Stätten und die Mystik des südamerikanischen Landes kennenzulernen. Er gehörte zu mehreren Schülern der *8th Fire School*, die diese dreiwöchige Entdeckungsreise machten. Sie wurde von einer Frau namens Sher organisiert, einer örtlichen Medizinfrau und Shiatsu-Therapeutin. Das Reiseprogramm schloss neben dem Besuch der uralten sehenswürdigen Anlagen auch Treffen mit Schamanen und die Teilnahme an mehreren religiösen Zeremonien mit ein.

»Peru war immer einer der Orte in der Welt, die ich unbedingt sehen wollte«, erklärt Jason. »Ich war innerlich völlig auf diese Reise eingestellt.«

Auch Nora gehörte der Reisegruppe an. Jason und Nora wussten instinktiv, dass sie dabei aufeinander aufpassten mussten.

Die Gruppe fuhr mit einem Shuttle-Bus der Incan Tours, begleitet von einigen der besten Reiseleiter des Landes, zu verschiedenen historischen Stätten. Darüber hinaus begleitete sie auch ein spiritueller Reiseleiter, der die mit jeder Stätte verbundenen Legenden und Mythen kannte.

Jason fühlte sich in Peru gleich zu Hause. Selbst die Höhenlagen machten ihm nichts aus. Die Höhenkrankheit ist eine der am weitesten verbreiteten Krankheiten, die sich Touristen in Ländern wie Peru zuziehen können. Es kann oft bis zu drei Tagen dauern, bis man sich an den Sauerstoffmangel in großen Höhen gewöhnt hat.

Machu Picchu liegt etwa 2.430 Meter über dem Meeresspiegel, der Titicacasee mehr als 3.800 Meter. Im Vergleich: Los Angeles liegt (im Stadtkern) rund neunhundert Meter und Toronto nur etwa einhundert Meter über dem Meeresspiegel.

*Die archäologische Ausgrabungsstätte Machu Picchu in Peru*

»Ich konnte die wunderbare Bergluft ringsum mühelos atmen«, sagt Jason. »Mir war klar, dass ich hier die Kraft der uralten Stätten entdecken würde.«

Tatsächlich verstärkte sich Jasons Lebenskraft, als er all diese uralten Anlagen und Tempel betrat. »Diese Anlagen sind immer noch voller Leben und bergen nach wie vor enorme Kraft in sich. Es gibt immer noch viele solche Kraftzentren in Peru. Wenn ich sie betrat, kam es mir vor, als tauchte ich bis zu den Knien in die Erde ein. Und dann spürte ich so etwas wie elektrischen Strom durch meinen Körper fließen. Es fühlte sich wie ein Kribbeln an, nur intensiver. Wenn ich zu lange an einer Stelle stehen blieb, überwältigte es meinen Körper, und mein Geist löste sich plötzlich daraus, sodass ich ein ungewöhnliches Erlebnis hatte. Das geschah mehrmals an verschiedenen Orten in Peru. Dergleichen ist mir nirgendwo anders passiert.«

In Moray, einer archäologischen Fundstätte rund fünfzig Kilometer nordwestlich von Cuzco auf einem 3.500 Meter hohen Plateau unmittelbar westlich des Dorfes Maras hatte Jason die stärkste Begegnung mit uralten Kräften.

Die Anlage umfasst Ruinen der Inkas, die vor allem aus riesigen, spiralförmig verlaufenden Tribünen und Vertiefungen bestehen, wobei die größte Bodensenke mehr als dreißig Meter nach unten führt. Die Zivilisation der Inkas existierte im frühen dreizehnten Jahrhundert in dem Gebiet, das heute zu Peru, Chile und Ecuador gehört, und brachte das größte Reich im vorkolumbianischen Amerika hervor. Die Hauptstadt lag in der Region Cuzco, im Hochgebirge des heutigen Peru. Doch nicht einmal hundert Jahre später wurde das Reich der Inkas durch spanische Konquistadoren stark geschwächt und teilweise zerstört. Moray ist eine von mehreren uralten Stätten der Inkas, deren Ruinen in den Hochländern Südamerikas noch immer erhalten sind.

»Man erlaubte uns, in die unterste Senke der Anlage zu gehen«, berichtet Jason. »Mit jedem Schritt von einer Stufe zur nächsten spürte ich, wie sich meine Energie veränderte. Ich ging bis zum Mittelpunkt der untersten Vertiefung vor, legte mich dort auf den Rücken und schloss die

*Die archäologische Fundstätte Moray in Peru*

Augen, um zu meditieren. Dabei merkte ich, wie die Kraft der Erde nach und nach meinen ganzen Körper durchdrang. Es begann in den Händen und erfasste dann meine Arme, Füße und Beine. Es fühlte sich so an, als strömte Elektrizität hindurch, und dieses Gefühl wurde noch viel stärker, als die Kraft in meinen Oberkörper drang.«

Eine solche Intensität hatte Jason nicht erwartet, sie machte ihm sogar Angst: »So etwas hatte ich nie zuvor erlebt. Ich musste gegen diese Kraft ankämpfen, um die Herrschaft über meine Glieder zurückzuerlangen. Nur so schaffte ich es, mich von ihr zu lösen und mich wieder aufzusetzen. Ich kann es nur so beschreiben, dass die Erdenergien mit meinem Körper verschmolzen. Sie lähmten meinen Körper, um meinen Geist freizusetzen, sodass er umherschweifen konnte.«

Auch in einem nahen kreisrunden Steintempel, von dem nur das Fundament erhalten geblieben war, spürte Jason diese unglaublich starken Energien. »Man wies uns an, in die Ruinen hineinzugehen und dort in einer Spirale bis zum Mittelpunkt zu laufen. Als ich ihn erreicht hatte, war mein Körper wie gelähmt *und ich schoss geradezu aus ihm heraus.* Es war ein verblüffendes und zugleich unheimliches Erlebnis. Ich musste aus dem Zentrum herausspringen, sonst wäre ich möglicherweise in unbekannte Zeiten und Dimensionen eingetaucht.«

Jason hält diese Heiligen Stätten für Portale zu anderen Welten und Dimensionen. »In solchen Umgebungen kann man mühelos seine fleischliche Hülle abwerfen«, meint er.

Jason nahm auch an einer uralten Ayahuasca-Zeremonie teil. »Dieses Erlebnis konnte ich mir unmöglich entgehen lassen.«

Die Zeremonie wurde in der Nähe des Vorgebirges von Machu Picchu durchgeführt. Machu Picchu betrachtet man als einen der schönsten und eindrucksvollsten Überreste der Inka-Kultur in der Welt. Die sogenannte »verschollene Stadt der Inkas« wurde im Jahre 1911 von dem amerikanischen Historiker Hiram Bingham wiederentdeckt, nachdem sie jahrhundertelang Tausende von Metern über dem Meeresspiegel oberhalb des Urabamba-Tals verborgen geblieben war. Bis

*Jason Quitt in Machu Picchu, Peru*

1911 war diese uralte Ruinenstadt der Außenwelt kaum bekannt gewesen. Mittlerweile ist sie eine von Perus beliebtesten Touristenattraktionen. Viele Archäologen nehmen an, dass die Stadt ursprünglich als Residenz für den Inkaherrscher Pachacut errichtet wurde.

Auf die Ayahuasca-Zeremonie bereitete sich Jason dadurch vor, dass er sich drei Tage lang nur von Flüssigkeiten ernährte und sehr viele Blätter des Coca-Strauches kaute. Ayahuasca ist ein uralter Tee, den man aus vierzig verschiedenen Pflanzen zubereiten kann. Es ist das stärkste Arzneimittel der Schamanen und dient zur Reinigung des Körpers, der Seele und des Geistes von schädlichen Energien und Giften.

Interessant ist, dass viele Menschen, die Ayahuasca während einer Teezeremonie konsumiert haben, berichten, sie hätten dabei Begegnungen mit Außerirdischen gehabt.

Der bekannte Autor und Forscher Graham Hancock nimmt an, dass dieses Gebräu bewusstseinserweiternd wirkt und den menschlichen Geist für die Interaktion mit Wesen aus anderen Dimensionen empfänglich macht.

Hier ist noch anzumerken, dass auch Dimethyltryptamin (kurz DMT) – eine in der menschlichen Zirbeldrüse auf natürliche Weise produzierte Substanz – ein aktiver Inhaltsstoff von Ayahuasca ist. Dieses halluzigene Tryptamin-Alkaloid kommt in zahlreichen Pflanzen vor. Eine aufschlussreiche Untersuchung der Wirkungsweise von DMT hat Dr. Rick Strassman in den Jahren 1990 bis 1995 an der University of New Mexico durchgeführt. Seine bahnbrechende Studie war seit mehr als zwanzig Jahren die erste von den Behörden genehmigte Analyse, bei der eine bewusstseinserweiternde Droge an Versuchspersonen in den USA eingesetzt wurde. Etwa sechzig freiwilligen Probanden, die einander nicht kannten, wurde die Droge verabreicht. Sie durften nicht miteinander reden und hinterher auch keine Erfahrungen miteinander austauschen.

Dr. Strassman hat über diese Untersuchung ein Buch mit dem Titel *DMT, das Molekül des Bewusstseins* verfasst. Die Ergebnisse seiner Studie waren verblüffend: Fast die Hälfte der Versuchspersonen fand sich in einer alternativen Realität wieder, in der es verschiedene Lebewesen einschließlich außerirdischer Wesenheiten gab. Bei Letzteren waren die Insekten namens Gottesanbeterinnen vorherrschend. Andere Probanden sahen reptiloide Wesen, pflanzenähnliche Strichwesen, Clowns, Reptilien, Bienen, Spinnen und Strichmännchen. Die Probanden interagierten mit den Wesen. Manche sagten, die sonderbaren Wesen hätten bereits auf sie gewartet. Einige berichteten, man habe sie Experimenten unterzogen. Wieder anderen wurde Wissen zuteil oder sie erfuhren von Ereignissen in der Zukunft. Es gab auch Teilnehmer, die von sexuellen Erlebnissen mit den Wesen erzählten.

Es lag auf der Hand und war nicht sonderlich überraschend, dass Dr. Strassmans Untersuchung auf durch DMT ausgelöste Halluzinationen hindeutete. Doch wieso sahen so viele Versuchsteilnehmer Außerirdische?

Dr. Strassman stellte andere Fragen: Hatten die Probanden womöglich gar keine Halluzinationen gehabt? Könnte es sein, dass DMT ein Tor zu einer anderen Dimension öffnet, in der diese Wesen leben?

Diese Hypothese ist gar nicht besonders abwegig, wenn man bedenkt, dass manche Menschen, die UFOs erforscht haben oder, so wie Jason, von Begegnungen mit Außerirdischen berichten, behaupten, dass viele außerirdische Spezies in der vierten Dimension oder einer noch höheren leben und agieren. »Diese Wesen haben die Fähigkeit, in unsere Welt, die in der dritten Dimension existiert, einzutreten, wenn sie das aus irgendeinem Grund für nötig halten«, meint Jason.

Was, wenn DMT tatsächlich Tore öffnet? Was, wenn Begegnungen mit Außerirdischen gar keine Halluzinationen sind, sondern in Wirklichkeit Erlebnisse in anderen Dimensionen mit Wesen aus anderen Welten?

Dr. Strassman spekuliert, dass das menschliche Gehirn unter bestimmten Bedingungen die Produktion von DMT vielleicht verstärkt und es auf diese Weise leichter wird, eine sogenannte Entführung durch Außerirdische zu erleben. Er hat auch die Hypothese aufgestellt, dass die Außerirdischen die DMT-Menge im menschlichen Gehirn manipulieren können, damit Reisen zu anderen Welten möglich werden oder

Wesen aus anderen Welten in unsere Welt gelangen können. Das ist sicher bedenkenswert.

Während der Ayahuasca-Zeremonie trank Jason das Gebräu, das fast so aussah und schmeckte wie Hustensaft. »Nach etwa zehn Minuten wehrte sich mein Körper dagegen, und ich musste mich übergeben«, berichtet er. »Was da aus mir herauskam, verwirrte mich. Es sah wie eine große Menge burgunderroter dicker Flüssigkeit aus. Das war seltsam, denn ich hatte nur eine winzige Menge von Ayahuasca getrunken und seit Tagen gefastet.«

Was also war diese Flüssigkeit, die seinen Körper verließ?

»Nach der Tee-Zeremonie wies man uns an, uns auf den Boden zu legen, damit die Erdenergie durch unseren Körper strömen könne«, fährt Jason fort. »Unsere Wirbelsäulen sollten dabei unbedingt den Boden berühren.«

Während Jason auf dem Waldboden lag, starrte er zum Nachthimmel und dem Vollmond hinauf. »Es war so hell, dass es mir vorkam, als wäre ein Scheinwerfer auf mich gerichtet. Das Mondlicht hatte majestätische Farben: silber und purpurrot. Als ich die Augen schloss, sah ich nur noch helles weißes Licht in meinem Körper funkeln. Es blendete mich fast. Erneut spürte ich, wie die Erdenergien durch meinen Körper strömten. In diesem Zustand konnte ich deutlich erkennen, auf wie enge Weise wir mit der Erde verbunden sind. Es kam mir tatsächlich so vor, als wären die Erde und mein Körper eins – ein einziger Organismus. In diesem Zustand konnte ich loslassen und durch die spirituelle Welt reisen, und zwar ohne jede Mühe. Schwierig war es nur, körperlich in der Gegenwart zu bleiben. Immer wieder musste ich aufstehen und umhergehen, um im Hier und Jetzt zu bleiben.«

Jason verharrte viele Stunden in diesem Zustand, jedenfalls empfand er es so.

»Ayahuasca ist ein sehr wirkungsvolles Heilmittel«, erklärt er. »Ich spürte, wie es sich durch jeden Teil meines Körpers bewegte, als suchte es nach Problemen darin, um sie anschließend zu lösen. Nebenbei bemerkt war es gut, dass ich Zugang zu einer Toilette hatte. Noch zwei Tage lang hielt ich mich ständig in ihrer Nähe auf. In dieser Zeit verlor ich neun Kilo von Überschüssigem und Giften. Diese Art von Zeremonie ist also nichts für Menschen mit schwachem Herz.«

Jason meint, dass die Zeremonie jede Zelle in seinem Körper und zugleich Seele und Verstand komplett reinigte.

»Ich fühlte mich so, als hätte ich mich von vielen Dingen auf vielen Ebenen gelöst. Zum Glück hatte ich Nora an meiner Seite. Die ganze Zeit über passte sie auf mich auf.«

*Jason Quitt und NoraWalksInSpirit mit einem Medizinmann der Inkas in Peru*

Als Nächstes fuhren Jason und seine Gruppe zum Titicacasee, um dort ein paar Tage auf den Inseln zu verbringen. Viele Teilnehmer konnten wegen der außergewöhnlichen Höhe nur mit Mühe atmen.

Auf den Inseln wurden sie von einer Familie begrüßt, die dort ihr ganzes bisheriges Leben verbracht hatte. Torvidio, vermutlich Ende sechzig, wies die Gruppe in seiner Muttersprache an, das ganze Gepäck auf eine große Plane zu legen, da sie eine lange und mühselige Wanderung zum höchsten Punkt der Insel vor sich hätten. »Dann band er die Plane zu, warf sich den Sack wie der Nikolaus über die Schulter und trug ihn bis zum höchsten Punkt der Insel. Selbst für mich war die Wanderung sehr anstrengend. Das zeigt, welcher Unterschied zwischen uns und diesen Inselbewohnern besteht.«

Die Gruppe übernachtete dort oben bei Torvidio und seiner Frau in deren Haus. »Natürlich war das kein Hotel Erster Klasse. Wir schliefen auf Stroh, und es gab keinen Strom, keine Toiletten, kein fließendes Wasser. Das hier war das reale ›natürliche Leben‹. Wenn die Sonne untergeht, ist es dort Zeit, sich schlafen zu legen. Die Nacht ist ein wahres Erlebnis. Der Himmel war so klar und die Sterne schienen so hell, dass es mir so vorkam, als befände ich mich im All.«

Dennoch versank Jason nicht in friedlichen Schlaf. Die Geister der Vorfahren des Landes weckten ihn. »Hunderte von ihnen drängten sich in mein Zimmer und selbst draußen davor. Sie projizierten Bilder ihres Lebens und Todes auf diesen Inseln in meinen Kopf. Es war überwältigend. Alle wollten mir ihre Geschichten erzählen.«

Da Jason dringend Ruhe benötigte, bat er die Geister, ihn schlafen zu lassen. Er versprach ihnen jedoch, am folgenden Morgen eine Heilungszeremonie für sie durchzuführen, wenn sie ihn jetzt verlassen würden. Unverzüglich verstummten und verschwanden sie.

Für Jason war es nicht das erste Mal, dass ihn Geister von Verstorbenen aufsuchten. Das geschah sogar recht häufig. »Meistens bin ich auf diese Begegnungen nicht vorbereitet«, sagt er und berichtet von einem solchen Erlebnis, als er die Nacht bei seiner damaligen Verlobten verbrachte: »Ich spürte, wie jemand meinen Arm berührte, während ich schlief. Ich schlug die Augen auf und sah ein kleines Mädchen vor mir stehen. Ihr ganzes Gesicht war zerfetzt und voller Blut.«

Jason war noch nicht völlig wach, und die Erscheinung ängstigte ihn, sodass er brüllte: »Verschwinde!« Doch dann drang ihm etwas anderes ins Bewusstsein: Der Geist des Mädchens brauchte Hilfe. »In diesem Augenblick kam ich mir wirklich wie ein Mistkerl vor. Wie konnte ich mich angesichts eines kleinen Mädchens so verhalten? Also

*Jason machte ein Foto von einer heiligen Insel in Peru, die nach Annahme der Einheimischen früher ein Landeplatz für die Raumschiffe der uralten Gottheiten war.*

beruhigte ich mich, öffnete die Augen, sah sie mit liebevollem Herzen direkt an und sagte: ›Hallo, Liebes. Ich werde dir jetzt helfen. Ich rufe deine Engel herbei.‹ Plötzlich füllte sich das Zimmer mit Licht und die Engel nahmen das Mädchen mit.«

Wie Jason betont, ist es »ein unglaubliches Geschenk, in physischer Gestalt als Mensch zu existieren. Uns ist die wahre Kraft und Natur dessen, was und wer wir sind, gar nicht bewusst. Würden wir aufwachen und diese Kraft erkennen, könnten wir dieser Welt und anderen Menschen so viel Heilsames geben.«

In jener Nacht in Peru schlief Jason im Anschluss an die Begegnung mit den Geistern sehr gut. Am Morgen erzählte er Nora davon. »Daraufhin erhielt sie eine Botschaft, in der ihr mitgeteilt wurde, es gebe einen besonderen Ort auf der Insel. Dort müssten Jason und sie hingehen, um die Heilungszeremonie für die Geister der von den Inseln stammenden Vorfahren durchzuführen.

»Wir erklärten dem alten Mann, der kein Englisch sprach, dass wir eine Zeremonie durchführen müssten«, fährt Jason fort. »Bald darauf führte er uns zur anderen Seite der Insel und zu einem Stein, der auf dem Boden lag. Als wüsste er genau, was wir vorhatten, begann er Blumen zu pflücken und legte sie danach auf den Stein. Wir drei stellten uns um den Stein und hielten die Zeremonie für die verstorbenen Inselbewohner ab.«

Später lächelte der alte Mann, und Jason und Nora kehrten mit ihm zur anderen Seite der Insel zurück. »Obwohl wir uns in keiner Sprache verständigen konnten, hatte er genau gewusst, was wir vorhatten und wohin er uns führen musste«, wundert sich Jason. »Diese Menschen haben etwas sehr Besonderes an sich.«

In der folgenden Nacht bekam Nora Besuch von einem Wesen, das einer Gottesanbeterin ähnelte. »Nora versuchte zu schlafen, konnte wegen der Höhenlage aber nur mühsam atmen«, erinnert sich Jason. »Sie geriet in Panik und glaubte, wegen Sauerstoffmangels auf dieser Insel sterben zu müssen.« Doch kaum war ihr der Gedanke gekommen, sah sie eine Erscheinung aus dem Schatten treten. Sofort legte sich Noras Angst. Das insektenartige Wesen strahlte überwältigende Liebe aus.

Es war nicht weiter überraschend, dass Nora von der Gottesanbeterin so große Liebe empfing und auch selbst spürte. Das ist nicht ungewöhnlich. Im Gegenteil wäre es sogar sehr ungewöhnlich gewesen, hätte Nora irgendetwas anderes als Liebe empfangen. Fast jeder, der einer Gottesanbeterin spirituell begegnet, spürt diese überwältigende Liebe.

Bob Mitchells nur in seiner Heimat Kanada veröffentlichtes Buch *What if? Close Encounters of the Unusual Kind* (»Was wäre wenn? Nahe Begegnungen der ungewöhnlichen Art«) enthält viele Begegnungen mit Gottesanbeterinnen. Darunter ist auch ein Erlebnis, das die Möglichkeit nahelegt, dass die unglaubliche Anziehungskraft, die Gottesanbeterinnen auf den Menschen ausüben, vielleicht darin begründet ist, dass Menschen in einem früheren Leben selbst ein solches insektenartiges Wesen wie die Gottesanbeterin gewesen sein könnten und deshalb eine Verbindung zu ihnen besteht.

Diese Annahme einer Reinkarnation passt zu dem, was Jason mitgeteilt wurde: dass wir alle mit einer höheren Quelle verbunden sind und unser Bewusstsein während unserer niemals endenden Existenz viele Formen und Gestalten annehmen kann.

Die Gottesanbeterin näherte sich Noras Gesicht und blies ihr Luft in den Mund. Am folgenden Morgen erzählte Nora Jason von ihrem Erlebnis. »Sie spürte, wie sich ihre Lungen weiteten, ihr ganzer Körper sich öffnete und sie wieder normal atmen konnte«, berichtet Jason. »Danach fragte Nora das Wesen, was es sei.«

Nora zufolge offenbarte ihr die Gottesanbeterin, dass man ihre Spezies *EYLIS* nenne, eine Abkürzung für *Elevating your levels and elevating your lineages* (etwa: *Diejenigen, die deine Bewusstseinsebene und deine Abstammung erhöhen*). »Das Wesen erklärte Nora, dass seine Spezies der Menschheit dabei hilft, ihr Bewusstsein zu verlagern und zu erhöhen«, so Jason. »Wenn eine Person Verbindung mit einem Vertreter der EYLIS erhält, bedeutet das offenbar, dass sie bereit ist, auf eine höhere Ebene des Bewusstseins zu wechseln, und die EYLIS sind dort, um ihr bei diesem Prozess zu helfen.

*Das Wesen, das einer Gottesanbeterin ähnelte und NoraWalksInSpirit erschien*

Nora erzählte mir, dieses Wesen sei mit Torvidios höherem Selbst verbunden und wolle mit uns arbeiten. Als wir spirituell in dieses Wesen eintauchten, spürten wir nichts als Liebe und Dankbarkeit für das, was wir für die Geister der Insel getan hatten.«

Gegen Ende des Aufenthalts in Peru reisten Jason und seine Gruppe zu dem berühmten heiligen Tor von Amaru Mura, nahe beim Titicacasee. Nach Insellegenden wurde das Leben auf der Erde von Viracocha geschaffen, den man bei den Inkas für die höchste Gottheit hält. Er war der Gott, der alle anderen Gottheiten der Inkas schuf und auch die Erde, die Sonne und alles, was lebt.

Hier noch eine interessante Ergänzung: Uralte Texte deuten darauf hin, dass Viracocha die Menschheit erst nach dem gescheiterten Versuch schuf, die Welt mit einer Rasse von Riesen zu bevölkern. Den Legenden nach gefiel Viracocha nicht, zu was diese Riesen geworden waren, sodass er sie mit einer großen Flut vernichtete.

In Amaru Mura ist eine Öffnung in einen Felsen gemeißelt, die allgemein als das »Amaru-Muru-Portal« bekannt ist. Diese wie ein Tor geformte Öffnung liegt in einem Gebiet, das man das »Tal der Geister« nennt. Örtliche Legenden erzählen davon, dass Menschen durch diese Pforte verschwanden und dass sie in der Vergangenheit von bestimmten Wesen als Sternentor benutzt wurde.

»Während unser Bus dorthin fuhr, setzte sich in mir das sonderbare Gefühl fest, dass es für mich gefährlich sein könnte, mich diesem Tor zu nähern«, berichtet Jason.

Doch während der Fahrt erregte noch etwas anderes seine Aufmerksamkeit: »An einer anderen Felswand entdeckte ich ein weiteres Tor. Als alle aus dem Bus ausstiegen, ging ich deshalb in die andere Richtung, um mir dieses Tor anzusehen. Beim Näherkommen fiel mir etwas auf, das wie ein in die Felsenzunge gemeißelter Sitz aussah. Ich nahm darauf Platz und ließ die Szenerie auf mich wirken.«

Nach wenigen Sekunden spürte Jason, dass etwas Sonderbares mit ihm geschah, aber er wusste nicht, warum er sich so seltsam fühlte. Auf dem Weg zurück zum Hotel sah Nora ihn an und fragte streng: »Was hast du angestellt?« Also teilte Jason ihr mit, dass er sich auf dem Sitz

*Manche Menschen nehmen an, dass das Amaru-Mura-Portal früher als Sternentor zu anderen Welten und Dimensionen benutzt wurde.*

niedergelassen hatte. Nora erwiderte, er habe einen sehr dunklen Geist angezogen, als er sich auf den »Thron« gesetzt habe.

Durch ihr Channeling kam sie zu dem Schluss, dass sich eine uralte außerirdische Wesenheit an ihn gebunden haben musste. Diese Wesenheit sei sehr blutdürstig. »Dieses Wesen«, sagt Jason, »hatte hier anscheinend geherrscht, und ich hatte mich irgendwie mit seiner Energie verbunden, als ich auf seinem Sitz Platz nahm. Ich fragte Nora, ob sie mir dabei helfen könne, dieses Wesen wieder loszuwerden, aber sie konnte nichts für mich tun.«

Als Jason in dieser Nacht einschlief, besuchte ihn der Geist seines Freundes Peter Bernard, des Schamanen, der von den Algonquin abstammte. »Vermutlich steckte ich wirklich tief in der Patsche, weil ich dieses Wesen unwillentlich an mich gebunden hatte«, sagt Jason. »Peter drückte mich nach unten, hielt mich fest, holte eine Schlange heraus und zwang sie, mich in den Arm zu beißen. Ich spürte, wie das Gift durch meinen Körper strömte. Später wachte ich in kalten Schweiß gebadet auf. Ich schätze, Peter musste das Schlangengift dazu einsetzen, meinen Körper von diesem Wesen zu säubern.«

Es dauerte etwa eine Woche, bis Jason wieder gesund und die böswillige Kraft, die er in sich aufgenommen hatte, los war. »Zum Glück arbeite ich mit einer ganzen Gruppe von Schamanen und Heilern zusammen, die mir Rückendeckung geben«, erklärt er. »Aber jedes neue Erlebnis lehrt mich auch Neues.«

## Lord Melchizedek

Jason fühlte sich eigentlich niemals zur New-Age-Bewegung oder den Lehren der zu höheren Ebenen aufgestiegenen Meister hingezogen. Allerdings ist er wegen persönlicher Erlebnisse fest davon überzeugt, dass diese Meister existieren.

Seine erste eindrucksvolle Erfahrung machte er mit ihnen, nachdem Nora nach ihrer Rückkehr aus Peru eine Heilbehandlung bei ihm durchführte, die sich auf seine Energie konzentrierte. Nach der Behandlung teilte Nora ihm mit, Lord Melchizedek werde diese Heilung später in der Nacht in seinen Träumen vollenden.

Lord Melchizedek ist ein Meister höherer Ebenen, der sich in unseren Träumen oder Meditationen offenbart. Solche Meister sind Wesen, die über Selbsterkenntnis verfügen und den Menschen als Wesenheiten dienen, die ihre Schwingungen zu einer ständigen Lichtfrequenz verstärken können. Sie können ganz nach Belieben zur Erde kommen und sie wieder verlassen, ohne dass sie Teil des Geburts- und Todeszyklus sind. Von Lord Melchizedek nimmt man an, dass er das menschliche Bewusstsein überwacht und seine Energie dazu nutzt, der Menschheit größere Weisheit zu vermitteln, und zwar durch die Künste, die Wissenschaften, die Bildung und die Technik.

»Ich habe nie viel über solche Dinge nachgedacht«, erklärt Jason. »Doch in dieser Nacht hatte ich einen sehr düsteren, rätselhaften Traum. Es war so, als erlebte ich einen Horror-Film. In meiner unmittelbaren Umgebung hörte ich seltsame Geräusche und Stimmen. Schlimm genug, doch dann kam es noch schlimmer: Ich spürte Bewegungen in meinem Körper und unter meiner Haut. Das war wirklich qualvoll. Und plötzlich, so als hätten sich Schleusen geöffnet, schossen Hunderte von Insekten aus jedem Teil meines

Körpers heraus. Sie drangen aus meiner Haut. Ganze Schwärme schossen mir aus Mund und Nase.«

Als Jason nach diesem grauenvollen Erlebnis erwachte, sah er immer noch Insekten aus seinem Körper dringen. Doch das Erlebnis ging noch weiter: Neben seinem Bett stand ein uraltes Wesen. »Ich nahm an, es sei Lord Melchizedek, gekommen, um meine Heilung zu vollenden, genau wie Nora vorhergesagt hatte.«

Während einer anderen Astralreise wurde er zu dem Meister El Morya gebracht – einem höheren Wesen, das die göttlichen Eigenschaften Mut, Gewissheit, Ehrlichkeit, Eigenverantwortlichkeit, Verlässlichkeit, Glaube und Tatkraft repräsentiert. Bis heute weiß Jason nicht, wie und warum diese Zeitreise erfolgte.

»Ich weiß nur noch, dass mich jemand zu ihm mitnahm, weil die Begegnung zwischen ihm und mir erwünscht war. Er wollte meine Energie erkunden, deshalb stellte ich eine Verbindung zu ihm her. Ich streckte meine Hand hoch und projizierte meine Energie. Er sah mich nur lächelnd an. Mehr ist mir nicht im Gedächtnis geblieben. Was mich am meisten an diesem Meister anzog, was sein mit zahlreichen schönen Edelsteinen geschmückter Turban. Ich konnte den Blick nicht davon abwenden.«

Ein anderes Mal nahm man Jason erneut zu den ägyptischen Pyramiden mit. Bei seiner Ankunft sah er eine lange Menschenschlange, die Einlass in die Pyramide wollte. »Dann fiel mir ein, dass das nicht der Eingang war, zu dem man mich gerufen hatte. Man hatte mir einen geheimen Eingang in die Pyramide gezeigt.«

Er ging um die Pyramide herum, bis er eine Tür entdeckte, die zu einem Gebäudeteil unterhalb der Pyramide führte. »Als ich den geheimen Raum betrat, stellte ich fest, dass dort viele aufgestiegene Meister, Götter und Göttinnen versammelt waren. Es waren verschiedene Gottheiten der Hindus, Buddha und sogar Jesus anwesend. Es sah so aus, als bereiteten sie sich auf eine Besprechung vor.«

Man führte Jason in den Raum hinein, der einem extravaganten Beduinenzelt ähnelte und mit dicken Teppichen, Vorhängen, Kissen und niedrigen Tischen ausgestattet war.

Jason suchte sich einen Platz und setzte sich. »An mehr erinnere ich mich nicht«, sagt er. »Hier endete meine Reise. Ich habe keine Ahnung, was ich in dem Raum tat oder was sonst noch geschah. Das ist die frustrierende Seite an solchen Erlebnissen. Es ist fast so, als dürfe man einen winzigen Teil im Gedächtnis behalten, doch wenn man daran zurückdenkt, ist das Meiste verschwunden und man kann es sich nicht ins Gedächtnis zurückholen.«

Genauso fühlen sich Menschen oft nach einer Entführung durch Außerirdische und einer Begegnung mit ihnen. Vielen erlaubt man nur, sich an Bruchstücke einer solchen Begegnung zu erinnern, und oft enden diese Erlebnisse im Ausblenden jeglicher Erinnerung und im Dunkel des Nichtwissens.

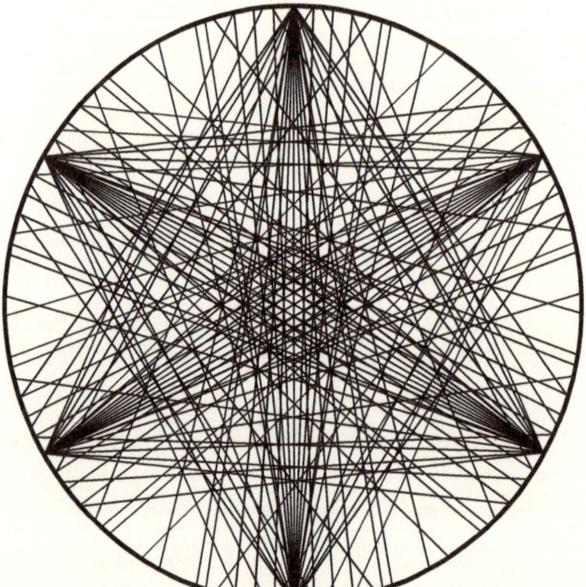

# 13 Alle Wege führen zu Tesla

Jasons Begegnung mit Bob Connolly im November 2013 bei der Gesundheitsmesse in Toronto löste eine ganze Reihe gleichzeitiger Ereignisse aus. Jason präsentierte sein Unternehmen *The Crystal Sun* an einem Messestand, und am letzten Tag der Messe suchte Connolly ihn dort auf. Er wollte wissen, was der Name bedeute.

»Daran war er sehr interessiert. Also unterhielten wir uns über Kristalle, Funkübertragungen und die Kraft der Sonne«, berichtet Jason. »Er interessierte sich auch für Erfahrungen damit, unmittelbar in die Sonne zu blicken, und wollte wissen, ob ich je davon gehört hätte, was für Auswirkungen das hat.«

Jason hatte sein Unternehmen und dessen Website (www.thecrystalsun.com) ins Leben gerufen, um sein Wissen mit allen Interessierten zu teilen. Connolly wollte mehr darüber erfahren und verabredete sich mit Jason für einen späteren Zeitpunkt zu einem Mittagessen in Toronto. Dort trafen sie sich ein paar Wochen nach der Messe. Bei diesem Essen offenbarte Connolly ihm, er sei ein kanadischer Filmemacher und habe auch den Film *Timeless Places* (»Zeitlose Orte«) gedreht – eine der ersten Fernseh-Dokumentationen, die sich mit Außerirdischen befassten. Der Film war Anfang der 1990er Jahre von Vision TV ausgestrahlt worden. Er zeigte die rätselhaftesten Orte der Welt und untersuchte archäologische Wunder, von den ägyptischen Pyramiden bis zu den sonderbaren Skulpturen auf der Osterinsel.

Während des Essens sprachen sie über viele Themen, etwa über die Gefahren von elektromagnetischen Feldern und Nikola Teslas verschollene Technologien und Heilmittel. »Es war ein sehr aufschlussreiches Gespräch«, sagt Jason.

Connolly erklärte, er sei in den vergangen vier Jahren viel gereist und arbeite an einem neuen Dokumentarfilm mit dem Titel *The Healing Field* (»Das heilende Feld«). »Darin sollten Heilmethoden in der ganzen Welt dokumentiert werden«, berichtet Jason. »Connolly hatte auch vor, sich intensiv mit Tesla und den von ihm entwickelten verschollenen Technologien zu befassen.«

Im Laufe der folgenden zwei Monate trafen sich Jason und Connolly häufig und telefonierten auch oft miteinander. »Zu diesem Zeitpunkt nahm Bobs nächstes Abenteuer bereits konkrete Formen an. Diesmal wollte er zu verschiedenen Orten in den Vereinigten Staaten reisen, um Klang- und Lichttherapien zu filmen. Er fragte mich, ob ich Lust hätte, ihn als sein Assistent und Kameramann zu begleiten.«

Jason musste nicht zweimal überlegen. Den April und Mai 2014 verbrachten die beiden mit Reisen und Filmaufnahmen für die Dokumentation. Ihre erste Station war die staatliche Food and Drug Administration, eine Bundesbehörde in Washington DC, die unter anderem für die Sicherheit von Human- und Tiermedizin sowie deren Produkte, biologische Produkte, kosmetische Produkte, Lebensmittel und Strahlen emittierende Gerätschaften zuständig ist. Dort wollten sie zur Einführung in den Film das FDA-Schild aufnehmen. Doch sie mussten feststellen, dass die FDA ihre Hauptverwaltung nicht mehr in Washington DC hatte, sondern an einen Ort bei Silver Springs, Maryland, verlegt hatte, der offiziell der frühere Sitz eines Labors der Kriegsmarine ist. Vormals war diese Anlage als White Oak Naval Surface Warfare Center bekannt. Jetzt heißt sie Federal Research Center White Oak.

Es kam Jason und Bob Connolly seltsam vor, dass eine für Nahrungs- und Arzneimittel zuständige Bundesbehörde ihren Hauptsitz auf einer früheren Militärbasis hat, besonders, da das Gelände immer noch bewacht wird.

»Als wir an dem neuen Hauptsitz vorfuhren, umringte uns die Militärpolizei, noch ehe wir die Kamera überhaupt auf das Stativ montieren konnten. Sie wollten wissen, warum wir hier seien und was wir da gerade täten«, berichtet Jason. »Wie sich herausstellte, waren die Militärpolizisten befugt, auf jeden, der das Grundstück ohne Genehmigung betrat, zu schießen. Das verblüffte uns, denn soweit wir gesehen hatten, stand da überhaupt kein Warnschild.«

Nachdem die Polizei festgestellt hatte, dass sie kanadische Staatsbürger waren, durften sie gehen. »Aber man erklärte uns klipp und klar, wir dürften nicht wiederkommen«, sagt Jason.

Das wirft erneut einige Fragen auf.

Wieso residiert dort die Food and Drug Administration unter militärischer Bewachung?

Warum hat sie ihre Hauptverwaltung auf eine frühere Militärbasis der amerikanischen Marine verlegt?

»Das nährte bei uns natürlich gewisse Verschwörungstheorien«, bemerkt Jason.

Ihre nächste Station war Asheville, North Carolina, wo zu diesem Zeitpunkt das Moogfest stattfand, ein jährliches Festival der Musik, Kunst und neuen Technologien. Sie hatten dort ein Treffen mit August Worley verabredet, einem der besten auf Analog-Synthesizer spezialisierten Techniker des Landes. Worley war einer der frühen Pioniere des Moog Voyage Synthesizers, der zu den besten Synthesizern der Welt zählt, und hatte Seite an Seite mit dem legendären Bob Moog gearbeitet.

»Worley verließ die Welt der Synthesizer, um ein einzigartiges Instrument zu erschaffen«, erzählt Jason. »Es ist eine Pyramide, die eine Tesla-Spule und Kristalle zur Erzeugung reiner analoger Schwingungen verwendet, ähnlich einer elektronischen Klangschale.«

Für Jasons war diese Begegnung ein Höhepunkt der Reise. »Ich habe immer schon für Synthesizer geschwärmt und wollte als Jugendlicher unbedingt einen Moog-Synthesizer besitzen. Und jetzt traf ich mich mit einem der Menschen, denen dieses Instrument zu verdanken ist.«

Jason freute sich auch sehr darauf, Worleys neues magisches Instrument, das Pyradym, kennenzulernen. Aber noch mehr Magie hatte etwas, das bald nach Jasons und Connollys Ankunft in Worleys Haus geschah, während sie darauf warteten, dass er die von einem Kunden gebuchte Therapiesitzung mit Einsatz des Pyradyms beendete.

Im Prinzip ist das Pyradym ein elektronisches Gerät, das auf synergetische Weise Klang- und Farbtherapie zur Linderung von Schmerzen

*August Worley mit dem von ihm geschaffenen Instrument namens Pyradym*

und der Herbeiführung eines emotionalen und körperlichen Gleichgewichts einsetzt.

»Während wir warteten, hörten wir erstaunliche Töne durch die Wände hallen«, berichtet Jason. »Diese Klänge versetzten uns beide in Schlaf, obwohl wir aufrecht auf unseren Stühlen saßen. Wir konnten nicht fassen, dass wir gerade eingeschlafen waren. So etwas hatten wir noch nie erlebt. Die Klänge lösten bei uns eine solche Tiefenentspannung und einen so heilsamen Zustand aus, dass es uns geradezu umhaute.«

Anschließend fuhren Bob Connolly und Jason nach Florida, um Cape Canaveral und die NASA zu besuchen und Filmaufnahmen von den Raketen und allem zu machen, was mit der Raumfahrt zu tun hatte. »Der Besuch bei der NASA ähnelte dem Aufenthalt in einem Vergnügungspark«, meint Jason.

Sie nahmen an einer Vortragsveranstaltung mit Charlie Walker teil, dem ersten Raumfahrer der Privatwirtschaft, doch während ihres Besuchs bei der NASA erlebten sie nichts wirklich Interessantes.

In Florida besuchten sie auch Jeff Barrey, der in Pompano Beach das Turn of the Century Electrotherapy Museum betreibt. Dieses Museum beherbergt eine Sammlung von mehreren hundert verblüffenden elektrotherapeutischen Gerätschaften, die Tesla Anfang des zwanzigsten Jahrhunderts erfand. »Wir hatten Gelegenheit, einige dieser noch funktionierenden Gerätschaften auszuprobieren und damit Blitzschläge und Ozon zu erzeugen«, berichtet Jason.

Danach fuhren sie nach St. Petersburg auf der Golfseite Floridas, um an der International Conference of Light and Vision teilzunehmen. Diese Konferenz hatte eine Gruppe von Optikern organisiert, die sich auf die heilende Wirkung von Licht, bekannt als *Syntonik*, spezialisiert hat. Schon seit mehr als siebzig Jahren wird diese Therapie in Kliniken eingesetzt.

»Sie beinhaltet, dass man den Augen Licht in verschiedenen Farbspektren aussetzt, um bestimmte Heilungseffekte zu erzielen«, erläutert Jason. »Alle Optiker dieser Gruppe verwenden Licht und Farbe als wichtigste Heilmittel. Von der heilenden Wirkung des Lichts weiß man schon lange. Die alten Ägypter verwendeten Edelsteine zur Filterung des Lichts, und die alten Griechen bauten sogenannte Sonnenstädte in den Bergen, um ultraviolettes Licht zu Heilzwecken zu nutzen. Kaum zu glauben, dass es bereits die 82. Jahreskonferenz dieser Art war. Nach so vielen Jahren, in denen diese Heilmethoden eingesetzt wurden, sind Tausende erfolgreicher Heilungen dokumentiert, bei denen die Kraft von Licht und Farben genutzt wurde.«

Diese Heilmethoden haben auch mit der von dem amerikanischen Wissenschaftler Dinshah Ghadiali (1873-1966) entwickelten Farbtherapie zu tun, die er Anfang der 1920er und 1930er Jahre praktizierte. »Dinshah wurde ins Gefängnis geworfen und sein Labor in Schutt und Asche gelegt, weil er mit der Kraft von Licht und Farben Menschen heilte«, berichtet Jason. »Er glaubte, dass der Körper Krankheiten abwehren kann, wenn man ihn systematisch farbigem Licht aussetzt.«

Zu den auf der Konferenz erörterten Themen zählte auch die Heilkraft der Sonne und der Sonnenbetrachtung. »Die Sonnenbetrachtung wurde bereits in Altägypten praktiziert«, erklärt Jason. »Dort blickten manche Menschen während des Sonnenaufgangs und Sonnenuntergangs direkt in die Sonne, weil sie sich davon starke Heilwirkung versprachen.«

Von St. Petersburg aus fuhren Jason und Bob Connolly nach Green Bank in West Virginia. Es ist ein Ort, zu dem sich Menschen flüchten, die ihren Angaben nach unter besonderer Empfindlichkeit gegenüber elektromagnetischen Emissionen leiden, denn in Green Bank können sie ein normales Leben ohne Beeinträchtigungen führen.

Auch das Green-Bank-Observatorium, eine zum Teil staatlich geförderte Forschungs- und Entwicklungsorganisation für Radioastronomie, ist hier angesiedelt. Es befindet sich in der »National Radio Quiet Zone«, einem Gebiet mit völliger »Funkstille«.

»Dieses kleine Nest westlich von Washington DC, rund vier Stunden Autofahrt davon entfernt, ist eine äußerst ungewöhnliche Ortschaft«, bemerkt Jason. »Elektromagnetische Emissionen sind innerhalb eines Gebietes von circa 34 Quadratkilometern, das an die Bundesstaaten West Virgina, Virginia und Maryland angrenzt, streng verboten. Es gibt hier keine Handys, kein WiFi, keine Rundfunkgeräte oder Fernseher. Viele Menschen, die unter dieser Art von elektromagnetischer Verseuchung leiden, suchen an Orten wie diesen Zuflucht. Man darf in den Haushalten nicht einmal einen Mikrowellenherd benutzen, da sich in diesem kleinen Nest auch das Robert-C.-Byrd-Green-Bank-Teleskop befindet und Mikrowellen dessen Übertragungen stören könnten.«

Dieses Teleskop ist das weltgrößte steuerbare Radioteleskop mit einer so riesigen Satellitenschüssel, dass die Einheimischen sie nur das »Great Big Thing« (das gewaltige Ding) oder abgekürzt »GBT« nennen. Die Astronomen nutzen dieses Teleskop zur Ortung und Untersuchung von Objekten im Raum, die sehr wenig Licht abstrahlen, jedoch Radiowellen emittieren – beispielsweise Pulsare, Gaswolken und ferne Galaxien. Doch das »GBT« ist so empfindlich, dass jedes elektromagnetische Strahlungen erzeugende Gerät die aus den Tiefen des Alls empfangenen Daten verzerren kann. Deshalb verbietet seit 1950 ein Bundesgesetz den Einwohnern Geräte, die sonst fast überall in der Welt jeden Tag benutzt werden. »Man bemerkt einen deutlichen Unterschied, wenn man sich in einer in energetischer Hinsicht sauberen Umgebung wie dieser aufhält«, erklärt Jason.

Wo auch immer Jason mit Bob Connolly hinging: Unweigerlich wandte sich das Gespräch dem Werk von Tesla zu. »Das war tatsächlich überall ein Thema, und es lag auf der Hand, dass wir mehr über diesen berühmten Erfinder erfahren mussten.«

Jason ahnte nicht, dass das Schicksal oder die Synchronizität von Ereignissen bereits auf seiner Seite war. Als die beiden von ihrer Reise zurückkehrten, nahm das *Tesla Magazine* mit Connolly Verbindung auf. Man suchte dort nach einem neuen Team, das die Herstellung der nächsten Ausgabe unterstützen sollte.

»Bob und ich kamen zu dem Schluss, dass das eine gute Gelegenheit bieten würde, gemeinsam ein neues Projekt in Angriff zu nehmen. Bald darauf arbeitete ich als neuer kreativer Leiter für das *Tesla Magazine*. Bob organisierte sogar eine Tesla-Ausstellung im Ontario Science Center, bei der er die zuletzt von Tesla entwickelten Technologien präsentierte und Teile des Films zeigte, den er vorher zu diesem Thema produziert hatte.«

Durch die Verbindung mit dem *Tesla Magazine* erhielt Jason Zugang zu vielen neuen Informationen und zu Menschen, denen er sonst vermutlich nie begegnet wäre.

»Nach und nach wurde ich von Teslas Werk wie besessen und war verblüfft darüber, wie wenig über diesen berühmt-berüchtigten Erfinder bislang veröffentlicht worden war«, sagt er. Doch diese Besessenheit führte Jason irgendwann auf einen höchst gefährlichen Weg.

*Fig. 2*

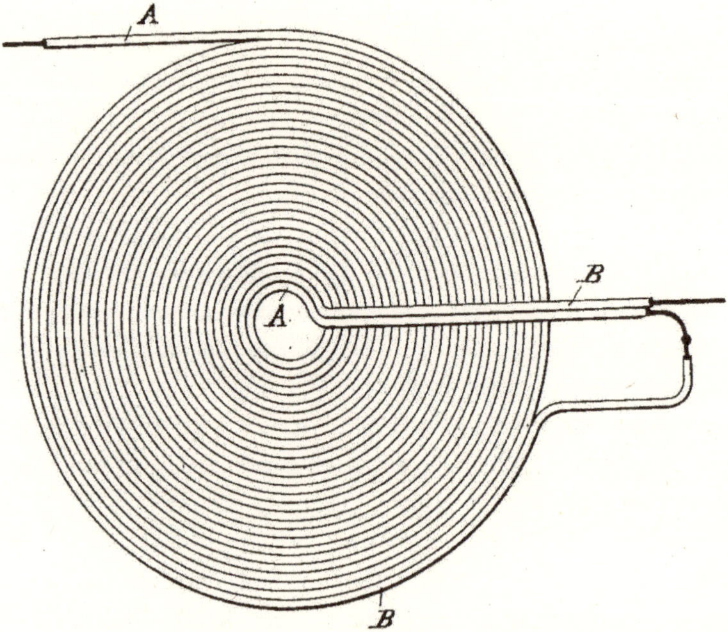


»Ständig wächst in mir das Gefühl, dass ich der Erste gewesen bin, der gehört hat, wie ein Planet den anderen begrüßt.«

Nikola Tesla

# 14 Die nahezu unbekannten medizinischen Gerätschaften Nikola Teslas

Während die meisten Menschen wissen, dass sich Nikola Tesla mit Elektrizität befasst hat, ist in der Öffentlichkeit nur sehr wenig über seine Besessenheit von Medizin und den bemerkenswerten Erfindungen bekannt, die er schuf, um zur Gesundung der Menschheit beizutragen.

Im Jahre 1903 tobten die Auseinandersetzungen über die Art der Stromversorgung. Während Thomas Edison auf den Einsatz von Gleichstrom als den Strom der Zukunft drängte, setzte Tesla den Wechselstrom dagegen.

»Der Wechselstrom ging irgendwann als Sieger aus diesem Kampf hervor, weil man elektrische Energie auf diese Weise ohne Verluste durch viele Kilometer Kabelnetz übertragen konnte, während bei Gleichstrom Energieverluste auftraten«, erklärt Jason. »Tesla demonstrierte das durch die Beleuchtung der Stadt Hamilton in Ontario sowie der Stadt Buffalo im Bundesstaat New York und benutzte dazu das Wasserkraftwerk an den Niagarafällen. Dort erinnert Teslas Statue an dieses historische Ereignis.«

Edison inszenierte jedoch eine beachtliche Kampagne gegen den Wechselstrom, indem er behauptete, dass Wechselstrom, der eine sehr viel höhere Spannungsleistung als der Gleichstrom benötige, schlicht zu gefährlich sei, um ihn in privaten Haushalten einzusetzen. Seine Medienkampagne zielte darauf ab, der Öffentlichkeit dadurch Angst zu machen, dass er verbreiten ließ, Wechselstrom sei nicht nur überaus bedrohlich, sondern könne auch sehr leicht tödlich wirken. Er ließ sogar Propagandafilme produzieren, die in allen Lichtspieltheatern Edisons in den Vereinigten Staaten vor den Hauptfilmen gezeigt wurden.

»Um die Gefahren des Wechselstroms vorzuführen und Tesla zu diskreditieren, führte Edison sogar öffentliche Präsentationen durch, bei denen er Hunde, Katzen, Pferde und sogar einen Elefanten vor den Augen des Publikums durch einen Stromschlag töten ließ«, berichtet Jason. »Auf YouTube kann man immer noch zuschauen, wie ein Elefant namens Topsy auf diese Weise getötet wird.«

Um die Gefahren des Wechselstroms noch überzeugender zu demonstrieren, sorgte Edison dafür, dass Wechselstrom 1899 zur Hinrichtung des zum Tode verurteilten Mörders William Kemmler eingesetzt wurde. Kemmler starb auf einem damit ausgerüsteten Elektrischen Stuhl.

»Natürlich war Tesla über solche Vorführungen entsetzt«, sagt Jason. »Ihm war klar, dass er der Welt die Harmlosigkeit von Wechselstrom beweisen musste. Nicht nur hielt er daran fest, dass vom Wechselstrom keine Gefahren ausgehen, er sagte auch voraus, dass man diesen Strom künftig sogar zu Heilungszwecken einsetzen werde. Er versprach, eines Tages medizinische Geräte bereitzustellen, die jeder dafür verwenden könne. Dieses Vorhaben verfolgte er mit Leidenschaft.«

1896 ließ Tesla sein erstes Ozongerät patentieren. 1910 gründete er die Firma Tesla Ozon. Er finanzierte dieses Projekt mit 400.000 Dollar Eigenkapital, was in heutiger Währung etwa 11 Millionen Dollar entspricht. »Das war seinerzeit eine gewaltige Investition«, sagt Jason. »Es zeigt auch, wie sehr Tesla von der Heilkraft des Ozons überzeugt war.«

Ozon wurde in diesem Fall durch Funken auslösenden Hochfrequenzstrom erzeugt, generiert durch Teslas spezielle Spulen. Während Tesla mit Hochspannungsstrom experimentiert hatte, war ihm aufgefallen, dass sich sein Labor mit diesem stark riechenden Gas füllte. Das UV-Licht der Blitze wandelte den Sauerstoff in der Luft in Ozongas um. Tesla bemerkte auch, dass dieses Gas Bakterien und Schimmel in seinem Labor vernichtete. Doch darüber hinaus hatte es noch eine andere Wirkung: »Während Tesla und seine Angestellten im Labor

*Tesla bei der Arbeit in seinem Labor, umgeben von mit Elektrizität aufgeladenen Blitzen, die den Raum mit Ozongas füllten*

arbeiteten, waren sie großen Mengen von Hochfrequenzstrom und Ozongas ausgesetzt. Tesla fiel auf, dass ihre körperliche und geistige Gesundheit davon profitierte.«

Das führte 1912 zu einigen sehr interessanten Experimenten im schwedischen Stockholm und in New York. Tesla entwarf und verbarg Starkstromspulen in den Wänden öffentlicher Schulen. Sechs Monate lang verbreiteten diese Maschinen Hochfrequenzstrom in der Luft, dem die Kinder in den Klassenzimmern ausgesetzt waren. »Im Prinzip waren diese Kinder täglich von Millionen Volt umgeben«, erläutert Jason. »Dieser Test sollte untersuchen, ob das bei den Schülern zu irgendwelchen körperlichen oder geistigen Veränderungen im Vergleich zu anderen Schülern, die diesen Volt nicht ausgesetzt waren, führen würde.«

Heutzutage hätte Tesla wohl kaum die Genehmigung dafür erhalten, ein solches Experiment mit einer Gruppe nichtsahnender Kinder durchzuführen. Doch damals herrschten andere Zeiten. Und Tesla hatte versichert, das Experiment sei nicht gefährlicher, als die Kinder der Sonne auszusetzen. Er versicherte außerdem, das Licht einer Glühbirne sei viel schädlicher als diese Art von »Therapie« für die Schüler. Die *New York Times* veröffentlichte in ihrer Ausgabe vom 18. August 1912 sogar etwas über diese Experimente Teslas.

»Tesla glaubte, dass diese Art von Elektrotherapie eines Tages alle pharmazeutischen Heilmittel für neurologische Störungen und Verdauungsstörungen ersetzen würde«, sagt Jason. »Er hielt sie darüber hinaus auch hinsichtlich vieler anderer gesundheitsfördernden Anwendungen für geeignet.«

War das gerechtfertigt?

Zumindest waren die Ergebnisse des Experiments mit den Schülern aufschlussreich: Die seinem Versuch ausgesetzten Schüler wurden im Schnitt mehr als sechs Zentimeter größer als diejenigen in der Kontrollgruppe und körperlich robuster. Die Intelligenz der Klasse stieg von durchschnittlich 75 Punkten auf einer Skala von 100 auf 92 Punkte, und fünfzehn von fünfzig Schülern erreichten bei allen Tests sogar 100 Punkte.

»Diese Schüler wirkten auch aktiver als die in der Kontrollgruppe und zeigten keine Anzeichen von Erschöpfung«, fährt Jason fort. »Ihr Gesundheitszustand verbesserte sich ebenfalls, und sie wurden nicht so oft krank wie die Schüler in der Kontrollgruppe. Tesla war so sehr von seiner Arbeit überzeugt, dass er sich für jeden Menschen Zugang zu diesen Heilwirkungen wünschte.«

Tesla schuf außerdem ein Gerät, das er *Violet Ray* (Violetter Strahl) nannte – einen tragbaren kleinen Apparat, von dem er sich die gleiche Wirkung wie von Hochfrequenzstrom und dem Ozongas versprach. Das Patent dafür überließ er kostenlos jedem Unternehmen, das die Produktion des Apparates zusagte. So sah er gewährleistet, dass die Öffentlichkeit mühelos Zugang zu dieser Technologie haben würde.

»Man konnte seine Geräte sogar aus dem Katalog von *Sear's* bestellen«, berichtet Jason. »Tesla war der Meinung, dass sie in jeden Haushalt gehörten. Er kannte die Heilwirkung seiner Erfindung, misstraute jedoch der Pharmaindustrie, denn er nahm an, sein Apparat und die Therapie würden viele potenziell gefährliche Arzneimittel ersetzen. Verblüffenderweise nahmen zahlreiche Ärzte, die seinerzeit ja noch Hausbesuche machten, zur Behandlung ihrer Patienten oft den *Violet Ray*-Apparat mit. Und selbst das damals weltberühmte Medium Edgar Cayce (1877-1945), spezialisiert auf Heildiagnostik, erwähnte in mehr als 900 verschiedenen Channeling-Sitzungen Teslas *Violet Ray* als Heilmittel für verschiedene gesundheitliche Probleme.«

Tesla interessierte sich auch noch für andere Heilverfahren, bei denen er seine Spulen einsetzte. Er schuf mehrere Geräte mit unterschiedlich gepulsten Magnetfeldern, da er annahm, die von seinen Spulen erzeugten elektromagnetischen Felder könnten das menschliche Energiesystem stärken und beleben.

In einer Ausgabe des *New York Recorder* aus dem Jahre 1896 (die Zeitung erschien vom 18. Februar 1891 bis zum 6. September 1896 täglich) gibt es eine berühmte Abbildung, die zeigt, wie Tesla dem

BROADWAY ROUSS RECEIVING TREATMENT FROM NICOLA TESLA.

Geschäftsmann Charles Broadway Rouss eines seiner Magnetspulengeräte probeweise vorführt. Der wollte es daraufhin zur Heilung seiner fortgeschrittenen Erblindung seinem Augenarzt vorstellen. Rouss war seinerzeit einer der berühmtesten Kaufhausbesitzer New Yorks. Gegen den Rat seines Arztes bot er jedem, der seine Blindheit heilen könne, eine Million Dollar, und Tesla versuchte es, indem er eines seiner Geräte – kostenlos – zur Verfügung stellte.

»Noch heute verwenden manche Unternehmen bei bestimmten medizinischen Geräten die Erfindungen Teslas«, sagt Jason. »Einige wurden nämlich von den Gesundheitsbehörden in den USA und Kanada sogar genehmigt.«

Zu Lebzeiten Teslas, der die Heilkraft des Magnetismus, der Elektrizität und des Ozons entdeckt hatte, erlangten seine Erfindungen zunehmend Popularität. In vielen amerikanischen Haushalten gehörten sie zur Grundausstattung der Medizinschränkchen. »Manche Ärzte verschrieben diese Geräte auch in ihrer Praxis. Die Medizin, die Elektrizität verwendete, boomte seinerzeit geradezu«, berichtet Jason.

Doch leider hatte die Pharmaindustrie andere Pläne – und auch die finanziellen Mittel und den politischen Einfluss, Teslas Heilmittel vom Markt zu fegen. Es kam zu einem regelrechten Krieg. »Die Pharmaindustrie«, sagt Jason, »musste etwas unternehmen, um die Verbreitung von Teslas Heilmitteln zu unterbinden.«

1910 finanzierten und unterstützen die Carnegie-Stiftung und die Rockefeller-Gruppe den berüchtigten *Flexner Report*. Auf dessen Grundlage wurde jede Medizinische Hochschule in den USA geschlossen, die Fächer außerhalb der allgemein anerkannten Arzneimittellehre anbot. »Der Erlass war so schlagkräftig, dass ihn nur wenige Medizinische Hochschulen überlebten, etwa die John Hopkins University, die McGill University und eine Handvoll anderer Hochschulen, die mit diesen beiden Hochschulen assoziiert waren«, erklärt Jason. »Diese waren dann die einzigen Einrichtungen, bei denen man die rechtliche Zulassung als Arzt erwerben konnte. Ärzte, die andere Heilmethoden als die pharmakologischen anwendeten, bedrohte man mit dem Verlust ihrer Zulassung. Das ist der eigentliche Grund dafür, dass die Ärzte die Freiheit einbüßten, alternative Therapien anzuwenden oder zu verschreiben.«

Um Teslas medizinische Geräte und Heilmethoden noch stärker zu diskreditieren, bezeichnete die etablierte Medizin sie als »Quacksalbermittel«.

»Dieser Ausdruck prägte sich ein und blieb hängen«, berichtet Jason. »Und das bedeutete, dass jeder Arzt, der Teslas Methoden anwendete, wie auch die Geräte selbst in Verruf gerieten. Wurde ein Arzt dabei ertappt, sie vorzuschlagen oder einzusetzen, riskierte er den Verlust seiner Approbation und wurde mit dem Etikett ›Quacksalber‹ belegt.«

Bis zu den 1930er Jahren wurden die Tesla-Geräte von der Food and Drug Administration sukzessiv verboten. Heute gibt es kaum noch Menschen, die jemals von diesen Geräten gehört haben. »Diese wirklich verblüffende Geschichte wurde vom Ärztestand schlicht unter den Teppich gekehrt«, meint Jason. »Aber wir brauchen diese Informationen und diese Geräte dringender denn je.«

Zum privaten Gebrauch kann man sich die meisten Geräte mühelos besorgen. Unternehmen wie Centurion Systems haben für deren Vertrieb sogar die Genehmigung des kanadischen Gesundheitsministeriums.

Überrascht es Sie zu erfahren, dass das Tiermedizinische Gewerbe heutzutage Teslas elektromagnetische Geräte einsetzt?

2014 wurde Jason von dem Eigentümer der Firma Centurion Systems nach Wellington in Florida eingeladen, damit er sich dort ansehen konnte, wie die Tesla-Technologie bei Turnierpferden angewendet wird. Man zeigte ihm die renommiertesten nordamerikanischen Reitställe für Turnierpferde. Der Wert der Pferde, die bei Rennen und bei Springturnieren antreten, liegt zwischen einer und fünf Millionen Dollar.

»Ein Pferd von solchem Wert zu besitzen birgt ein großes finanzielles Risiko«, erklärt Jason. »Wenn sich solche Pferde verletzen, einen Knochen brechen oder krank werden, kann man im Handumdrehen Millionen von Dollar verlieren. Also muss das möglichst vermieden werden. Viele der Reitställe verwenden die Tesla-Geräte von Centurion Systems, denn sie helfen den Pferden dabei, sich von den anstrengenden Turnieren zu erholen.«

Bei manchen Rennen oder Turnieren werden Pferde, die sich ein Bein brechen, immer noch eingeschläfert. Es ist sogar noch nicht allzu lange her, dass solche Pferde durch eine Kugel von ihrem Elend erlöst wurden, manchmal direkt auf der Rennbahn, vor den Augen der Zuschauer.

»Das Einschläfern kommt immer noch vor, aber mittlerweile gibt es eine Alternative. Man wickelt stattdessen eine Tesla-Spule um die Bruchstelle, und innerhalb weniger Wochen heilt der Knochen dann völlig aus, sodass das Pferd wieder an Turnieren teilnehmen kann«, berichtet Jason.

Unmöglich?

Oder enthält man der Öffentlichkeit diese Alternative einfach vor?

»Selbst die NASA hat Patente an dieser Art von Technologien erworben, um den schädlichen Wirkungen der Muskel- oder Knochenatrophie bei Astronauten etwas entgegenzusetzen«, sagt Jason.

Warum haben diese Technologien so verblüffende Heileffekte?

»Letztlich beruhen sie auf dem Magnetfeld der Erde«, erläutert Jason. »Tesla fand heraus, dass alles biologische Leben eng mit dem Magnetfeld der Erde verknüpft ist. Er entdeckte, dass unsere gesundheitliche Verfassung von der Stärke unserer Verbindung mit diesem Magnetfeld abhängt. Indem wir den Körper durch die elektromagnetischen Felder stimulieren, können wir eine heilsame Wirkung erzielen.

Das ist das Geheimnis der Technologien Teslas. Er richtete seinen Blick auf ein natürliches irdisches Phänomen und reproduzierte es mit Hilfe der von ihm entwickelten modernen Spulen. Er nutzte Magnetismus und Elektrizität, um die Heilung auf der tiefsten Ebene unseres Seins anzuregen. Diese Heilung gab es im wahrsten Sinne des Wortes kostenfrei, und sie war außerordentlich wirksam – und Tesla war klar, dass seine Verfahren irgendwann pharmazeutische Produkte ersetzen würden, weil sie im Unterschied zu diesen keine Nebenwirkungen hatten.«

Nehmen wir zum Beispiel Verletzungen beim amerikanischen Football. »Häufig kommt es dabei zu Brüchen des Schlüsselbeins«, bemerkt Jason. »Ein solcher Bruch ist sehr schmerzhaft, und es kann lange dauern, bis er ausheilt. Doch es gibt eine Möglichkeit für Betroffene, sich von der Verletzung sehr schnell zu erholen und bald darauf wieder zu spielen.«

Und welche Möglichkeit ist das?

»Wie sich gezeigt hat, wissen die Sportmediziner durch die Tierärzte von Teslas Verfahren. Und hinter den Kulissen setzen sie die ein.«

Muss es nicht seltsam erscheinen, dass der Einsatz dieser Verfahren bei Tieren genehmigt ist, nicht aber bei Menschen?

»Etwas geht hier ganz und gar nicht mit rechten Dingen zu«, meint Jason.

Wussten Sie, dass Teslas Verfahren auch in Krankenhäusern verwendet werden? Und überrascht es Sie, dass diese erst als letzte Heilungsmöglichkeiten ins Spiel kommen?

»Bei einem schweren Knochenbruch wird erst ein Gipsverband angelegt. Wenn das nicht hilft, operiert man und setzt zur Fixierung meistens Draht, Schrauben oder Nägel ein. Und wenn auch das keinen Erfolg hat, umwickelt man den Knochen mit einer von Teslas Spulen – und innerhalb weniger Wochen wird der Knochenbruch heilen«, sagt Jason.

Wieso wird dann nicht von Anfang an so verfahren?

»Na ja, dann würde man ja nichts mehr verdienen – so einfach ist das. Man hat sogar festgestellt, dass Teslas Geräte auch bei psychischen Störungen außerordentlich wirksam sind. Aber die Psychotherapeuten dürfen diese Art von Therapie erst dann verschreiben, wenn die medikamentöse Behandlung nach sechs Monaten keine Wirkung gezeigt hat. Etwas ist da mehr als faul!«

Teslas wichtigste Entdeckung war jedoch die heilende Wirkung von Ozon. »Es hat sich herausgestellt, dass nichts der Kraft von Ozon widerstehen kann. Man setzt sogar UV ausstrahlende Roboter in Krankenzimmern ein, in denen mit Ebola infizierte Patienten liegen. Das UV-Licht erfasst jede Oberfläche im Zimmer und erzeugt dabei Ozon. Das Gas vernichtet das Virus und sterilisiert den Raum, sodass man ihn wieder nutzen kann. Als Desinfektionsmittel hat Ozon fünfhundert Mal so viel Wirkung wie irgendein Bleichmittel. Es ist nicht schädlich und verwandelt sich innerhalb von fünf Minuten wieder in reinen Sauerstoff. Kein Superbazillus in der Welt kann überleben, wenn er Ozon ausgesetzt wird.

Das ist die größte Verschwörung der etablierten Medizin: Sie hat uns vorgemacht, nichts und niemand sei immun gegen die Viren und Bakterien, die unser Leben belasten. Man sagt uns, wir müssten uns zur Vorsorge ständig impfen lassen. Doch es hat sich gezeigt, dass Ozon das medizinische Wunder ist, auf das wir gewartet haben. Deshalb hat Tesla sein ganzes Geld 1910 in das Unternehmen Tesla Ozon gesteckt. Die wissenschaftlichen Erkenntnisse Teslas, die Ozon betreffen, zählen zu denen, die heutzutage am stärksten unterdrückt werden.«

Als 2014 die Ebola-Epidemie ausbrach, errichtete eine kanadische Gruppe in Sierra Leone in einem Zelt ein behelfsmäßiges Lazarett, in dem die Opfer dieser schrecklichen Krankheit behandelt werden konnten. »Den Erkrankten verabreichte man Ozon durch direkte intravenöse oder rektale Infusionen des Gases sowie durch Wasser, das mit Ozon angereichert war«, berichtet Jason. »Auf diese Weise wurden vier schwerkranke Patienten behandelt, deren Test für das Virus positiv ausgefallen war. Alle vier genasen im Zeitraum von zwei bis vier Tagen. Anschließend bekam die Gruppe Besuch vom amerikanischen Militär. Man teilte ihr mit, sie habe eine nicht genehmigte Therapie angewendet und müsse Sierra Leone auf der Stelle verlassen, sonst werde man sie verhaften. Warum die Nachricht von den Heilungen die medizinische Mafia so beunruhigte, ist leicht nachzuvollziehen.«

Es gibt sogar eine Methode, Ozon in sich aufzunehmen, die gleichermaßen mühe- wie kostenlos ist. Wussten Sie, dass die Augen der einzige Ort im menschlichen Körper sind, wo UV-Licht ins Blut gelangen kann? »Wenn das UV-Licht durch die Augen eintritt, erzeugt es Ozon, das sich über den Blutkreislauf verbreitet und dabei alle Pilze und Bakterien vernichtet«, erläutert Jason. »Das wird durch den direkten Blick in die Sonne möglich. Wenn man das Sonnenlicht in die Augen eindringen lässt, kann das UV-Licht Ozon im Blut erzeugen. Das war schon vielen uralten Zivilisationen bekannt.«

Das heißt allerdings nicht, dass man ohne Schutzbrille lange in die Sonne starren sollte.

»Am sichersten ist es in den ersten zwanzig Minuten des Sonnenaufgangs und Sonnenuntergangs«, sagt Jason. »In den menschlichen Augen gibt es so viele Kapillaren, dass vierzig Prozent der gesamten Blutmenge alle zwanzig Minuten das Auge durchläuft. Die Sonne ist eine der wirkungsvollsten Heilkräfte, die wir haben.«

Interessanterweise spiegeln Chemtrails UV-Strahlungen der Sonne sehr wirksam in den Raum zurück.

»Wir jedoch brauchen das UV-Licht für unser Immunsystem«, erklärt Jason. »Es ist die einzige Wellenlänge von Licht, die auf natürliche Weise Vitamin D in unserem Körper erzeugen kann.«

Ist Ihnen schon einmal aufgefallen, dass alles, was wir in diesem Zusammenhang benutzen, eine Beschichtung mit UV-Schutz hat?

Jede Brille hat eine solche Beschichtung.

Jedes Fenster hat eine solche Beschichtung.

Warum schirmt man uns völlig vor dieser Wellenlänge des Lichts ab?

Tesla war klar, dass UV eines der vielen Geheimnisse der Heilkraft ist, die darin liegt, unmittelbar in die Sonne zu blicken.

»Wir müssen mindestens fünfzehn Minuten pro Tag voll der Sonne ausgesetzt sein, damit in unserem Körper Vitamin D erzeugt wird«, fährt Jason fort. »Doch es ist schädlich, sich der Sonne für längere Zeiträume auszusetzen. Wie gesagt sind die sichersten Zeiten die bei Sonnenaufgang und Sonnenuntergang, denn dann schädigt uns das ins Auge dringende Licht nicht. Im Gegenteil: Zu diesen Zeiten nützt uns das Sonnenlicht am meisten.«

Bei Menschen, die zu wenig UV-Licht empfangen, kann leicht Hautkrebs auftreten. »Man lehrt uns, die Sonne zu fürchten, dabei stellt sie unsere stärkste Verbindung zur Quelle allen Seins und zur Heilkraft dar«, sagt Jason. »Medizinische Statistiken deuten sogar auf Folgendes hin: Je näher man am Äquator lebt, desto geringer ist die Wahrscheinlichkeit, an Hautkrebs zu erkranken. Es sind in erster Linie die Chemikalien in den Sonnenschutzmitteln und der Mangel an angemessenem Licht, die für gesundheitliche Probleme verantwortlich sind – und natürlich auch die Ausbreitung von Giftstoffen im menschlichen Körper. Unsere Haut zählt zu den größten Organen. Sie sondert Giftstoffe aus unseren Körpern ab. Die Sonnenbestrahlung kann solche Hautstellen schädigen, an denen sich Giftstoffe gesammelt haben.«

Mancher Leser mag sich jetzt fragen, wieso Ozon nicht auch unsere Körperzellen schädigt, wenn es Bakterien, Viren und Pilze töten kann.

»Bei den Menschen gibt es etwas, das in anderen Organismen nicht vorkommt«, erwidert Jason. »Man nennt es *Superoxid-Dismutase*. Dieses Enzym befindet sich in allen Zellen des menschlichen Körpers. Und es ist dieses Enzym, das uns immun gegen die schädliche Wirkung von Ozon macht. Wenn eine Zelle des Körpers beschädigt oder krebsartig ist, wird das Ozon diese Zelle vernichten, doch die anderen, gesunden Zellen in Ruhe lassen.

Selbst Otto Warburg, einer der führenden, weltberühmten Biochemiker und Nobelpreisträger für Physiologie des Jahres 1931, hat in vielen Veröffentlichungen erklärt, dass Viren oder Krebszellen in einer sauerstoffreichen Umgebung nicht überleben können. Er schrieb: ›Mehr als alle anderen Krankheiten hat Krebs zahllose Sekundärursachen. Doch selbst bei Krebs gibt es eine Primärursache. Sie besteht darin, dass an die Stelle der Atmung von Sauerstoff, wie sie bei normalen Zellen der Fall ist, eine Fermentierung von Zucker tritt. Alle normalen Zellen benötigen unbedingt Sauerstoff, doch Krebszellen können ohne jeden Sauerstoff auskommen, und zwar ausnahmslos. Wenn man eine Zelle achtundvierzig Stunden lang 35 Prozent der Sauerstoffzufuhr entzieht, kann sie krebsartig werden.‹«

Warum wurde bei uns die dokumentierte Erforschung solcher Zusammenhänge, die bereits ein ganzes Jahrhundert umfasst, schlichtweg ignoriert? Wieso sind diese Themen in der Versenkung verschwunden? Für welche Kräfte würde dieses Wissen bei öffentlicher Akzeptanz eine Gefahr darstellen?

»Ich glaube, dass die etablierte Medizin und die Pharmaindustrie in dieser Forschungsrichtung Teslas eine noch viel größere Bedrohung erkannten als in seinem Ziel, der Welt kostenfreie Energie zu schenken.« Dieser Auffassung ist zumindest Jason.

# 15 Pyramiden und der Große Galaktische Krieg

Im Mai 2015 lud man Jason in letzter Minute dazu ein, bei der Canadian Society of Dowsers Conference, der Konferenz der Kanadischen Gesellschaft für Wünschelrutengänger, im kanadischen London/Ontario den Eröffnungsvortrag zu halten. Der ursprünglich vorgesehene Redner hatte wegen eines familiären Notfalls absagen müssen.

Was ist das – Wünschelrutengehen?

Manche nennen es eine Pseudowissenschaft. Andere sind vollkommen von dessen Wirksamkeit überzeugt. Im Prinzip ist es folgender Vorgang: Jemand benutzt einen Stock, eine Rute oder einen anderen Gegenstand, der an einer Schnur hängt, dazu, Grundwasser, verborgene Ölvorkommen, Edelsteine, Gräber und dergleichen zu lokalisieren, ohne dazu wissenschaftliche Hilfsmittel einzusetzen.

Nach Angaben der Canadian Society of Dowsers ist als erster Wünschelrutengänger der chinesische Kaiser Yu der Xia-Dynastie bekannt, der vor fast viertausend Jahren lebte. Das Wünschelrutengehen wurde auch von kanadischen und amerikanischen Ureinwohnern praktiziert, darüber hinaus in Altägypten und im Römischen Reich.

Ein international bekannter Wünschelrutengänger unserer Tage ist zum Beispiel Uri Geller.

2014 arbeitete Jason an einem Forschungsprojekt, bei dem es um die verschollenen Technologien Nikola Teslas und den Zusammenhang zwischen diesem brillanten Erfinder und den ägyptischen Pyramiden ging. »Bei diesem Projekt konnte ich viele Verbindungslinien zwischen den verborgenen Energiequellen der ägyptischen Pyramiden und Teslas Wardenclyffe Tower herstellen«, erklärt Jason.

Der Wardenclyffe Tower, auch bekannt als Tesla-Turm, war ein von Tesla entworfener Funkturm bei Shoreham am nördlichen Küstenstreifen von Long Island bei New York, errichtet im Jahr 1901. Tesla ging davon aus, dass dieser Turm es als Funksender ermöglichen werde, kostenlos und unbegrenzt kabellose elektrische Übertragungen in die ganze Welt durchzuführen. Doch finanzielle Probleme zwangen ihn, das Projekt abzubrechen. Der Turm ging niemals in Betrieb.

»Ich glaube, Tesla stieß ganz zufällig auf diese Möglichkeiten. Oder aber er erhielt von einer aufgeklärten Spezies Informationen über das uralte Netz des Planeten Erde«, sagt Jason. »Wären diese Informationen an die Öffentlichkeit gelangt, hätten sie die Welt verändert. Es handelt sich um dieselbe Technologie, die zur Ausrüstung der Pyramiden verwendet wurde.«

Während Jason an seinem Projekt arbeitete, tauchten bei ihm viele Erinnerungen an frühere Leben wieder auf. Es waren Antworten auf Fragen, die sich viele Menschen ihr Leben lang gestellt haben: Auf welche Weise wurden die uralten Pyramiden Ägyptens und andere Pyramiden auf der ganzen Welt errichtet?

Und zu welchen Zwecken?

Akademische Forscher, Archäologen und Historiker haben immer wieder ihre Ansichten dazu geäußert und sich dabei auf das gestützt, was sie während ihres Studiums gelernt hatten. Sie haben viel dazu gelesen und anderen an den Universitäten etablierten Experten zugehört, die ihr Wissen auf dieselbe Weise erworben hatten.

Andere Altertumsforscher und vorurteilsfreie Gelehrte, die sich mit Außerirdischen beschäftigten, haben diesbezügliche Hypothesen der etablierten Wissenschaften stets zurückgewiesen und andere wohlbegründete Theorien vertreten, die auf Logik und gesundem Menschenverstand basierten. Und in manchen Fällen war das, wie bei Jason, Wissen aus erster Hand.

Tatsächlich erhielt Jason Antworten auf manche der interessantesten und schwierigsten Fragen der menschlichen Geschichte. »Mir wurde der wahre Zweck der Pyramiden offenbart, und auch, warum und auf welche Weise sie errichtet wurden«, erklärt er.

Selbstverständlich widerspricht alles, was Jason weiß, völlig dem, was man uns gelehrt hat und die akademischen Experten meinen und ständig wiederholen.

Nach dem, was Jason weiß, lautet die wahre Geschichte so: Die Pyramiden wurden nicht von vielen tausend Sklaven erbaut, die massive und sehr schwere Steinbrocken durch die Wüste geschleppt haben. Die Bauzeit hätte dann mehr als ein ganzes Menschenleben gedauert.

»So, wie ich es verstanden habe, wurden viele der sehr alten Pyramiden in Wahrheit in der vierten Dimension gebaut und dann an spezifische Stellen der Erde platziert«, sagt er. »Man kann leicht nachvollziehen, dass die einheimische Bevölkerung die Errichter als Götter betrachtet, wenn plötzlich etwas von solcher Größe aus dem Nichts auftauchte.«

Die Pyramiden wurden auch nicht nur als Grabmale für verstorbene Pharaonen errichtet. Die moderne Forschung hat gezeigt, dass sich Pyramiden über den ganzen Planeten Erde verteilen.

»Manche dieser architektonischen Gebilde wurden von der etablierten Archäologie schlicht unterschlagen, weil sie nicht in ihr Welt- und Geschichtsbild passten. Viele der Pyramiden datieren nämlich aus einer Zeit, die lange vor der ersten Eiszeit liegt.«

Die meisten akademischen Forscher nehmen an, dass die letzte Eiszeit vor rund zwölftausend Jahren endete. Man glaubt sogar, dass es mindestens fünf verschiedene Eiszeiten gegeben haben kann, ehe die Erde sich – schätzungsweise – vor etwa 4,8 Milliarden Jahre herausbildete.

»Viele dieser Forscher, Gelehrten und Historiker erwähnen kaum oder nie die Tatsache, dass Pyramiden schon lange vor der ersten Eiszeit auf der Erde existiert haben«, erklärt Jason. »Entweder verschließen sie die Augen davor und ziehen diese Möglichkeit nicht einmal in Betracht, oder sie behaupten einfach, irgendjemand habe diese Bauwerke nach der letzten Eiszeit errichtet. Doch sei es, wie es sei: Diese Bauwerke existieren, genau wie viele andere uralte Bauten auf dem Meeresgrund, und warten nur darauf, dass man sie entdeckt und wahrnimmt. In einer Welt, die glaubt, die menschliche Geschichte habe erst vor sechstausend

Jahren begonnen, würde die Erkenntnis, dass schon viele tausend Jahre vor unserer eigenen, aufgezeichneten Geschichte eine hoch entwickelte globale Zivilisation existiert hat, der offiziell erzählten Version jede Grundlage entziehen.«

Liebend gern würde sich Jason an jede Minute seiner früheren Leben erinnern können, doch das kann er leider nicht. »Die meisten dieser Erinnerungen sind nur aus dem Zusammenhang gerissene Bruchstücke und mögen in den Ohren eines Menschen, der so etwas zum ersten Mal hört, recht abwegig klingen«, meint er.

Die Geschichte, die Jason durch Erlebnisse in seinen früheren Leben und Astralreisen erfuhr, ist Folgende: »Vor Urzeiten gab es einmal einen großen Krieg, an dem viele Sternensysteme beteiligt waren«, sagt er. »Die Reptiloiden, eine hoch entwickelte Spezies, begannen viele Planeten gewaltsam zu kolonialisieren. Die eroberten Welten nutzten sie für strategische Stützpunkte und zur Ausbeutung von Ressourcen. Die einheimische Bevölkerung versklavten sie sogar.«

Einer ihrer Stützpunkte in unserem Sonnensystem lag auf einem Planeten zwischen den Umlaufbahnen von Mars und Jupiter. »In uralten sumerischen Texten wird dieser Planet als Marduk bezeichnet, heute nennen wir ihn jedoch Nibiru. Marduk oder Nibiru trat im 3.600-sten Jahr seines Umlaufs in unser Sonnensystem ein und kollidierte mit einem kleineren Planeten namens Tiamat.«

Der verstorbene Autor und Alien-Forscher Zecharia Sitchin vermutete, dass eine fortgeschrittene außerirdische Rasse namens Anunnaki von Marduk/Nibiru auf die Erde kam und den Sumerern die eigenen wissenschaftlichen und religiösen Kenntnisse vermittelte.

Sitchin glaubte sogar, dass sich alle uralten Mythologien auf die Interaktion der Anunnaki mit der Erde beziehen. Allerdings meint nicht jeder, der sich mit antiken Theorien über Aliens befasst, dass Sitchin damit den Nagel auf den Kopf trifft. Manche Leute nehmen an, dass er die alten Tafeln falsch gedeutet oder Dinge, die nicht zu seinen Hypothesen passten, bewusst ignoriert hat.

Jasons Ansicht nach enthalten Sitchins Theorien aber ein Körnchen Wahrheit, obwohl die Anunnaki erst lange nach dem Großen Galaktischen

Krieg auf der Erde ankamen und nicht die erste außerirdische Spezies war, die den Menschen fortgeschrittenes Wissen vermittelte.

»Die Vorherrschaft der Reptiloiden machte einer eher wohlwollenden, friedlich gesinnten und aufgeklärten Gruppe von Spezies große Sorgen«, meint Jason. Nach dem, was ihm mitgeteilt wurde und er in seinen früheren Leben erfuhr, war anderen Sternenwesen (wie den Plejadern oder auch den Arcturianern) klar, dass sie eingreifen und weitere feindliche Übernahmen durch die Reptiloiden verhindern mussten, sollte nicht irgendwann ein großes Chaos in der Galaxis entstehen.

»Sie kamen zu dem Schluss, dass die beste Möglichkeit, die Reptiloiden zu schwächen, darin bestehen würde, deren Planeten auszulöschen«, erklärt Jason.

Zu diesem Zweck wurde eine Waffe von ungeheurer Wirkungskraft eingesetzt. »Durch die Zerstörung des Planeten entstand der Asteroidengürtel, den wir heute sehen. Aber die Zerstörung war so verheerend, dass sie auch bei benachbarten Planeten katastrophale Folgen hatte und einen Wechsel der Umweltbedingungen herbeiführte. Diese Folgen können wir heute auf dem Mars und der Erde sehen.«

Könnte dies auch die Ursache für die rätselhafte Kreide-Tertiär-Grenze sein, die den Beginn eines gewaltigen Massenaussterbens auf der Erde – eines der größten in der Erdgeschichte – kennzeichnet, wie unsere Fossilienfunde bezeugen?

Aufgrund seiner Kenntnisse nimmt Jason an, dass genau das jenes Massenaussterben ausgelöst hat, das vor rund fünfundsechzig Millionen Jahren auf der Erde stattfand und die Herrschaft der Dinosaurier beendete. Beim Einsatz der hochexplosiven Waffe wurde der massive, fast zehn Kilometer breite Asteroid freigesetzt, der die mexikanische Halbinsel Yucatán traf, den fast zwanzig Kilometer tiefen und ungefähr zweihundert Kilometer breiten Chicxulub-Krater hinterließ und mehr als achtzig Prozent der irdischen Spezies, einschließlich der Dinosaurier, auslöschte.

»Dieses Ereignis ist bis heute nicht völlig erforscht, doch die Folge war nicht zuletzt eine etwa zwei Komma fünf Zentimeter dicke schwarze Sedimentablagerung, wie fossile Zeugnisse in der ganzen Welt bele-

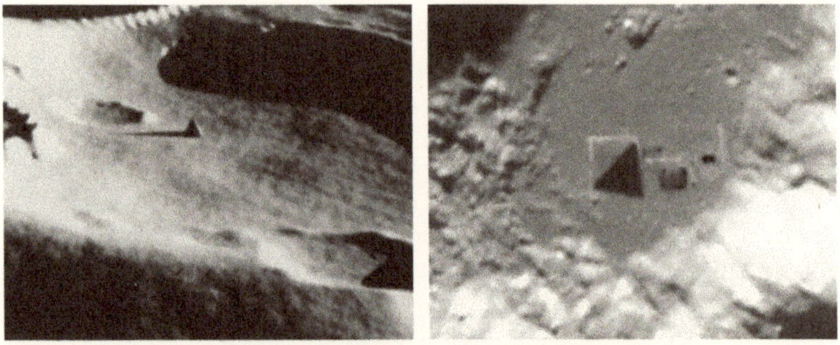

*Pyramiden auf der Oberfläche des Mondes*

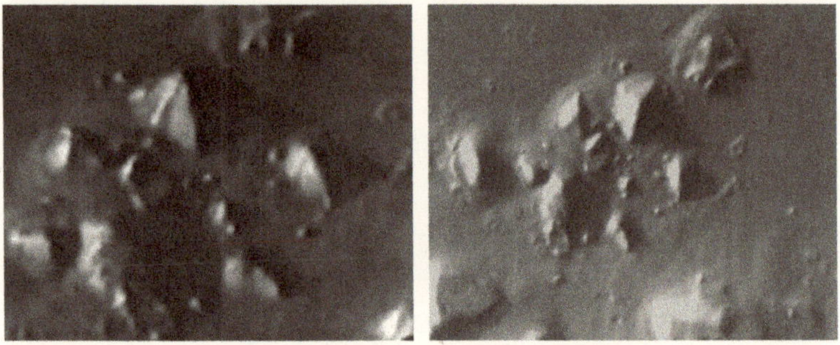

*Pyramiden auf der Oberfläche des Mars*

gen«, erläutert Jason. »Auf jeden Fall hat dieser Einschlag das Leben auf unserem Planeten gewaltig verändert. Ich bin davon überzeugt, dass dieses Ereignis das Massenaussterben auf der Erde verursacht hat. Und es hat die Erde auch in eine Wasserwelt verwandelt.«

Jason glaubt, dass sich zumindest einige der Legenden über die Sintflut darauf beziehen und von den uralten Zivilisationen überliefert wurden. Entgegen der biblischen Deutung der Sintflut gibt es mehr als ausreichende archäologische Beweise dafür, dass – lange, bevor Noah seine Arche baute – solche Geschichten über eine große Flut bereits vor 4400 in uralten Zivilisationen wie Mesopotamien und bei den Sumerern existierten. Das sumerische Gilgamesch-Epos enthält eine solche Geschichte, die etwa fünf- bis siebentausend Jahre alt ist. Ähnliche Geschichten über eine große Flut gibt es auch in anderen Teilen der Welt, einschließlich der Legenden, die sich um die Zerstörung von Atlantis ranken.

»Aufgrund der fossilen Zeugnisse wissen wir nur, dass dieses Ereignis das mit den größten Auswirkungen war, die unser Planet jemals erlebt hat«, erklärt Jason. Nach dem, was ihm übermittelt wurde, führte diese Katastrophe zu vielen nicht vorhersehbaren Problemen.

»Neben den Zerstörungen auf benachbarten Planeten brachte diese Katastrophe auch die Umlaufbahnen in unserem Sonnensystem aus dem Gleichgewicht«, erläutert Jason. »Alle Sterne sind ja durch eine große Kraft miteinander verbunden. Wenn ein Sternensystem einer derartigen Gewalteinwirkung ausgesetzt wird, ist das in anderen Sternensystemen gleichermaßen zu spüren.

Die Sternenwesen, die die Verantwortung für diese nicht beabsichtigten Folgen trugen, waren sich darin einig, dass sie das, was sie angerichtet hatten, wieder in Ordnung bringen mussten. Das taten sie, indem sie auf der Erde, auf dem Mond, auf Merkur, Mars und Jupiter Pyramiden errichteten.

Pyramiden sind heilige Bauten, die viele Zwecke erfüllten. Sie wurden auf sorgfältig ausgewählten Koordinaten dieser Planeten platziert. Ihr Zweck lag vor allem darin, das Schwanken der betroffenen Planeten zu beheben und damit auch deren Umlaufbahnen zu korrigieren. Es funktionierte ähnlich wie ein Ausgleichsgewicht an einem Steuerrad. Wenn das Lenkrad eines Wagens nicht richtig justiert ist, beginnt es zu wackeln. Dieses Problem kann man dadurch beheben, dass man ein winziges Gewicht an einem bestimmten Punkt des Lenkrads anbringt. Das korrigiert die Justierung und behebt das Wackeln.

Aber die Pyramiden erfüllten auch noch andere Aufgaben, die nach wie vor so gut wie unbekannt sind.«

## Sternentore

»Sie fungierten als Sternentore, die es Wesen aus anderen Sternensystemen ermöglichten, hin und her zu reisen«, sagt Jason. »Das geschah mit Hilfe einer speziellen, in der Pyramide untergebrachten Maschinerie. Sie ähnelte den Spulen Teslas, verwendete jedoch selten vorkommende Metalle und andere Technologien. Auf diese Weise erlangten die Sternenwesen Zugang zu anderen Planeten.

Die Pyramiden steuerten auch die Umwelt eines Planeten. Wenn man diese spezielle Technologie ähnlich wie die des Tesla-Turms einsetzte, konnte sie die Ionosphäre beeinflussen. Diese Technologie verwenden wir heute noch unter der Bezeichnung HAARP, eine Abkürzung für High Frequency Active Auroral Research Program. Das ist ein US-amerikanisches Forschungsprogramm, bei dem Radiowellen vor allem zur Untersuchung der Ionosphäre genutzt werden. Doch die ursprüngliche, in den Pyramiden installierte Technologie gibt es auf den genannten Planeten nicht mehr.«

Jason erfuhr auch, warum viele uralte Zivilisationen und Gesellschaften auf der Erde die Kartierung von Sternen für so wichtig gehalten haben. »Überall auf der Welt finden wir Steinzirkel und Bauten, die bewusst so angelegt wurden, dass sie zu wichtigen Zeitpunkten des Jahres – beispielsweise der Sonnenwende im Juni und Dezember und der Tag-und-Nachtgleiche im März und September – in einer Linie zur Sonne oder bestimmten Sternen ausgerichtet waren.«

Warum gaben diese Zivilisationen dieser Ausrichtung so viel Gewicht? Diente das nur zur Erstellung eines Kalenders, damit man wusste, wann bestimmte Festivitäten zu beginnen hatten oder wann auszusäen und wann die Ernte einzubringen war?

»Das trifft zwar zu, aber darüber hinaus gab es auch noch völlig andere Gründe«, sagt Jason. »Diese uralten Zivilisationen wollten unbedingt ihre Position innerhalb des Sonnensystems bestimmen, um die Stellung der Erde im Verhältnis zu bestimmten Himmelskörpern oder Himmelsphänomenen verfolgen zu können. Die alten Völker wussten über das Schwanken der Erde und ihrer Umlaufbahn Bescheid. Sie konnten erkennen, ob diese Umlaufbahn »falsch justiert« war, wenn sich die Erde nicht in einer spezifischen Konstellation zu anderen Himmelskörpern befand, was dann ein Riesenproblem aufwarf. Die Sternenwesen setzten in diesem Fall die Pyramiden dazu ein, den Kurs zu korrigieren, damit die Erde und andere Planeten wieder in die angemessenen Umlaufbahnen zurückkehren konnten.«

Nach Jasons Angaben gab es bereits vor der uns bekannten überlieferten oder aufgezeichneten Menschheitsgeschichte und lange vor der Ankunft der Anunnaki zahlreiche Zivilisationen.

Manche davon waren in spiritueller und technologischer Hinsicht sogar sehr weit entwickelt.

»Über solche verschollenen Kulturen wurde schon viel geschrieben, etwa über Lemurien und Atlantis«, fährt Jason fort. »Aber die Geschichte ist immer dieselbe: Eine Zivilisation entwickelt sich in technologischer und spiritueller Hinsicht wie auch in ihrer Philosophie und erlangt schließlich Macht. Sie nimmt Verbindung zu anderen Sternenvölkern auf und teilt ihr Wissen, ihre Technologien und ihre Ressourcen mit ihnen. Sie lernen, wie man mit Hilfe des irdischen Netzsystems, der Pyramiden, anderer Sternentore oder durch den Bau von Raumschiffen zu anderen Sternen reisen kann. Doch dann gewinnt die Gier nach Macht und Besitz die Oberhand. Das mündet dann in einen Krieg, und die Zivilisation zerstört sich selbst.

Das ist das Muster, das sowohl für Lemurien als auch für Atlantis zutrifft. Doch stets gibt es Überlebende und Archivare, die die Überlieferungen bewahren und nach selbstverschuldeten oder anderen irdischen Katastrophen neue Zivilisationen begründen. So geschah es zum Beispiel im Fall der ägyptischen und sumerischen Zivilisation nach dem Untergang von Atlantis. Deren Hochkulturen entstanden nicht einfach über Nacht. Sie waren schon von Anfang an hoch entwickelt – dank der Überlebenden aus früheren Zivilisationen.

Manche dieser Überlebenden waren nicht einmal Menschen, sondern Sternenwesen ganz anderer Art, die aus vergangenen Zeiten stammten und auf der Erde geblieben waren. Viele dieser Sternenwesen leben heute noch unter uns. Nur sollen wir das nicht erfahren. Viele davon halten sich immer noch unter der Erdoberfläche auf.

Zahlreiche andere arbeiten Seite an Seite mit inoffiziellen Gruppierungen des Militärs und der Regierung zusammen, die aus Schwarzkassen bezahlt werden und die höchste Geheimhaltungsstufe überhaupt haben. Tatsächlich werden viele UFO-Sichtungen, Verstümmelungen von Vieh und selbst Entführungen von Personen von einer dieser

Gruppierungen oder auch von mehreren absichtlich inszeniert. An wahre Informationen ist schwer heranzukommen, und überall gibt es Täuschungsmanöver und Fehlinformationen.«

Vielleicht interessiert es unsere Leser, Folgendes zu erfahren: Jason und Bob hatten im September 2015 gerade mit ihrer gemeinsamen Arbeit am vorliegenden Buch begonnen. Ab Januar des folgenden Jahres wurde die zunächst von 1993 bis 2002 ausgestrahlte TV-Serie *Akte X* durch eine zehnte Staffel mit sechs Episoden fortgesetzt. Beide Autoren sahen sich diese Fortsetzung mit einiger Bestürzung, jedoch nicht gänzlich überrascht an. Im Wesentlichen ging es dabei nämlich inhaltlich um einige der zahlreichen Wahrheiten, die im vorliegenden Buch enthüllt werden.

»Beim ganzen *Disclosure Movement*, also der Bewegung, die durch Zeugen und Beweismaterial über UFOs, Außerirdische und dergleichen aufklären will, macht mir Folgendes Sorgen: Falls die Regierung und/ oder der Vatikan zugeben, dass sie die ganzen Jahre hindurch über außerirdische Besucher Bescheid gewusst und Verbindung mit ihnen gehabt haben, würde es diesen Institutionen sogar noch mehr Macht verleihen als bisher«, erklärt Jason.

»Dann wären sie ja diejenigen, die alle diese Informationen und die neuen außerirdischen Technologien kontrollieren würden. Dieses Szenario wäre eine absolute Katastrophe.«

Jason befürchtet auch die Möglichkeit irgendeiner Operation, die unter »falscher Flagge« segelt – beispielsweise eine vorgetäuschte, gegen die Menschheit gerichtete Invasion Außerirdischer auf der Erde. »Das würde die politischen Führer dieser Welt an einen Tisch bringen – mit dem Ziel, eine einzige totalitäre Weltregierung zu schaffen, um den (fiktiven) Feind zu bekämpfen. Das klingt Ihnen zu weit hergeholt? Dann sollten Sie sich mal Präsident Reagans Rede von 1974 vor den Vereinten Nationen anhören. Und falls es den amerikanischen Regierungen damit nicht ernst war oder ist, wieso drängen sie dann auf die Stationierung so vieler Waffen im Weltraum? Viele sind ja bereits rings um unseren Planeten stationiert!«

Auf was bereitet man sich damit vor?

Und wieso werden in den meisten Hollywood-Filmen Außerirdische als feindliche Invasoren dargestellt?

»Wird uns diese Sicht von Außerirdischen einprogrammiert, damit wir sie fürchten lernen?«, fragt sich Jason.

Während sich Jason mit Tesla und dessen Zusammenhang mit den Pyramiden befasste, zogen ihn aus unerklärlichen Gründen besonders die Geschichten über den berühmten und später in Verruf geratenen Pharao Echnaton an. »Ich wollte an dessen Beispiel erzählen, was einem passieren kann, wenn man gegen Lehrmeinungen angeht«, erklärt Jason. »Tesla hat es versucht, genau wie Echnaton.«

Deshalb beschloss Jason, dieses Thema in den Mittelpunkt seines Einführungsvortrags bei der Canadian Society of Dowsers zu stellen. Er hatte ja nicht die geringste Ahnung, auf was für ein gefährliches Terrain er sich damit begab.

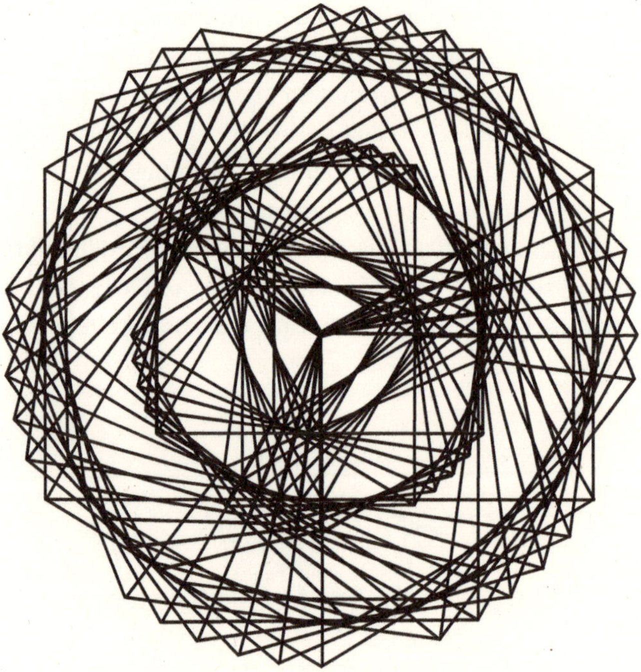

»Was mich bei allem, was ich tue, leitet, ist der Wunsch,
die Kräfte der Natur für die Menschheit nutzbar zu machen.«

Nikola Tesla

# 16 Teslas geheimgehaltene Technologien, Regierungsgeheimnisse und Verträge mit Außerirdischen

Was wäre, wenn Sie erführen, dass ein Erfinder Technologien geschaffen hat, die die Menschheit überall auf der Welt unbegrenzt mit kostenloser sauberer Energie versorgen könnte?

Was wäre, wenn Sie feststellten, dass derselbe Mensch auch eine Möglichkeit entdeckt hat, die Qualität landwirtschaftlicher Produkte ohne den Einsatz von Chemikalien zu verbessern?

Was wäre, wenn Sie herausfänden, dass es so etwas wie Anti-Gravitation gibt, was eine Möglichkeit darstellt, alle Kriege zu beenden und die Krankheiten und Seuchen der Menschheit zu heilen?

Meinen Sie nicht auch, dass all dies die Welt verbessern würde?

»Tatsächlich hat ein solcher Mensch gelebt und die Mittel dazu geschaffen, die Menschheit mit allem oben Genannten zu versorgen«, erklärt Jason. »Sein Name war Nikola Tesla, und dieser Name wurde buchstäblich aus den Geschichtsbüchern gelöscht. Alle diese der Menschheit zugedachten Geschenke schuf er vor 1930.«

So begann Jason seinen Vortrag auf der Konferenz der kanadischen Wünschelrutengänger. In dessen Verlauf vermittelte er Informationen, die eine Verbindung zwischen Tesla und Echnaton herstellten.

Tesla wurde 1856 in dem Land geboren, das heute Kroatien ist. 1884 ging er in die Vereinigten Staaten. Dort arbeitete er bei der Entwicklung der Glühbirne mit Thomas Edison zusammen. Aber Tesla war von der Möglichkeit einer kabellosen Übertragung von

Energie überzeugt. 1900 entdeckte er eine Möglichkeit, ein weltweites kabelloses Kommunikationssystem zu schaffen, und zwar durch große Elektrizität erzeugende Türme, die die ganze Welt mit kostenloser Energie versorgen sollten.

Stellen Sie sich kostenlose elektrische Energie vor: Keine Rechnungen mehr! Unbegrenzter Zugang dazu für jeden Menschen auf dem Planeten.

Ursprünglich erhielt Tesla von dem namhaften Privatbankier J. P. Morgan (1837-1913) finanzielle Unterstützung für dieses grandiose Projekt. Doch die Investoren zweifelten am Erfolg des Vorhabens, sodass Tesla die Mittel dafür später entzogen wurden. Der von ihm geschaffene Turm auf Long Island wurde in den Folgejahren demontiert und zum Verschrotten verkauft. Auf diese Weise trug Tesla einen Teil seiner Schulden ab. Er starb im Alter von 86 Jahren am 7. Januar 1943 in New York.

Eine der ihm zugeschriebenen Erfindungen war eine Waffe, von der er glaubte, sie werde alle Kriege beenden. Er nannte sie einen »Friedensstrahl«. Es war ein Laserstrahlen emittierendes Gerät, das einen Teilchenstrom von ungeheurer Wirkungskraft erzeugen konnte – angeblich fähig, aus mehr als dreihundert Kilometer Entfernung eine Flotte von 10.000 Flugzeugen zu zerstören. Würde jedes große Land eine solche »Friedenswaffe« besitzen, so nahm Tesla an, müssten alle Kriege enden, denn dann würde kein Land mehr in der Lage sein, ein anderes zu besiegen.

Die Zeitungen jedoch schrieben 1934 nicht mehr von einer »Friedenswaffe« Teslas, sondern von einer »Todeswaffe«.

Soweit bekannt, hat Tesla seine Pläne niemals umgesetzt und nicht einmal einen Prototyp dieser Waffe gebaut. Allerdings deuten heutzutage Insider an, Regierungen hätten in späteren Jahren tatsächlich eine solche Waffe konstruieren und bauen lassen. Bestimmte Verschwörungstheoretiker behaupten, dass in geheim gehaltenen Operationen mehrere von Teslas Erfindungen erfolgreich produziert wurden, einschließlich der Gerätschaft zur Emission von »Todesstrahlen« und einer Sprungkapsel, die Zeitreisen ermöglicht.

Kann es sein, dass bestimmte Regierungen solche Dinge tatsächlich bis zur Produktionsreife haben entwickeln lassen?

Laura Eisenhower, die Urenkelin des früheren amerikanischen Präsidenten Dwight D. Eisenhower, bejaht es.

Beim 22. Weltsymposium über UFOs und verwandte Phänomene, Außerirdische und Weltpolitik 2014 in der Republik San Marino hielt sie einen höchst verblüffenden Vortrag, in dem sie bestürzende Behauptungen aufstellte, vollständig nachzulesen auf www.CosmicGaiaSophia.com. In den letzten Jahren hat Laura zahlreiche Behauptungen veröffentlicht, darunter die, dass auf der Erde bereits eine Invasion Außerirdischer stattgefunden habe, die von den Regierungen jedoch verschwiegen worden sei.

In San Marino war eine ihrer ersten Behauptungen – wir zitieren sie hier wörtlich: »Der Kontakt unserer Regierungen mit Außerirdischen wurde in umfassender Weise vertuscht, und es wurde auch vieles geheim gehalten, das sich auf Menschen bezieht, die von Außerirdischen entweder entführt oder kontaktiert wurden. Und zwar deswegen, weil bereits eine Invasion stattgefunden hat und die Regierungen verhindern wollen, dass wir davon erfahren. Durch die Invasion wurde jeder Bereich unserer Gesellschaft infiltriert. Das ist den meisten Menschen verborgen geblieben, doch für andere völlig offensichtlich.«

Laura hat außerdem behauptet, sie sei von Regierungsagenten im Jahr 2006 für eine Mission zu einer bestehenden Marskolonie angeworben worden. Diese Siedlung sei auf der Grundlage von Geheimverträgen errichtet worden und werde als *Alternative 3* bezeichnet. Darüber hinaus sagte sie, die Welt werde von einer Schattenregierung mit Hilfe außerirdischer Technologien gelenkt, basierend auf Verträgen, die unterzeichnet worden seien, noch ehe ihr Urgroßvater zum Präsidenten der Vereinigten Staaten gewählt worden sei.

Tatsächlich hätten die USA bereits 1931 unter dem Präsidenten Franklin Roosevelt einen Vertrag mit einer der außerirdischen Spezies von Greys abgeschlossen. Darin sei festgelegt worden, Tiere und Menschen von der Erde im Austausch für HighTech-Wissen zur Verfügung zu stellen. Zudem habe die amerikanische Regierung den

Außerirdischen gestattet, ungehindert unterirdische Basen zu errichten. Diese Vereinbarung, bekannt als »Vertrag von Grenada«, habe den Greys im Austausch für ihre fortgeschrittene Technologie genehmigt, nach Gutdünken Menschen für ihr laufendes genetisches Programm zu beanspruchen und zu entführen.

Nach Laura Eisenhowers Angaben wurde dieser Vertrag mit den Greys unterzeichnet, nachdem die Vereinigten Staaten Hilfe von den Plejadern verweigert hatten, da diese im Gegenzug auf einer Entmilitarisierung der Nation bestanden hätten.

Das mag vielen Menschen als reines Hirngespinst erscheinen, vor allem denjenigen, die nicht glauben wollen, dass die Welt, in der sie leben, nicht so ist, wie sie meinen.

Durch den Vertrag mit den Greys, so behauptet Laura Eisenhower, habe Amerika Zugang zu Technologien wie Anti-Schwerkraft-Gerätschaften sowie zu kostenfreien Energien und zu medizinischen Verbesserungen erlangt.

Nach Aussagen Lauras schlossen die Plejader nach Zurückweisung durch die amerikanische Regierung ein Abkommen mit Adolf Hitler und den Nazis ab, nachdem ihnen zugesagt worden war, man werde keine Maßnahmen gegen die Juden ergreifen. Doch 1941 kündigten die Plejader dieses Abkommen, da Hitler hinsichtlich der Juden vertragsbrüchig geworden war. Allerdings hätten die Nazis zu diesem Zeitpunkt bereits Prototypen für Raumfahrzeuge entwickelt, die sogenannten *Foo Fighters*. Die Greys hätten sich beeilt, nun ihrerseits ein Abkommen mit Hitler abzuschließen.

Laura behauptet, die Verträge mit den Außerirdischen würden alle zehn Jahre überarbeitet und neu abgeschlossen. So sei es auch 1954 gewesen, als sich ihr Urgroßvater auf der Edward Air Base mit den Plejadern getroffen habe. Nach Lauras Angaben warnten die Plejader Eisenhower bei diesem Treffen davor, irgendwelche Vereinbarungen mit den Greys zu unterzeichnen. Die Plejader sagten technologische und spirituelle Unterstützung zu, verlangten im Gegenzug von Eisenhower jedoch erneut die vollständige atomare Abrüstung – eine Bedingung, die er zurückgewiesen habe.

Laura behauptet, sie habe das Angebot, zum Mars zu reisen, abgelehnt. Auf der oben genannten Konferenz in San Marino offenbarte sie, dass ihres Wissens nach in den Vereinigten Staaten von der CIA betriebene Sprungräume (Teleportationsräume) existieren sowie ganz ähnliche Einrichtungen in Russland und Großbritannien. Man habe ihr auch mitgeteilt, dass derzeit etwa 500.000 Menschen in Siedlungen auf Planeten jenseits der Erde leben.

Was also sollen wir von Laura Eisenhower und ihren Aussagen halten? Entweder leidet sie unter einem Syndrom von Wahnvorstellungen, oder aber ihre Herkunft und ihre Erfahrungen verleihen ihr – aller Wahrscheinlichkeit zum Trotz – Glaubwürdigkeit.

Interessanterweise führte die amerikanische Marine Ende 2014 eine öffentliche Demonstration einer Laserstrahlwaffe durch, die eine unbemannte Drohne in Brand setzte. Lassen Sie uns vorläufig einmal davon ausgehen, dass Tesla viele seiner Erfindungen bis zur Vollendung entwickeln konnte, die herrschenden Mächte, die die Finanzen und die Regierungen in der Welt kontrollieren, jedoch nicht zuließen, dass er diese erstaunlichen Geschenke der Menschheit zur Verfügung stellte.

Laura Eisenhowers Enthüllungen haben zweifellos das Potenzial, unsere Sicht der Wirklichkeit gründlich zu verändern, doch das gilt auch, wenn wir die Tatsache anerkennen, dass zahlreiche Erfindungen Teslas geheimgehalten wurden.

»Tatsächlich sind diese Technologien seit fast hundert Jahren zugänglich«, sagt Jason. »Sie hätten uns von der Knechtschaft der Wirtschaft und der Zerstörung der Umwelt befreien können.«

Tesla wurde zum Einsiedler und zog sich in ein winziges Hotelzimmer in New York zurück, wo er den Rest seines Lebens in Einsamkeit verbrachte – und all das wegen eines Machtkampfs, bei dem es um die Unterdrückung seiner Erfindungen ging.

»Schätzungsweise sind immer noch mehr als vierhundert seiner Patente unter Verschluss und stehen unter militärischer Kontrolle«, erklärt Jason. »Und wenn diese Technologien schon vor rund hundert Jahren existiert haben, kann man sich ausrechnen, wie weit sie sich bis heute entwickelt hätten, wäre Teslas Werk nicht geheim gehalten worden.« Nach Ansicht von Jason wären wir dann Lichtjahre dem technologischen Stand voraus, den wir heute haben oder für erreichbar halten.

»Tatsache ist, dass Laura Eisenhower recht hat«, sagt er. »Man hat uns das nur nicht wissen lassen. Dass wir unbedingt Benzin als Treibstoff brauchen, ist die größte Lüge, auf die sich unsere Gesellschaft stützt. Schon seit den 1930er Jahren hätten wir Anti-Schwerkraft-Antriebe bauen können. Und über Nuklear-Antriebe verfügen wir bereits seit den 1950er Jahren. Der Gedanke daran, dass wir Raketen dazu benutzen, Menschen ins All zu schießen, ist wirklich zum Lachen. Deshalb haben sich inzwischen so viele Leute an die Öffentlichkeit gewandt, einschließlich derjenigen, die Laura Eisenhower mit Insider-Informationen über mutmaßliche Geheime Weltraumprogramme seit den 1940er Jahren versorgt haben.«

Die sogenannten Foo Fighters der Nazis – nicht identifizierte Flugobjekte während des Zweiten Weltkriegs – sind inzwischen der Stoff von Legenden. Obwohl die Existenz dieser runden, leuchtenden Flugkörper stets umstritten war, haben viele Kampfpiloten der Alliierten sie nach eigenen Angaben gesichtet und es ihren Vorgesetzten gemeldet. Sie wurden jedoch angewiesen, Stillschweigen darüber zu bewahren.

Bei dem Symposium in San Marino versicherte Laura Eisenhower, es habe die Foo Fighters tatsächlich gegeben. Sie seien auf der Grundlage eines Vertrags mit Außerirdischen entwickelt und produziert worden. Die offizielle Sprachregelung etablierter Wissenschaftler ist jedoch, dass dies vermutlich gar keine Flugkörper, ja nicht einmal physisch greifbare Objekte gewesen seien, sondern elektromagnetische Phänomene, ähnlich dem Sankt-Elms-Feuer.

Stimmt das?

Viele Menschen, besonders Verschwörungstheoretiker, deuten an, dass auch die Mondlandung im Juli 1969 ein Schwindel gewesen sein könnte.

»Das ist eine irreführende Fragestellung oder zu kurz gegriffene Annahme, wenn man bedenkt, dass die Erde mit Wesen von anderen

Welten und fortgeschrittener Raumfahrttechnologie längst Verbindung hatte, ehe die berühmt-berüchtigte Mondlandung der Amerikaner überhaupt stattfand«, meint Jason. »Laura hat darauf hingewiesen, dass zahlreiche Insider sich öffentlich über die mutmaßlichen geheimen Austauschprogramme ausgelassen haben, an denen auf anderen Planeten lebende Menschen beteiligt sind und waren, ehe wir überhaupt offiziell auf dem Mond gelandet sind.«

Zu diesen Insidern zählen beispielsweise Randy Cramer und Gary McKinnon. 2001 drang McKinnon, ein britischer Informatiker und Systemadministrator, auf der Suche nach kostenloser Energie in fast hundert amerikanische Rechner des Militärs und der NASA ein. Seinen Aussagen nach entdeckte er stattdessen Dateien über ein Geheimes Weltraumprogramm namens »Solar Warden« und Formulare, die Namen »nicht-irdischer« Offiziere enthielten, sowie Meldungen über Versetzungen von Personal innerhalb der Flotten.

Noch unglaublicher ist Randy Cramers Geschichte. Er behauptet, er habe siebzehn Jahre auf dem Mars verbracht und auf einer geheimen Militärbasis zum Schutz von dort angesiedelten Ablegern der menschlichen Zivilisation Dienst getan. Darüber hinaus behauptet er, dass auf dem Mars zwei hochintelligente Spezies leben, die Reptiloiden und die Insektenartigen. Die meiste Zeit über habe ein Waffenstillstand zwischen den Außerirdischen, den amerikanischen Verteidigungskräften auf dem Mars sowie der Kapitalgesellschaft der Marskolonie geherrscht. Doch dann sei es zu einem heftigen Feuergefecht gekommen, bei dem mehr als tausend Menschen gestorben seien, nachdem eine Gruppe versucht habe, ein Artefakt aus einer Höhle der Reptiloiden an sich zu bringen.

In der Armee als »Captain Kaye« bekannt, sei er als Siebzehnjähriger rekrutiert worden. Nach Ableistung seines siebzehn Jahre währenden Sondereinsatzes auf dem Mars sei er wieder zu Hause in seinem Bett aufgewacht, keinen Tag älter als bei der Rekrutierung, doch habe er alle seine Erinnerungen bewahren können.

Während unseres Austausches von eMails hat Cramer bestätigt, dass er gegenwärtig ein Buch über seine Erfahrungen schreibt. Cramer behauptet sogar, dass er jetzt für die Marine Corps Special Services tätig ist und man ihm die Genehmigung erteilt hat, öffentlich über das zu reden, was ihm zugestoßen ist.

»Glaube ich also, dass die Mondlandung ein Schwindel war? Am besten, wir rücken sie in ein anderes Licht«, meint Jason. »Ich glaube, dass das ganze Weltraumprogramm ein einziger Schwindel ist. Er soll die Vorstellung aufrechterhalten, dass wir nicht über die Technologien verfügen, die wir in Wirklichkeit besitzen.«

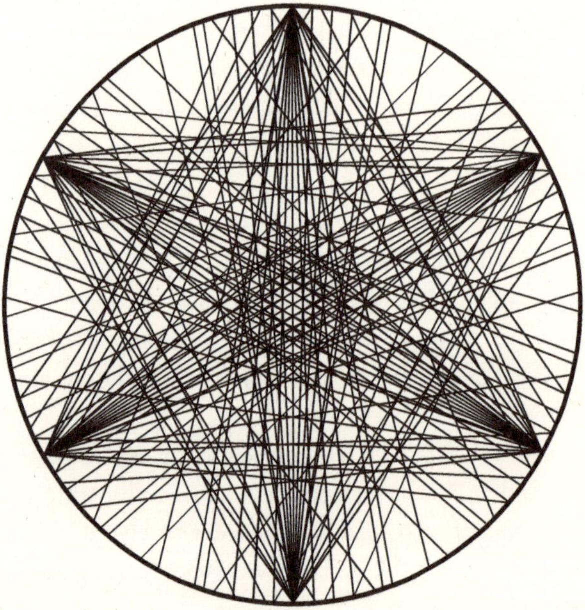

# 17 Ein Angriff

Im Mai 2015 beschloss Jason, seine Ansichten über Tesla und dessen Verbindung mit Altägypten auf der Konferenz der kanadischen Gesellschaft der Wünschelrutengänger vorzutragen.

Als er während seiner Rede darauf zu sprechen kam, dass es Ähnlichkeiten zwischen der Geschichte des Pharaos Echnaton und der Geschichte Teslas gebe und vieles davon der Menschheit verborgen geblieben sei, geschah etwas sehr Sonderbares.

Jason zeigte Bilder der länglichen Schädel, die überall in der Welt entdeckt worden waren, und sagte, auch Echnaton und dessen Familie hätten diese seltsam geformten Schädel gehabt.

Geschöpfe mit solchen Schädeln seien keine Menschen, sondern Angehörige einer völlig anderen Spezies. Manche hielten sie für Sternenwesen, andere rechneten sie einer anderen Linie der menschlichen Evolution zu. Eine dritte Gruppe betrachte sie als *Nephilim* – von Gottheiten und Menschenfrauen gezeugte Mischwesen –, die in uralten Schriften erwähnt sind.

»Jedenfalls stammten diese Wesen aus unserer Vorgeschichte, die bis zu den Zeiten von Atlantis zurückreicht«, meint Jason.

Interessanterweise haben sowohl Jason als auch seine Frau Monika Erinnerungen an ein früheres Leben in Atlantis.

»Ich erinnere mich noch an meine Arbeit unter Tage, die mit Kristallen zu tun hatte«, berichtet Jason.

»In diesem Leben war ich ein Hohepriester. Die Kristalle waren lebendig und konnten auf telepathische Weise kommunizieren. Viele Jahre lang warnten sie uns vor der Zerstörung von Atlantis. Also bereiteten wir uns darauf vor, uns an verschiedenen Orten der Erde

*Kalkstein-Schnitzerei aus dem Jahre 1350 vor Christus, die Echnaton, Nofretete und drei ihrer Töchter zeigt. Quelle der Abbildung: New World Encyclopedia. Achten Sie auf die Schädelformen!*

anzusiedeln. Als der Augenblick kam, dass wir die Insel verlassen mussten, geschah das vor allem durch große Boote.«

Doch die Elite der Bewohner von Atlantis flüchtete in Raumschiffen. Jason weiß noch, dass er den Untergang von Atlantis aus der Luft beobachtete: »Es war eine Tragödie. Die Boote konnten den hohen Wellen nicht standhalten, sodass viele Bürger von Atlantis ins Wasser gezogen wurden.«

Jason sagt, dass in dem Raumschiff, mit dem er flüchtete, viele herausragende Persönlichkeiten saßen, die das Wissen und die Geschichte von Atlantis in sich bewahrten. »Das Ziel unserer Flucht war eine neue Heimat in einem Gebiet, das im heutigen Ägypten liegt.«

Der griechische Philosoph Platon war der Erste, der die Insel beschrieb. Er datierte ihren Untergang auf etwa 9400 Jahre vor Christus.

Nach der Zerstörung von Atlantis gründeten viele der Wesen mit den länglichen Schädeln in allen Teilen der Welt Kolonien, die von ihnen regiert wurden, so auch in Ägypten und Südamerika, und es entstand erneut eine Kultur, die wesentlich von den Pyramiden geprägt war. Überall in der Welt wurden später in der Nähe uralter Pyramiden länglich geformte Schädel entdeckt.

»Man stieß sogar auf längliche Schädel von Kleinkindern«, berichtet Jason. »Und das waren keine absichtlich deformierten Schädel. Die Kinder kamen so auf die Welt. Allerdings wurden in vielen alten Kulturen die Schädel kleiner Kinder tatsächlich bewusst deformiert, indem man sie auf spezielle Weise abband. Dadurch versuchte man sich den Göttern anzunähern: Man wollte ihnen möglichst ähnlich sehen.«

In seinem Vortrag vor den Wünschelrutengängern ging Jason auch auf Darstellungen von Echnaton ein: »Zum Glück gibt es Artefakte, die Echnaton zeigen, denn er ließ die Künstler seiner Zeit ihn und seine Familie so abbilden, wie sie wirklich aussahen. Und das, obwohl es damals als schweres Vergehen galt, eine sogenannte Gottheit so darzustellen, wie sie wirklich war.«

## Dunkelheit zieht herauf

Während Jason in seiner Rede fortfuhr und seine Erläuterungen vertiefte, kam es seiner damaligen Verlobten und späteren Ehefrau Monika (die ebenfalls ein begabtes Medium ist) so vor, als füllte sich der Saal mit sehr dunklen Wesenheiten.

»Ich sah, wie sich ihr Gesichtsausdruck veränderte, und merkte, dass irgendetwas nicht in Ordnung war. Monika wirkte eigentlich nicht besorgt, sondern eher äußerst verärgert. Offenbar war sie wütend darüber, dass ich das Thema Echnaton überhaupt angeschnitten hatte, und schien mir ein Zeichen zum Abbruch geben zu wollen.«

Doch Jason setzte seinen Vortrag fort. »Als ich zum Ende gekommen war, begann ich mich körperlich krank zu fühlen«, sagt er. »Monika war fast außer sich vor Wut. Sie hatte gesehen, wie diese Wesen in den Saal eindrangen, um mir meine Lebenskraft zu nehmen.«

Jason hingegen machte sich zu diesem Zeitpunkt noch keine Sorgen. Schließlich hatten ihn schon früher dunkle Mächte attackiert, und er hatte sie besiegt. Aber diesmal war alles anders. Diesmal hatte ihn sozusagen ein Volltreffer erwischt.

»Es sah so aus, als hätte sich ein Bienenschwarm auf meinem Arm niedergelassen«, berichtet er. »Oder als hätte ich Hunderte winziger Mückenstiche. Diese Stiche warfen Blasen auf der Haut und brannten wie Feuer. Das tat unheimlich weh.«

Er probierte alle möglichen Heilmittel aus – Öle, Tinkturen, Salben, Apfelessig und selbst wahre »Hämmer« von Medikamenten. Doch nichts half. »Im Gegenteil: Es ging mir von Tag zu Tag schlechter, und der ›Schwarm‹ breitete sich über den ganzen Körper aus.« Sein Gesicht schwoll so an, als hätte ein Boxer es malträtiert oder als litte er unter irgendeiner furchtbaren Allergie.

»Ich hatte ›Blumenkohlohren‹, und meine Augen waren völlig zu«, sagt er. »Es fühlte sich an, als saugte man mir das Leben aus dem Leib. Ich konnte mich kaum noch bewegen oder laufen. Ich konnte kaum noch sehen und war drauf und dran zu erblinden. Ich hatte bereits siebzig Prozent meines Sehvermögens eingebüßt. Außerdem fehlte mir jeglicher Appetit, und ich konnte nichts Festes mehr zu mir nehmen. Ich ernährte mich nur noch von Flüssigkeiten.«

Jason hatte längst jedes Vertrauen zu Ärzten verloren, doch es blieb ihm keine Wahl. Also suchte er verschiedene Ärzte auf und hoffte, sie würden herausfinden, was ihm fehlte. »Der erste Arzt führte bei mir alle möglichen Blutuntersuchungen durch, die ihm einfielen. Aber wie schon in früheren Jahren war deren einziges Ergebnis, dass ich den Werten nach völlig gesund sein musste. Das verschlug uns beiden die Sprache. Wieder einmal besagten die Tests, mein Gesundheitszustand sei sogar besser als beim Durchschnitt meiner Altersgenossen. Auch die Anzahl der Blutkörperchen war in Ordnung und bewies, dass ich nicht gegen ein Virus oder irgendwelche Bakterien ankämpfte. Auch ein allgemeiner Allergietest fiel negativ aus. Ich reagierte auf nichts allergisch. Es gab keine Allergene in meinem Körper.«

Wie Jason berichtet, starrte der Arzt ihn nur an und sagte: »Das ist mir wirklich ein Rätsel.« Jetzt musste Jason der Wahrheit ins Gesicht sehen. Aus den Testergebnissen konnte er nur einen einzigen Schluss ziehen: »Es handelte sich um einen umfassenden Angriff auf meine Lebenskraft. Ich hatte eine Linie überschritten, und jemand wollte mich von der Bildfläche verschwinden lassen.« Nun galt es herauszufinden, wer und warum.

»Monika konnte es nicht einmal mehr ertragen, mich anzuschauen«, fährt Jason fort. »Ich sah aus, als verwandelte ich mich in einen Zombie. Meine Haut begann sich aufzuwerfen und zu schälen. Zu dieser Zeit wies mein Gesicht keine Ähnlichkeit mehr mit dem Jason auf, den Monika gekannt hatte.«

Das früher so glückliche Paar hatte vorgehabt, im August zu heiraten, doch diese gesundheitliche Krise stellte die Hochzeit in Frage.

»Ich überlegte, ob ich Fotos von mir in diesem Zustand machen solle, konnte mich aber nicht einmal dazu aufraffen«, berichtet Jason. »Ich war so deprimiert, dass ich keine Erinnerungen an diese Zeit festhalten wollte.« Im Nachhinein bedauert er das, denn dann hätte er einen unwiderlegbaren Beweis für das vorlegen können, was er hier beschreibt.

»Es gab niemanden, an den ich mich auf der Suche nach Hilfe wenden konnte – bis auf meine medial begabten Freundinnen, also nahm ich Verbindung mit Kathy, Saundra und Nora auf. Doch trotz all ihrer Bemühungen, meine Lebenskraft zu stärken, ging es mir von Tag zu Tag schlechter.«

## Ein schrecklicher Tod in einem früheren Leben

Bald darauf entdeckte Jason, was vor sich ging, denn nach und nach tauchten bei ihm Erinnerungen an ein vergangenes Leben auf. Sie handelten vom Leben und Sterben des Pharaos Echnaton.

»Viele Menschen bezeichnen Echnaton als den ›ketzerischen Pharao‹, weil er während seiner Herrschaft die Verehrung zahlreicher Gottheiten anprangerte und ganz Ägypten den Monotheismus verordnete«, erklärt Jason. »An die Stelle der Vielgötterei setzte er die Anbetung eines einzigen Schöpfergottes – des Sonnengottes Aton. Das löste eine gewaltige Spaltung in seinem Königreich aus.

Echnaton, der im Schatten der Priesterschaft aufgewachsen war, hatte im Laufe der Jahre erkannt, wie eigensüchtig und korrupt sie war. Zu jener Zeit besaß die von der Gier nach Geld und Macht geprägte Priesterschaft ebenso viel Einfluss wie der Pharao und seine Familie.

Stellen Sie sich einmal vor, Sie wären in einer Familie aufgewachsen, die seit Generationen Sobek, den Gott des Nils, anbetete und ihr ganzes Leben dieser Gottheit, ihrem Tempel und dessen zahlreichen Priestern weihte. Sobek wird oft als menschliche Gestalt mit dem Kopf eines Krokodils dargestellt. Was man mit ihm verband, war nicht nur der Schutz des Nils, sondern auch der Einfluss auf die Macht des Pharaos, des Heeres und die Fruchtbarkeit. Regelmäßig baten seine Priester die Familie um Spenden für dessen Tempel. Wenn man erwachsen wurde, war man bei bestimmten Anlässen sogar zu Spenden verpflichtet. Und wenn man einen ›Freifahrtschein‹ ins Jenseits haben wollte, wurde die Sache noch teurer. Eine angemessene Bestattung und die Mumifizierung waren äußerst kostspielig. Auf diese Weise konnten sich die Priester enorm bereichern. Wenn man sehr viel zu zahlen bereit war, mumifizierten sie den Toten sogar mitsamt seinen Haustieren und den Opfergaben.

Echnaton wusste über diese Bestechlichkeit sehr wohl Bescheid und ihm war klar, dass die Priesterschaft die Herrschaft des Pharaos immer mehr untergraben würde, wenn man ihr nicht das Handwerk legte. Mittlerweile prägten die Machtgier und Korruption der Priester jeden Bereich des Landes – bis dahin, dass sie sich zu entscheiden anmaßten, welche Kriege geführt werden und welche Pharaonen regieren sollten. Deshalb ließ Echnaton alle Tempel schließen, und das hatte gewaltige Auswirkungen auf das Leben in Ägypten, vor allem wirtschaftlicher Art. Es war so, als hätte Echnaton die Landesökonomie absichtlich zusammenbrechen lassen, um sein Volk von der Ausbeutung und Versklavung durch die Priester zu befreien. Genau dazu sollte die Einführung der monotheistischen Religion beitragen.«

In Echnatons neuer Lehre, die er persönlich verbreitete, stand die heilende Kraft der Sonne im Mittelpunkt, denn im Sonnenlicht sah er die engste Verbindung des Menschen mit dem Ursprung allen Seins.

»Echnaton ließ sogar die Dächer der Tempel abreißen, damit Atons Licht ungehindert hineinfallen konnte«, fährt Jason fort. »Er lehrte die Selbstverwirklichung und Selbstverantwortung des Menschen, den er als Tempel des Gottes Aton betrachtete. Er lehrte, dass man sich nicht durch die Vermittlung der Priesterschaft mit dem Göttlichen verbindet, sondern eine unmittelbare Verbindung zum Göttlichen in der Natur und in der eigenen Seele findet. Die beste Möglichkeit, sich in der physischen Welt dem Ursprung allen Seins anzunähern, sah Echnaton in der Kraft der Sonne. Das erzürnte die Priesterschaft so sehr, dass sie sich gegen ihn und seine Familie verschwor. Und es dauerte nicht lange, bis sie beschloss, Echnaton zu beseitigen.«

Sie mögen sich jetzt fragen, woher Jason alle diese Dinge über einen Pharao weiß, der aus der aufgezeichneten Geschichte praktisch gelöscht wurde. Er weiß sie deshalb, weil er sehr lebhafte Erinnerungen aus seinem früheren Leben in jener Zeit hat. Er glaubt, dass er mit Echnaton eng verbunden ist. Und seine Frau Monika spürt eine starke Verbindung zu Nofretete. Heute zählen die Darstellungen der Nofretete zu den bekanntesten Kunstwerken, die aus Altägypten überliefert sind.

»Monika erinnert sich bis heute an dieses Leben, und es berührt sie innerlich sehr tief«, sagt Jason. »Sie weiß noch, dass sie mit ihren Kindern aus Ägypten verbannt wurde. Ihr war damals klar, dass sie Echnaton niemals wiedersehen würde, und bei diesem Gedanken zerbrach etwas in ihr. Sie versteckte sich vor jenen, die man ausgeschickt hatte, um sie zu suchen und gefangen zu nehmen. Monika weiß jedoch nicht, ob man sie jemals aufgespürt hat.«

Altertumsforschern zufolge verschwand Nofretete im Jahr 1335 vor Christus. Man nimmt an, dass Echnaton und Nofretete sechs Kinder hatten, alles Mädchen. Nofretetes Grab wurde nie gefunden.

»Wir alle stammen aus einer einzigen Quelle allen Seins«, bemerkt Jason dazu. »Wir können diese Quelle Gott nennen oder auch das Licht, das Universum, die Natur oder einfach die Schöpfung. Wir alle tragen ständig einen göttlichen Funken, den Funken der Schöpfung, in uns und spüren ihn ringsum.

Während aus dieser Quelle, dem Ursprung allen Seins, Kraft strömt, durchläuft sie viele Schwingungsbereiche. Jeder von uns strahlt einzigartige Schwingungen aus. Diese Vibration ist so, als würden wir Musik ins Universum senden, und jeder von uns hat dabei seine eigene Melodie. Wenn wir auf einem Planeten inkarnieren, finden unsere Schwingungen Resonanz bei anderen Schwingungsfrequenzen ähnlicher Natur, die sich aus ähnlichen Erfahrungen speisen. Das führt die Betreffenden auf die eine oder andere Weise zusammen. Man kann sie als ›Seelenverwandte‹ bezeichnen.

Wie alle anderen Planeten auch ist die Erde ein lebendiges Wesen. Während wir unser Leben auf Mutter Erde leben, wird dieses Leben in ihrem elektromagnetischen Feld aufgezeichnet. Man könnte dieses Feld auch ein *Buch des Lebens und des Todes* nennen. Wenn meine aus der Quelle allen Seins gespeiste Energie einen Widerhall im früheren Leben eines anderen Menschen findet, das auf der Erde aufgezeichnet wurde, dann können mich dessen Erinnerungen und Erfahrungen durchströmen. Das widerspricht keineswegs der Vorstellung, dass wir frühere Leben besitzen. Es ist nur eine andere Art der Erklärung.

Tatsächlich leben wir viele Leben in vielen Zeitlinien und an vielen verschiedenen Orten in Zeit und Raum, und alle gleichzeitig. Deshalb habe ich mich in diesem Leben dazu entschlossen, auf viele Erinnerungen an frühere Leben in verschiedenen Zeiten und an verschiedenen Orten zurückzugreifen und Zugang zu ihnen zu finden, und zwar mit dem Ziel, diese Erfahrungen, dieses Wissen und diese Energien für mein gegenwärtiges Leben zu nutzen. Wir können diese Art von Erfahrungen *archetypisch* nennen. Einer der Lebensströme, zu denen ich mein ganzes Leben lang eine sehr enge Verbindung hatte, ist der von Echnaton, aber auch der von Osiris.«

Die Priesterschaft wusste, dass Echnaton ein Herrscher mit großer Macht war und es nicht leicht sein würde, ihn gefangen zu nehmen.

»Also trafen die Priester Vereinbarungen mit den Leuten, die man heute als böswillige Schamanen oder Hexer bezeichnen würde«, fährt Jason fort. »Sie nutzten die Schwarze Magie dazu, Echnaton zu vergiften. Dann legten sie ihn, während er noch lebte, in einen Sarkophag. Anschließend führten diese Schamanen eine Zeremonie durch, bei der sie viele Flüche über Echnaton verhängten, füllten den Sarkophag mit Hunderten lebender Mistkäfer und versiegelten den Deckel.

»Es war ein äußerst qualvoller Tod«, sagt Jason. »Echnaton wurde im wahrsten Sinne des Wortes von vielen hundert Insekten zerfressen.«

Deshalb wurde Jason so krank.

»Die Gifte, die Flüche der böswilligen Schamanen und die Mistkäfer wurden durch die Zeitlinien geschickt und begannen, sich in mir zu manifestieren. Man nennt das ein ›Wiederaufleben‹ oder ›Neudurchleben‹. Echnatons Lebenskraft manifestierte sich in der heutigen Zeitlinie in meinem Körper. Er starb damals auf die beschriebene grauenvolle Weise, und die Hexer wollten nun auch mich auf diese Weise sterben lassen.«

## Jason bekommt Hilfe

Da Jason sich an niemanden sonst wenden konnte, hinterließ er eine verzweifelte Nachricht auf dem Anrufbeantworter von Peter Bernard, seinem Freund, dem Schamanen vom Volk der Algonquin. Diese Nachricht lautete: »Bitte hilf mir. Ich weiß nicht, wie viele Tage mir noch bleiben.«

Am folgenden Tag rief Peter ihn zurück und versprach, er werde Jason in dieser Nacht heilen – was auch geschah. Als Jason am folgenden Morgen aufwachte, fühlte er sich viel besser. »Peter rief dann nochmals an, um meine Geschichte zu bestätigen«, berichtet Jason. »Er bekräftigte, dass ich das sogenannte Wiederaufleben durchgemacht hatte und die böswilligen Schamanen versucht hatten, mir das Leben zu nehmen. Er betonte, wie gut mein Anruf gewesen sei, denn meine Tage seien tatsächlich gezählt gewesen. Die unsichtbaren Mistkäfer hätten mich ohne sein Eingreifen buchstäblich aufgefressen.

Ich hatte ja wirklich so ausgesehen, als fresse mich irgendetwas nach und nach auf. Wieder war Peter mir zu Hilfe gekommen, als mir kein anderer hatte helfen können. Peter teilte mir mit, für ihn sehe diese Geschichte so aus, als hätte jemand einen Berufskiller auf mich angesetzt.«

Unverzüglich begann Jasons Haut zu heilen. »Ich kam mir wie eine sich häutende Schlange vor. Auf jedem Zentimeter meines Körpers schälte sich meine Haut – eine wahre Wiedergeburt.«

Doch zurück zum anfänglichen Thema. Welche Verbindung besteht denn eigentlich zwischen Echnaton und *Tesla?*

»Meiner Ansicht nach wussten beide über die geheime Energiequelle Bescheid, die man als ›Netz der Erde‹ bezeichnet«, erwidert Jason. »Und beide mussten wohl die Folgen dessen erleiden, dass sie versucht hatten, die in ihrer Zeit herrschenden Machtstrukturen zu verändern. Echnatons Gegner waren die Priester, Teslas Gegner die reichen Geschäftsleute, die Elektrounternehmen besaßen.«

Wie bereits erwähnt, nimmt Jason an, dass Tesla das uralte Netz, das die Ägypter nutzten, wiederentdeckte.

»Tesla eignete sich das Wissen an, wie er sich mit Hilfe der von ihm erfundenen elektromagnetischen Spulen so in Frequenzen einschalten konnte, dass es ihm möglich wurde, kabellose Elektrizität ›anzuzapfen‹ und über die Kontinente hinweg durch die Luft zu übertragen. Darüber hinaus entschlüsselte er das Geheimnis der Ionosphäre unseres Planeten. Er entdeckte, dass die Resonanzfrequenz der Erde und auch die der Ionosphäre 7,8 Hertz beträgt – was man die Schumann-Frequenz nennt.

Mit Hilfe der von ihm geplanten Türme hätte er diese Resonanz verändern können. Obendrein fand er heraus, dass die Frequenz der Ionosphäre dieselbe Resonanz hat wie der menschliche Geist. Wollte man also die Ionosphäre beeinflussen, dann über den menschlichen Geist. Ich glaube, dass Tesla irgendwann aufging, welche Gefahren diese Technologie in sich barg, und er aus diesem Grund weitere Forschungen darüber abbrach. Doch heute verfügen wir über eben diese Technologie, die Tesla für zu gefährlich hielt. Man bezeichnet sie als HAARP.«

HAARP steht, wie bereits in Kapitel 15 erwähnt, für High Frequency Active Auroral Research Program (dt. etwa Programm zur Hochfrequenzforschung aktiver Polarlichter) und ist ein Forschungsprogramm zur Untersuchung der Ionosphäre. Finanziert wird es von der U.S. Air Force und U.S. Navy, der University of Alaska und der Forschungsabteilung des amerikanischen Verteidigungsministeriums. Offiziell dient dieses Programm dazu, die Ionosphäre zu analysieren und ihr Potenzial hinsichtlich der Entwicklung neuer Technologien in der Funkkommunikation und Überwachung zu sondieren. Durchgeführt werden die entsprechenden Forschungen in Alaska, und zwar in einer großen subarktischen Anlage, HAARP Research Station genannt, die Eigentum der U.S. Air Force ist.

Allerdings bestreiten Verschwörungstheoretiker diese offizielle Version und unterstellen der US-Regierung, dass sie die Technologie der Forschungsstation dazu nutzt oder nutzen will, das Wetter durch Manipulation als militärische Waffe einzusetzen, etwa um Überflutungen, Wirbelstürme und Dürren auszulösen. Andere behaupten, diese Technologie könne dazu verwendet werden (und sei schon längst dazu verwendet worden), Radiowellen zur Gedankenkontrolle oder zur Manipulation von Waffen zu nutzen.

Jason ist davon überzeugt, dass die Technologie des HAARP-Projekts von Tesla stammt – welche Zwecke es derzeit auch verfolgen mag.

»Tesla war ein hochbegabtes Medium«, erklärt er. »Geistig sah er seine Erfindungen so deutlich vor sich, dass er wusste, wie jeder Teil davon funktionieren und mit den anderen Teilen zusammenpassen würde. Wenn die Erfindungen in seinen Visionen funktionierten, setzte er sie physikalisch um.«

Jason berichtet, dass Tesla auch beschrieben hat, wie Metallkugeln in sein Labor eindrangen, um seine Arbeit zu überwachen. »Das empfand er als sehr störend. Deshalb erzeugte er ein elektromagnetisches

Feld, das diese Kugeln von seinem Labor fernhalten sollte.« Was waren das für Kugeln?

»Es klingt nach den gleichen Kugeln, die Zeugenaussagen nach Kornkreise erschaffen«, erwidert Jason. »Vielleicht hat ja eine wohlwollende, technologisch fortgeschrittene Spezies von Sternenwesen Tesla die Ideen für alle Erfindungen eingegeben, damit sie der Menschheit zugute kommen. Immerhin war Tesla der erste Mensch, der Funksignale ausschickte – und empfing.«

Für dieses Buch stellte Jason die folgende Abschrift aus Teslas Aufzeichnungen zur Verfügung:

> »Niemals werde ich mein erstes Gefühl vergessen, als mir dämmerte, dass ich etwas beobachtet hatte, das möglicherweise unberechenbare Folgen für die Menschheit haben würde. Es kam mir so vor, als wohnte ich der Geburt einer neuen Erkenntnis oder der Offenbarung einer großen Wahrheit bei.
>
> Meine ersten Beobachtungen jagten mir eindeutig Angst ein, denn sie hatten etwas Mysteriöses, wenn nicht sogar Übernatürliches an sich, und ich befand mich nachts ganz allein in meinem Labor. Doch damals kam mir noch nicht der Gedanke, dass diese Anomalien irgendwelche von Intelligenzen gesteuerten Signale sein könnten.
>
> Die Störungen, die mir auffielen, traten in regelmäßigen Abständen und in so deutlicher Anzahl und Folge auf, dass ich sie nicht auf irgendeine mir bekannte Quelle zurückführen konnte. Natürlich war ich mit derartigen elektrischen Störungen vertraut, wie sie von der Sonne, einer Aurora Borealis [Polarlicht] oder Erdströmungen erzeugt werden. Aber ich war mir völlig sicher, dass diese Variationen keine der genannten Ursachen haben konnten.
>
> Die Art meiner Experimente schloss die Möglichkeit aus, dass atmosphärische Störungen diese Veränderungen ausgelöst haben konnten (wie einige Leute sich beeilten zu behaupten).
>
> Erst einige Zeit danach schoss mir plötzlich der Gedanke durch den Kopf, dass vielleicht irgendeine Intelligenz die von mir beobachteten Anomalien absichtlich gesteuert haben mochte.

Seinerzeit konnte ich die Bedeutung dieser Signale zwar nicht entschlüsseln, sie aber auf keinen Fall für zufällig halten. Ständig verstärkte sich mein Eindruck, dass ich der erste Mensch war, der gehört hatte, wie ein Planet den anderen begrüßte. Hinter diesen Funksignalen steckte eine bestimmte Absicht.«

Wie schon erwähnt, waren zu Zeiten Echnatons die Pyramiden aktiv und erzeugten ein weltweites Netz der Energieversorgung, der Kommunikation, der Reisemöglichkeiten sowie der Wetterkontrolle.

»Die wichtigste Quelle der Energie und Kontrolle des weltweiten Netzes lag in der ägyptischen Cheops-Pyramide, der ältesten und größten der drei Pyramiden von Gise«, sagt Jason.

Und worin bestand diese große Energiequelle? Jason zufolge war sie das, was man heutzutage als *Bundeslade* bezeichnet.

»Als Echnaton merkte, wie die Priesterschaft die Macht übernahm, sah er das Ende der ägyptischen Herrschaft voraus«, erklärt Jason. »Ihm war klar, dass diese Energiequelle nicht in die Hände der Priester fallen durfte. Deshalb befahl er, die Bundeslade aus Ägypten herauszuschaffen und zu verstecken, damit die Priester sie nicht für eigene Zwecke benutzen konnten.

Er sah auch voraus, dass die Welt erneut zerstört werden würde, sollte diese Technologie in falsche Hände geraten. Anschließend ließ er die Pyramide abreißen, ihren Deckstein entfernen und beförderte die anderen technischen Einrichtungen in den Weltraum. Manche Menschen nehmen an, dass hier die Geschichte von Moses ihren Ursprung hat: Demnach war Moses in Wirklichkeit Echnaton, der die Bundeslade aus Ägypten entfernen ließ, damit sie nicht in die Hände der korrupten Priesterschaft geriet.«

Begann damit der Monotheismus der Bibel?

»Interessanterweise erlebte Ägypten nach Echnaton einen Niedergang, bis dahin, dass die Zivilisation tatsächlich zerfiel«, berichtet Jason. »Viele Menschen halten Tutanchamun für den Sohn Echnatons. Ich glaube, dass er unmittelbar nach Echnatons Tod als neuer Herrscher eingesetzt wurde. Deshalb fand man ihn in einem so nobel ausgestatteten goldenen Sarg auf. Genau das verkörperte den Reichtum und die Macht, vor denen Echnaton gewarnt hatte.«

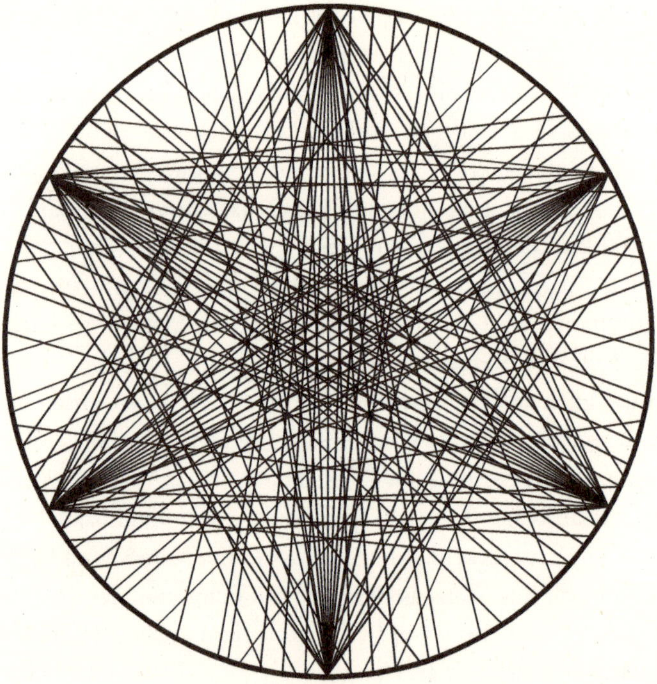

# 18 Die uralten Schlangengötter

Man muss nicht lange in alten Texten stöbern, um auf solche Wörter wie *Schlangengötter*, *Drachen* und *Fliegende Schlangen* zu stoßen, und zwar überall in der Welt. Dies sind nur einige der beschreibenden Namen, die man den Gottheiten in früheren Zeiten gab. Aus heutiger Sicht kratzt man sich am Kopf und fragt sich: Warum beschrieben alte Kulturen ihre Gottheiten auf diese Weise? Was bedeuten diese Wörter in alten Texten eigentlich? Sollen wir diese beschreibenden Namen wörtlich nehmen oder eher als Metaphern betrachten?

Nach Ansicht von Jason waren diese Namen akkurate Beschreibungen der wirklich existierenden Führer (oder derjenigen, die man in alten Kulturen als Gottheiten bezeichnete), also jener, die die Zivilisationen schufen und die einheimische Bevölkerung beherrschten. Es waren Wesen, die von den Sternen stammten. Doch im Laufe der Zeit zogen sich diese Schlangen- oder Drachengötter in den Hintergrund zurück, verschwanden sozusagen hinter die Kulissen und lenkten und beeinflussten die Geschicke der Menschen nur noch im Verborgenen.

»Das geschieht auch heute noch«, behauptet Jason und stützt sich dabei auf das Wissen, das er durch seine Reisen und die Lehren astraler und dimensionaler Wesen erlangt hat. »Überall in der Welt findet man Legenden über diese Drachen, die vom Himmel herabstiegen. In Variationen geben sie die Geschichte wieder, dass irgendwann in unserer Vergangenheit eine Gruppe von Wesen auf die Erde kam und sich auf unserem Planeten niederließ. Danach schuf sie durch genetische Eingriffe die Menschheit, damit die Menschen für sie arbeiteten, sich auf den Äckern abrackerten, sie ernährten, die natürlichen Ressourcen ausbeuteten und ihnen Tempel errichteten. Später entstand aus diesen ›Drachengöttern‹ ein Geschlecht von Herrschern, Königen und Kaisern, was mit dem Bau von Städten, der Entwicklung einer Volkswirtschaft und sogar einer Religion einherging.«

Anshar, der sumerische Gott der himmlischen Welt, war, wie man glaubte, das Kind von Schlangen namens Lakhmu und Lakham und der Vater von Anu. »Anu betrachtete man als den Herrn des Himmels«, erläutert Jason. »Anus Frau war Antu, und die Kinder der beiden waren die Anunnaki.«

Überlieferungen aus dieser Phase der menschlichen Evolution legen nahe, dass sich die ersten Zivilisationen etwa 5000 bis 3000 vor Christus an den Flüssen Euphrat und Tigris entwickelten. Allerdings deuten archäologische Funde darauf hin, dass kleine »Inseln der Zivilisation« nomadischer Völker dort bereits um 8000 vor Christus existierten.

In dem Gebiet, das heute zum südlichen Teil des Irak gehört, stieß man auf einen alten sumerischen Text, der das Wort »Ushumgal« enthielt. Er beschrieb die »Fliegende Schlange« oder den »Drachen« sowie den »Großen Schlangengott des Himmels«, aber auch »Enki«, den die Anunnaki neben anderen Gottheiten als Gott verehrten.

»Nach uralten sumerischen Texten stiegen mehr als 600 dieser Schlangengötter auf die Erde hinab«, erklärt Jason. »Es gibt Geschichten darüber, dass diese gottähnlichen Wesen in den Tempeln lebten und nur die Hohen Priester mit ihnen verkehren durften. Diese Priester bekamen strenge Anweisungen, wie sie mit ihnen umzugehen hatten und welche Nahrung diese Wesen benötigten. Doch das geschah meist hinter verschlossener Tür. Anscheinend wollten diese Wesen sich selbst und ihre Abbilder öffentlichen Blicken entziehen. Alte Schriften legen sogar nahe, dass es als schweres Vergehen galt, über das Äußere dieser Schlangengötter auch nur zu reden. Schon gar nicht durfte man sie bildlich darstellen. Viele Geschichten deuten darauf hin, dass diese Wesen sehr hässlich waren.«

Herrschten sie deshalb im Verborgenen, im wahrsten Sinne des Wortes hinter einem Vorhang?

Die 2500 Jahre aufgezeichnete Geschichte der Sumerer, Assyrer und Babylonier vor der Zeit Mose erwähnt, dass ihren Völkern das Wissen von einem amphibischen Wesen namens Oannes, halb Fisch, halb Mensch, vermittelt wurde. Wie Jason sagt, stammte Oannes aus der Familienlinie der »Annedoti« oder »Mursai« ab.

»Das Wort ›Annedoti‹ bedeutet ›abstoßend‹, und das Wort ›Mursai‹ kann man grob als ›Missgeburt‹ übersetzen«, erklärt Jason. »Die alten Texte behaupten, dass solche Wesen die Bevölkerung darin unterwiesen, wie man Tempel baut, Landwirtschaft betreibt, herrscht sowie Ordnung und Stabilität herbeiführt. Hätte die Bevölkerung damals herausgefunden, dass diese reptiloiden Wesen in Wahrheit diejenigen waren, die aus ihren Tempeln heraus alles bestimmten, hätte sie wahrscheinlich rebelliert und versucht, diese Wesen von ihrem Sockel zu stürzen.«

Auch in der Mythologie und den Heiligen Schriften anderer alter Gesellschaften wird häufig die Existenz, aber auch das Töten von Drachen erwähnt.

»In Ägypten gibt es die Geschichte von Set, der eine böse Schlange namens Apop tötet«, berichtet Jason. »Diese Geschichte wurde in der 18. Dynastie dahingehend geändert, dass nun Hyksos, der Schlangenkönig, getötet wurde, der im alten Palästina geherrscht hatte. Darüber hinaus gibt es zahllose Legenden aus dem Mittelalter, in denen Ritter Drachen töten. Die mesoamerikanische Gottheit Quetzalcoatl heißt übersetzt ›Gefiederte Schlange‹. Die Mayas glaubten, ihr Schöpfergott Itzama sei vom Himmel herabgestiegen. Der Name Itzama bedeutet wörtlich übersetzt ›Echsenhaus‹ oder ›Haus der Reptilien‹.«

Auch in China und Japan ranken sich viele Geschichten um Drachen.

»Die uralten Drachengötter des Fernen Ostens waren dafür bekannt, dass sie unter der Erde oder unter der Meeresoberfläche lebten«, berichtet Jason. »Man sagte ihnen die Fähigkeit nach, sich in Menschen zu verwandeln und mit der Bevölkerung zu verkehren. Angeblich war der erste Kaiser von Japan, Jimmu, der Enkel der Göttin Otohime, der

Tochter von Ryujin, dem Drachengott. Das bedeutet, dass man Ryujin als Vorfahren der kaiserlichen Dynastie Japans ansah.

Viele Menschen im Fernen Osten sind wirklich sehr stolz auf dieses reiche Erbe. Auch den Kaisern von China sagt man nach, sie seien Nachkommen von Drachen. Diese Kaiser nutzten das Symbol des Drachen dazu, um zu zeigen, dass ihre kaiserliche Stärke und Macht mit der Erblinie der Drachen verbunden war. Forscher, die sich mit den Außerirdischen früherer Zeiten befassen, behaupten ebenso wie Untersuchungen uralter sumerischer Texte, dass sich diese ›Schlangengötter‹ mit menschlichen Frauen paarten und Zwitterwesen zeugten.«

## Ein uralter Stammbaum

Der Nachwuchs hatte menschliche Eigenschaften. Allerdings war er seinen reptiloiden Vorfahren und Blutsverwandten treu ergeben. »Seinerzeit wurde festgelegt, dass dieser Nachwuchs künftig das Gesicht des ›Königtums auf Erden‹ sein sollte, sprich die Erde beherrschen würde«, berichtet Jason. »Doch die Schlangengötter agierten nach wie vor hinter den Kulissen und nutzten das Königtum ihres Nachwuchses dazu, weiterhin an der Macht zu bleiben.«

Viele Menschen glauben, dass das heute noch so ist.

»Nicht nur Verschwörungstheoretiker, sondern auch Menschen mit angeblichem Insider-Wissen deuten an, dass die europäischen Könige, Königsfamilien und sogar die Präsidenten der Vereinigten Staaten von Amerika unmittelbar mit dem Stammbaum dieser Zwitterwesen verbunden sind«, sagt Jason.

»Diese Zwitterwesen haben deshalb so große Angst, entdeckt zu werden, weil es nur noch wenige von ihnen gibt. Es wurde ein System geschaffen, das es ihnen ermöglicht, unsichtbar zu bleiben und dennoch durch das mit ihnen blutsverwandte Königtum in aller Welt an ihrer Herrschaft festzuhalten. Viele Menschen nehmen an, dass diese Wesen unter der Erde leben, weitgehend geschützt vor den Blicken der Außenwelt und nur einer elitären Gruppe von Menschen bekannt.«

Diese Gruppe firmiert unter verschiedenen Namen, beispielsweise unter dem der »Illuminati« oder der »Bilderberg-Konferenz«. Es sind Organisationen, von denen man vermutet, dass sie insgeheim eine Weltregierung bilden, die auch als »Schattenregierung« bezeichnet wird.

Unter der Erde verborgene Stützpunkte sind in jüngerer Zeit immer wieder von Whistleblowern und Verschwörungstheoretikern thematisiert worden.

»Ich besitze kein Insider-Wissen darüber, ob solche Stützpunkte existieren«, sagt Jason. »Jedoch haben Insider darauf hingewiesen, dass es über die Welt verteilt Hunderte solcher Basen tief unter der Erde gibt. Insider und Whistleblower haben auch angedeutet, dass die Außerirdischen, die wir Greys nennen, an diesen Stützpunkten beteiligt sind und dabei seit Jahrzehnten mit den Militärs kooperieren.«

Mutet es nicht ein bisschen sonderbar an, dass die mächtigsten Herrscher der neuzeitlichen und gegenwärtigen Geschichte eine unmittelbare Verbindung mit Drachen haben sollen?

»Selbst die Bibel erzählt von intelligenten Schlangen«, entgegnet Jason. »Im Paradies, so heißt es in der Schöpfungsgeschichte, hielten sich Adam und Eva zusammen mit einer Schlange auf. Und diese Schlange konnte reden, hatte einen aufrechten Gang sowie Arme und Beine. Eine wörtliche Übersetzung aus dem Alten Testament legt darüber hinaus nahe, dass die Anunnaki die Gottheiten waren, die vom Himmel herabstiegen und sich mit Frauen (›Menschentöchtern‹) paarten, um einen Nachwuchs von Riesen zu zeugen, die man die *Nephilim* nannte.«

Im Neuen Testament werden diese Geschöpfe als Drachen bezeichnet, siehe Offenbarung des Johannes 12, Vers 7:

> »Und es erhob sich ein Streit im Himmel: Michael und seine Engel stritten wider den Drachen. Und der Drache stritt und seine Engel und siegten nicht, auch ward ihre Stätte nicht mehr gefunden im Himmel. Und es war gestürzt der große Drache, die alte Schlange, die da heißt Teufel und Satan, der die ganze Welt verführt.«

## In der Falle

»Ich habe bereits erwähnt, dass meine Reisen mir enthüllt haben, auf welche Weise die Reptiloiden viele Welten in unserer Galaxis eroberten«, fährt Jason fort. »Das taten sie durch militärische Gewalt. Die eroberten Welten nutzten sie anschließend als Ressourcenlager, und deren einheimische Bewohner wurden entweder getötet oder versklavt. Darüber hinaus ließ man mich wissen, dass die Reptiloiden in den sogenannten Großen Krieg verwickelt waren, an dem sich viele Sternensysteme beteiligten.«

Zu Zeiten dieses intergalaktischen Konflikts hatten die Reptiloiden ihre Heimatbasis in unsere Galaxis verlagert, zu einem Planeten, der früher eine Umlaufbahn zwischen Mars und Jupiter beschrieb, wie Jason bereits berichtet hat.

»Dieser Planet hieß Marduk«, sagt Jason. »Doch eine Allianz mehrerer unterschiedlicher Arten, die Plejader, Arcturianer und andere umfasste, kam zu dem Schluss, man könne die kriegslüsternen Reptiloiden von der weiteren Ausbreitung nur durch die Zerstörung ihres Planeten abhalten. Lediglich eine kleine Gruppe der Reptiloiden konnte entkommen und landete auf der Erde. Die Vernichtung ihres Planeten führte zu der Konstellation, die wir inzwischen als Asteroidengürtel kennen. Doch Weltraumschutt schlug auf benachbarten Planeten ein, auch auf dem Mars und auf der Erde, was Umweltkatastrophen auslöste.

Um die Sperrung unseres Sonnensystems zum Schutz vor den Reptiloiden sicherzustellen, wurde eine Art Kraftfeld rund um die Planeten geschaffen, damit alle noch übrigen Reptiloiden dort in der Falle festsitzen würden – nicht mehr in der Lage, weiterhin Planeten oder Sternensystemen zu schaden. Dieser Schutzschild war so angelegt, dass keines der Wesen aus der Falle flüchten konnte. Dadurch wurde auch ihr Bewusstsein daran gehindert, Dimensionen jenseits der vierten Dimension zu infiltrieren.«

Aufgrund seiner Forschungen nimmt Jason an, dass der Große Krieg der biblischen Geschichte entspricht, in der es um den Krieg im Himmel geht. »Gott verbannte die gefallenen Engel aus dem Himmel auf die Erde, wo sie für alle Zeiten festsitzen sollten«, meint er. »Man sagt, dass sie dort bis zum Jüngsten Gericht verbleiben müssen.«

Jason hält das Kraftfeld, das geschaffen wurde, um die Reptiloiden von der Erde fernzuhalten, für das, was in der Bibel das »Firmament« genannt wird – die Himmelsregion oberhalb der Erde. »Im Grunde sieht man genau diese Region, wenn man nachts zum Himmel emporschaut.«

Interessanterweise fand 1962, auf dem Höhepunkt des Kalten Krieges, eine ganze Reihe von Atomexplosionen in der Erdatmosphäre statt. Das Top-Secret-Projekt namens *Operation Fishbowl* war Teil eines umfassenden Geheimprogramms, das später als *Starship Prime* enthüllt wurde.

»Die höchste Detonation fand etwa fünfhundert Kilometer oberhalb der Erde statt«, berichtet Jason. »Diese Kernwaffen-Tests wurden sowohl von den Vereinigten Staaten als auch von Russland durchgeführt, und zwar gleichzeitig. Und das waren keineswegs schwache Explosionen, sondern Detonationen von 3,8 Megatonnen. Die Bombe, die auf Hiroshima abgeworfen wurde, hatte eine Sprengkraft von zwanzig Kilotonnen. Das bedeutet, dass diese Kernwaffen-Tests in großer Höhe mit einer Sprengkraft von 3.800 Kilotonnen erfolgten – das ist fast das 200-fache der Atombombe, die 1945 auf Hiroshima fiel.«

Dokumentationen deuten darauf hin, dass sowohl die USA als auch Russland jeweils mindestens fünf Explosionen von Kernwaffen auslösten. Diese Operationen wurden seinerzeit geheim gehalten, allerdings wurden sie inzwischen mit Einzelheiten freigegeben.

Ein sehr viel niedrigerer Strahlungsgürtel wurde geschaffen, als die Vereinigten Staaten unter dem Codenamen *Starfish Prime* am 9. Juli 1962 eine Atombombe im Weltraum zündeten, um zu untersuchen, welche Auswirkungen eine solche Explosion dort haben würde. Diese Explosion mit einer Sprengkraft von 1,4 Megatonnen erfolgte in einer Höhe von etwa vierhundert Kilometern über Hawaii und hatte mehrere unerwartete Folgen. Beispielsweise löste ein starker elektromagnetischer Puls (EMP) in vielen Teilen der Inselgruppe Hawaii einen

Stromausfall sowie Spannungsstöße in Flugzeugen aus und beschädigte darüber hinaus mehrere Satelliten.

Für Wissenschaftler waren diese Auswirkungen wenig überraschend. Weitaus mehr verblüffte sie die Tatsache, dass nach der Explosion Elektronen im All verweilten statt zur Erde niederzugehen und auf diese Weise ein künstlicher Strahlungsgürtel entstand, der viele Monate überdauerte. Eines bewies dieser Test sehr deutlich. Sollte eine solche Kernwaffe in falsche Hände geraten, würde eine absichtlich ausgelöste Explosion im Weltraum ein ganzes Land durch eine EMP-Druckwelle lahmlegen können.

Aber was war der wahre Zweck dieser Tests? Jason ist der Ansicht, dass der Name der geheimen Operation einen Hinweis darauf gibt: »*Fishbowl* [dt. Fischglas] bezieht sich auf das biblische Firmament oder auch auf das Kraftfeld, das vor möglicherweise Millionen von Jahren rings um die Erde geschaffen wurde.«

Versuchten die Regierungen, angeführt von den Reptiloiden, die Kernwaffen dazu einzusetzen, das Fischglas zu sprengen, damit die Außerirdischen die Schranke der vierten Dimension durchbrechen konnten?

2014 entdeckten Professor Daniel Baker und ein Team von Wissenschaftlern der University of Colorado ein undurchlässiges, *Star Trek*-ähnliches Kraftfeld, das die Erde in rund 12.000 Kilometer Höhe umgibt. Knapp sechzig Jahre früher, 1958, hatte man nach dem Start des amerikanischen Satelliten *Explorer 1* eine Ansammlung energiegeladener Teilchen entdeckt – im Prinzip ein Strahlungsgürtel rund um die Erde, der durch ein Magnetfeld an Ort und Stelle festgehalten wird. Dieser Strahlungsgürtel wird auch Van-Allen-Gürtel genannt. Später fanden Wissenschaftler heraus, dass es sich in Wirklichkeit um zwei Strahlungsgürtel handelt: um einen inneren Gürtel, der sich oberhalb der Erde in einer Höhe von etwa 700 Kilometern bis zu einer Höhe von rund 10.000 Kilometern erstreckt, und einen äußeren Gürtel, der von 15.000 Kilometern bis zu etwa 40.000 Kilometern Höhe reicht.

»Es ist fast so, als würden diese Elektronen gegen eine Glaswand im Raum rennen«, erläuterte Baker seinerzeit seine Entdeckung. »Wir sehen hier einen unsichtbaren Schild, der die Elektronen abblockt – ein wenig wie die durch Kraftfelder generierten Schutzschilde in *Star Trek*, die dort zur Abwehr außerirdischer Waffen benutzt werden. Es ist ein überaus rätselhaftes Phänomen.«

Welche Erklärung fanden die Wissenschaftler dafür?

»Die einzige Erklärung, die ihnen dazu einfiel«, sagt Jason, »war, dass dort wohl irgendeine Art von Kraftfeld existieren muss, das die Erde vor diesen hochvolatilen Teilchen schützt. Ein anderer Wissenschaftler aus Bakers Forscherteam, John Foster, meinte: ›Ja, es gibt dort eine feste, undurchdringliche Grenze‹.«

Doch Jason meint, es könne noch eine andere Erklärung für dieses Kraftfeld geben: »Vielleicht soll es auch jemanden oder etwas daran hindern, unseren Planeten zu verlassen. Handelt es sich womöglich um das Feld, das von jenen Wesen geschaffen wurde, die Gegner der Reptiloiden waren?«

Wie Jason sagt, haben sich viele Whistleblower mit der Behauptung an die Öffentlichkeit gewandt, dass die Reptiloiden zwar auf der Erde festsitzen und den Planeten nicht verlassen können, jedoch mit einer handverlesenen Gruppe von Physikern und anderen Wissenschaftlern zusammenarbeiten, um eine Technologie zu entwickeln, die Wurmlöcher öffnen wird. »Dadurch könnten sich die Reptiloiden wieder mit ihresgleichen in anderen Sonnensystemen vereinen.«

Insider meinen, das gehe bereits in aller Heimlichkeit vor sich, und zwar unter der Tarnung des Programms von CERN, der Europäischen Organisation für Kernforschung, in der Schweiz. Berichten zufolge versuche man dort, Schwarze Löcher zu erzeugen.

»Diese Whistleblower glauben, dass dies der verzweifelte Versuch der Reptiloiden ist, aus ihrem irdischen Gefängnis auszubrechen«, sagt Jason. »Andere unterstellen den Reptiloiden ein noch böswilligeres Motiv. Sie nehmen an, dass diese uralte, militaristische Spezies die Wurmlöcher öffnen möchte, um unseren Planeten mit ihrer Heimatwelt in einem anderen Sonnensystem zu verknüpfen – mit dem Ziel, dass ihre Spezies dann auf der Erde einfallen und sie erobern kann.«

Das klingt wie Science-fiction, stimmt. Aber was wäre, wenn es keine Fiktion ist?

»Ich kann nicht aus erster Hand beurteilen, ob so etwas vor sich geht oder nicht. Aber viele Insider und Whistleblower halten es für möglich«, erklärt Jason.

Ihm zufolge existieren die Reptiloiden in körperlicher Gestalt in unserer dritten Dimension, agieren aber in der vierten Dimension des Geistes sowie der Astralwelt und üben dort Kontrolle aus: »Und genau da hat die Eroberung tatsächlich stattgefunden. Indem die Reptiloiden unsere Gedanken, Überzeugungen und Emotionen in den niedrigen Dimensionen einfangen, sperren sie die Menschheit sozusagen ein, sodass sie keinen Zugang mehr zu höheren Dimensionen hat. Indem sie unsere Lebenskraft an die niederen Dimensionen binden, liefern wir ihnen in der vierten Dimension eine Quelle der Energie. Im Prinzip dient ihnen unsere Lebenskraft als Nahrungsquelle. Zwar sitzen wir in der dritten Dimension – in der physischen Welt – fest. Doch durch unsere Träume haben wir trotzdem Zugang zur vierten Dimension. Allerdings sind manche Menschen so tief in der dritten Dimension verwurzelt, dass sie nicht einmal mehr träumen.«

Wie viele von Ihnen, liebe Leserinnen und Leser, sind felsenfest davon überzeugt, dass Sie niemals träumen?

Und wie viele von Ihnen, die träumen, können sich niemals an diese Träume erinnern?

»Wenn wir uns aus unseren Körpern lösen und in die astrale Welt eintreten, haben wir bewussten Zugang zur vierten Dimension«, behauptet Jason. »Damit beginnt der sogenannte Erweckungsprozess. Wir erhalten nach und nach Zugang zu der Wirklichkeit anderer Dimensionen. Dort können wir die ›feindliche Übernahme‹ durch die Reptiloiden aus erster Hand beobachten und eine Verbindung zu diesen Wesen herstellen.«

Denken Sie an die rätselhaften Informationen, die das Wesen mit der Kapuze an Jasons Zimmerwand hinterließ. Darin beschuldigte es die Reptiloiden indirekt, das intergalaktische Netz bewusst zerstört und dadurch die Zivilisationen anderer Welten daran gehindert zu haben, in unserer Galaxis und auf der Erde herumzureisen und später in die eigene Heimat zurückzukehren.

»Der Große Krieg hat die Reptiloiden zwar auf die Erde verbannt und ihnen das Leben in höheren Dimensionen verwehrt, aber die bei uns eingesperrten Reptiloiden haben das sogenannte Spinnennetz, das früher alle Welten miteinander verband und den Zugang zu höheren Dimensionen offen hielt, anschließend bewusst durchtrennt. Das war ihr Versuch, die spirituelle Entwicklung der Menschheit im Zaum zu halten«, sagt Jason. »Die Zerstörung des Netzes hat uns alle auf sehr wirksame Weise daran gehindert zu erfahren, wer wir in Wahrheit sind, nämlich mehrdimensionale Wesen.«

Jasons Ansicht nach ist der biblische »Sündenfall« im Wesentlichen ein dimensionaler Abstieg: »Wenn wir von der Quelle allen Seins in die niederen Dimensionen absteigen, durchqueren wir verschiedene Dimensionen und büßen dabei mehr und mehr von unserer Spiritualität ein. Und wenn unsere Seele auf dem Pfad der Erleuchtung voranschreitet, steigen unsere Wahrnehmung und unser Bewusstsein wieder zu höheren Dimensionen auf – und damit zur Quelle allen Seins. Doch da unser Bewusstsein auf der Erde in den Netzen der vierten Dimension gefangen ist, sitzt unsere Seele in dem Gefäß fest, das wir unseren Körper nennen. Wir leben in einer im Kern falschen Realität, und es werden uns Überzeugungen und Gedanken eingepflanzt, die es uns geradeso ermöglichen, darin zu überleben. Auf diese Weise sind wir in dieser niederen Dimension und in einem permanenten Zyklus der Inkarnation gefangen.«

Jason wurde Folgendes mitgeteilt: Da die Reptiloiden mehrdimensionale Wesen sind, eingesperrt in eine Welt der dritten Dimension, haben die meisten dieser auf der Erde festsitzenden Außerirdischen mittlerweile die Verbindung zu ihren emotionalen Körpern verloren und können daher nicht wieder in die vierte Dimension aufsteigen.

»Die Reptiloiden sehen die Möglichkeit zum Wiederaufstieg in der Menschheit«, meint Jason. »Indem sie unsere Natur verstehen lernen, können sie auch lernen, die Fähigkeiten zurückzuerlangen, die sie verloren haben.«

Aber wollen sie das überhaupt?

»Das ist eine interessante Frage«, bemerkt Jason. »Natürlich liegt der Gedanke nahe, dass sich die Reptiloiden in ihrer gegenwärtigen irdischen Existenz als Seelenfänger und Seelen-Ernter mittlerweile sehr wohl fühlen. Schließlich haben sie unbegrenzten Zugang zu unserer Energie und können sich von ihr ernähren, solange unsere Lebenskraft, unser Bewusstsein und unsere Seele – in einem endlosen Reinkarnationszyklus als Wesen der dritten Dimension – auf der Erde gefangen sind.«

## Was geschieht, wenn wir sterben

Um das zu erklären, muss Jason zunächst erläutern, wie Glaubensvorstellungen und unser Tod in die Welt passen, von deren Existenz die meisten von uns keine Ahnung haben.

»Mit unseren Gedanken und Glaubensvorstellungen schaffen wir tatsächlich Welten«, sagt er. »Unser Glaube ist sehr wichtig. Unabhängig davon, worin er besteht, manifestiert er sich in der spirituellen Welt des Todes. Wenn wir zum Beispiel glauben, dass uns Jesus erscheinen und in den Himmel bringen wird, wenn wir sterben, dann werden wir genau das auch erleben, wenn unser Bewusstsein die körperliche Hülle verlässt. Dasselbe gilt für die Glaubensvorstellungen von Buddhisten, Muslimen und Andersgläubigen.«

Und auch für Menschen, die an die Hölle glauben.

»Menschen die glauben, dass sie in die Hölle kommen und sich dem Teufel stellen müssen, wenn sie sterben, werden genau das erleben. Und das ist auch ganz in Ordnung so«, meint Jason. »Denn Menschen, die die Hölle erleben, haben bereits während ihrer körperlichen Existenz befürchtet, dass sie wegen all ihrer schlimmen Taten dort landen werden. Und diese Furcht manifestiert sich, wenn sie in diesem Leben sterben. Aber sie hängen nicht für immer und ewig in der Hölle fest. Orte wie der Himmel und die Hölle sind nur Teil des Übergangs, der einem vorschwebt.«

Als erleuchtetes Wesen wurde Jason häufig zu anderen Welten gerufen, um anderen dimensionalen Wesen in ihrer Übergangsphase zu helfen. »Dann schauen mich diese Wesen an und sehen die Erscheinung, die sie zu sehen erwartet haben«, berichtet Jason. »Da sie nicht mit ›Jason‹ rechnen, erblicken sie mich auch nicht in dieser Gestalt, sondern in der irgendeiner Gottheit, an die sie während ihres Lebens als Mensch geglaubt haben. Es zählt nicht, welcher Religion oder Glaubensrichtung man angehört: Immer sieht man den, den man zu sehen erwartet. Jeder ist Teil einer Seelengruppe, eines kollektiven Bewusstseins, das seine eigene Welt und Wirklichkeit erschafft. Genauso ist es auch bei Wesen aus einer anderen Welt oder Galaxis. Genau das geschieht, wenn wir in dieser Welt der dritten Dimension sterben.«

Wie oft haben Sie bereits Geschichten von Nahtoderfahrungen gehört, bei denen die Menschen ihre Liebsten erblickt haben?

»Auch das geschieht«, bestätigt Jason. »Wenn das eigene Bewusstsein diese Welt der dritten Dimension verlässt, wird man den- oder diejenigen sehen, die man sehen möchte, denn deren Energien existieren in diesem Übergangsbereich. Wohlgemerkt muss man in Frieden mit sich selbst und voll guten Karmas und voller Liebe sein, um in eine andere Dimension aufzusteigen. Ich kann mir keine schönere Art und Weise vorstellen, in diesen Übergangs- oder Zwischenbereich einzutreten, als von denjenigen begrüßt zu werden, die man liebt. Sie sind real, weil ihre Erinnerungen und ihr Bewusstsein völlig real sind. Unser Bewusstsein existiert in vielen verschiedenen Bereichen zur gleichen Zeit, und das schließt auch den Übergangsbereich ein.«

Aber wie passt dies alles zur Abtrennung der Dimensionen jenseits der vierten Dimension?

»Da man uns die Fähigkeit des Aufstiegs zu höheren Dimensionen jenseits der vierten genommen hat, sitzen wir im Prinzip in der Falle und können nur wieder auf der Erde inkarnieren«, erklärt Jason. »Also steigen wir, wenn wir sterben, in einen Übergangsbereich auf und halten uns dort Sekunden, Minuten, Jahre, Jahrhunderte oder auch Jahrtausende auf. Doch wir können nur immer wieder auf der Erde reinkarnieren – bis wir uns entweder das Wissen aneignen, wie man in höhere Dimensionen aufsteigen kann, oder das sogenannte Spinnennetz die Dimensionen wieder miteinander verbindet.«

Ein weiterer beunruhigender Aspekt der Reinkarnation besteht darin, dass wir Zeit und Epoche unserer Reinkarnation selbst wählen können. »Man kann sich zwischen Vergangenheit, Gegenwart und Zukunft entscheiden«, erklärt Jason. »Die Zeit existiert nämlich nicht in dem Sinne, wie wir sie für uns definieren.«

In der physischen Welt kann man die Augen schließen und sich vorstellen, man sei an einem anderen Ort. Es ist der eigene Geist, der alle Teile dieser Vorstellung wie ein Mosaik zusammenfügt.

»Man selbst ist derjenige, der diese Bilder auf einer anderen Ebene des Bewusstseins erzeugt«, bemerkt Jason. »Der eigene Geist füllt die Leerstellen aus. Jede Wesenheit hat einen Geist oder ein Bewusstsein sowie ein Wahrnehmungsvermögen. Beim Menschen umfasst das Hirn nicht das ganze Bewusstsein, es fungiert lediglich als Sender und Empfänger. Das Bewusstsein ähnelt dem, was wir bei unseren Telefonaten und im Internet unter ›Cloud‹ oder ›Wolke‹ verstehen. Unsere Erinnerungen sind in der ›Wolke des Bewusstseins‹ enthalten, und unser Gehirn hat Zugang zu diesen Erinnerungen und speichert sie in jeder Zelle unseres Körpers.«

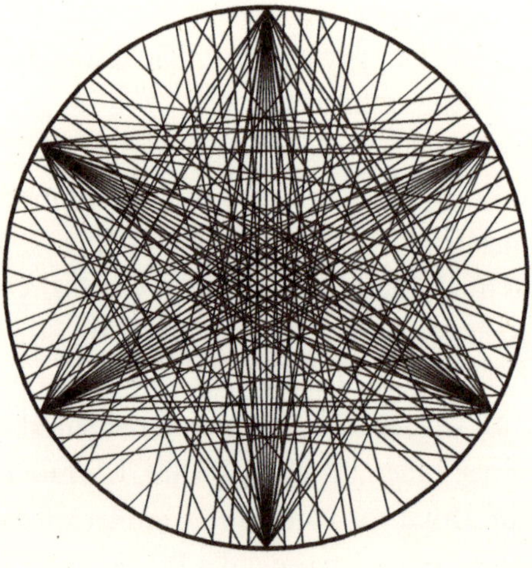

# 19 Zeitreisen und Gedankenkontrolle

Jason hat zahlreiche Zeitreisen erlebt. Was Sie auch darüber denken mögen: Jason versichert, dass er der lebende Beweis dafür ist, dass Zeitreisen nicht nur möglich sind, sondern dass sogar jeder Einzelne von uns die Fähigkeit dazu hat. Und dass wir irgendwann verstehen werden, was er damit meint.

Doch was genau sind Zeitreisen?

Und welche Rolle spielen sie dabei, die Menschheit zu lenken?

Der Physiker Albert Einstein war davon überzeugt, dass Zeit im Grunde eine Illusion ist – und dass sie zudem davon abhängt, wie schnell jemand durch den Weltraum reist. Darüber hinaus glaubte er, Zeit existiere in der vierten Dimension und nicht in unserer Welt der dritten Dimension.

In seiner Relativitätstheorie ging er davon aus, dass sich die Zeit dehnen oder auch beschleunigen kann – abhängig davon, wie schnell sich etwas in Relation zu etwas anderem bewegt. Beispielsweise würde ein Astronaut, der in einem Raumschiff mit der Lichtgeschwindigkeit von circa 300.000 Kilometern pro Sekunde durch das All reist, langsamer altern als jemand, der während genau derselben Zeitspanne, die der Astronaut braucht, um sein Reiseziel im All zu erreichen, auf der Erde lebt. Außerdem stellte Einstein die Hypothese auf, dass die Schwerkraft die Zeit krümmen kann.

»Wir erleben die Zeit, während wir uns durch sie hindurch vorwärts bewegen«, sagt Jason. »Das bezeichnen wir als *horizontale Zeit.* In dieser Wahrnehmung von Zeit können wir Entscheidungen treffen und mit dieser Realität interagieren, um sie zu wandeln, zu ändern.«

Das ist die Realität von Ursache und Wirkung.

»Was wir in der Gegenwart tun, wird sich auf den Strom der Zeit in unserer Zukunft auswirken«, erklärt Jason. »Das zählt zu den größten Kräften, über die wir verfügen. Hier setzen wir unseren freien Willen ein. Das, was wir wollen, wird in unserer Zukunft Gestalt annehmen. Wir können das auf individueller Basis tun und dadurch Einfluss darauf nehmen, in welche Richtung sich diese Welt unserer Meinung nach entwickeln sollte.«

Jason zufolge gibt es verschiedene Arten von Zeitreisen.

## Vertikale Zeit

»In der vertikalen Zeit reisen wir in andere Zeitlinien der Zukunft oder der Vergangenheit«, erklärt Jason. »Das können wir geistig, auf telepathische Weise, tun oder auch, indem wir unseren Körper verlassen und zu einer Astralreise aufbrechen.«

Zu verschiedenen zukünftigen Zeitlinien zu reisen ist möglich, wenn man die vertikale Zeit nutzt.

»In der vertikalen Zeit ist man nur ein unsichtbarer Beobachter«, erläutert Jason. »Man kann dabei nicht die Umgebung beeinflussen, in der man sich befindet. Man kann nur zusehen und alles in sich aufnehmen.«

Vertikale Zeitreisen können auch eine Warnung beinhalten.

*Hieroglyphen im Tempel von Abydos, Ägypten, die einen Hubschrauber, einen Panzer und ein Flugschiff zeigen. Hatten die Ägypter die Fähigkeit, in die Zukunft zu sehen?*

»Manche Menschen glauben zum Beispiel, dass man sie in die Zukunft mitnimmt, um ihnen apokalyptische Ereignisse zu zeigen. Doch man sieht dort keine ›in Stein gemeißelte‹ Zukunft. Es ist die Zukunft, wie sie ausschauen könnte, wenn wir den von uns eingeschlagenen Pfaden folgen. Wenn wir dann in die Gegenwart zurückkehren, können wir diesen Pfad ändern, und das wird auch die Zukunft verwandeln.«

Deshalb sollte man niemals die Zukunft vorhersagen, denn durch unsere Entscheidungen wird die Zukunft ständig umgeschrieben.

## Die eingreifende Zeitreise

»Bei dieser Art von Zeitreise reist man *körperlich* entweder in die Vergangenheit oder in die Zukunft«, erklärt Jason. »Das ist sehr gefährlich und nichts, das ich empfehlen würde.

Nach Auskunft von Whistleblowern und Insidern haben Physiker und andere Wissenschaftler insgeheim bereits eine weit fortgeschrittene Technologie entwickelt, die diese Art von Zeitreisen möglich macht. Manche Menschen glauben, dass solche Reisen schon stattgefunden habe – dass Personen der Zukunft in die Vergangenheit gereist sind, um zu versuchen, unsere Zukunft zu korrigieren. Und zwar deswegen, weil die Zukunft, aus der sie kamen, im Sterben lag und die einzige Möglichkeit der Rettung darin bestand, die Irrwege der Vergangenheit zu berichtigen.«

Interessanterweise wird ein solches Vorgehen mit dem berühmt-berüchtigten UFO-Vorfall in Rendlesham Forest in Verbindung gebracht. Häufig wird dieses Ereignis auch als »Großbritanniens Roswell« bezeichnet – eine Anspielung auf die UFO-Sichtung in der Nähe von Roswell, New Mexico, im Jahre 1947.

Am 26. Dezember 1980 erklärten zwei Offiziere der amerikanischen Armee, die auf Stützpunkten der britischen Luftwaffe in Woodbridge und Bentwaters, Suffolk, stationiert waren, sie hätten eine »Fliegende Untertasse« in der Luft schweben, landen und wieder wegfliegen sehen.

Einer der Offiziere, der 26-jährige Sergeant Jim Penniston, behauptete, er habe einen schwarzen, dreieckig geformten Flugkörper berührt und dabei hieroglyphenähnliche Zeichen auf dessen Oberfläche erkannt. Während einer hypnotischen Rückführung im Jahre 1994 offenbarte Penniston, dass er auf telepathischem Wege eine Nachricht von dem UFO erhalten habe. Sie habe darauf hingewiesen, dass es sich bei den Besuchern um Menschen aus der Zukunft handele, die in der Zeit zurückgereist seien.

»Meiner Meinung nach leben höhere Wesen jenseits von dem, was wir Zeit nennen«, sagt Jason. »Sie sind in der Lage, die ganze Schöpfung als ein Ganzes zu sehen. Deshalb können sie sich in jeden Teil von Zeitlinien ›einklinken‹, um zu interagieren, Informationen zu verbreiten und zu versuchen, den Strom der Zeit in eine andere Richtung zu lenken.

Vielleicht gilt das auch für die meisten von uns. Wir sind Zeitreisende, die unser Bewusstsein in die Region der Zeit einbringen, um zu versuchen, von unserer Gegenwart aus unsere Vergangenheit und unsere Zukunft zu verändern. So sollten wir uns selbst in Bezug auf die Zeit sehen: Wir leben in allen Zeiten zugleich. Jeder von uns ist zwar nur ein einziges Wesen, aber dieses Wesen macht überall in der Zeit, im Raum und in den Dimensionen vielfältige Erfahrungen.

## Bereits stattfindende Zeitreisen in die Zukunft

Nach Jasons Ansicht ist möglicherweise noch ein anderes Zeitreise-Szenario im Spiel, man denke nur an die Geheimen Weltraumprogramme.

»Ist es vorstellbar, dass diese Geheimen Weltraumprogramme in Wahrheit in der Zukunft durchgeführt werden? Dass die Zukunft für ihre Betreiber die Gegenwart ist und wir zur Zeit in deren Vergangenheit leben – das heißt in einer Zeitlinie, die schon hinter den an Weltraumprogrammen Beteiligten liegt? Würde das nicht erklären, wie zum Beispiel Randy Cramer siebzehn Jahre lang bei der Marsverteidigung Dienst tun konnte, doch bei seiner Rückkehr zur Erde keinen Tag gealtert war?«

Das sind einige der zum Nachdenken herausfordernden Ideen auf dem Weg zur Erleuchtung.

Jason zufolge gibt es aber noch eine weitere, viel wirksamere Methode, die Zukunft zu ändern: »Diese Möglichkeit besteht im kollektiven Bewusstsein der Menschheit«, sagt er. »Würde sich die gesamte Menschheit darauf einigen, in Frieden und im Einklang mit der Natur zu leben, und sich zu einer Spezies mit einem höheren Bewusstsein zu entwickeln, wäre das eine andere Zukunft, der wir gemeinsam Gestalt verleihen würden.«

Zu jeder Zeit gibt es ineinander verwobene Zeitlinien: »Diese Pfade kann man wählen und Erfahrungen dabei machen. Es hängt alles von den Entscheidungen ab, die wir gemeinsam treffen. Es gibt Menschen, denen die große Kraft, die wir in uns haben, bewusst ist. Es ist die Kraft des freien Willens, die Kraft, unsere Zukunft selbst zu bestimmen. Doch schon seit unseren Anfängen hat ein Generalangriff auf unser Bewusstsein stattgefunden. Jene, die die Gedanken der Menschheit kontrollieren, können auch die Zukunft steuern.

Unser Denken wird so sehr fremdgesteuert, dass wir oft nicht einmal die wahre Bedeutung der von uns benutzten Wörter kennen oder begreifen. Diese Kontrolle ist uns unter vielen unterschiedlichen Aspekten einprogrammiert worden.«

Jasons Ansicht nach ist die Religion der einflussreichste Kontrollfaktor. Man sollte die Religion jedoch nicht mit dem Glauben verwechseln, wie Jason im vorangegangenen Kapitel erläutert hat.

»Religion ist etwas völlig anderes als der Glaube an eine höhere Quelle unseres Seins oder Gott«, betont er. »Religion hat seit Tausenden von Jahren einwandfrei funktioniert. Sie hat unser geistiges Niveau komplett heruntergeschraubt, soweit es die Wahrnehmung von Wirklichkeit betrifft. Sie hat uns dazu gebracht, unsere Kraft an jemand anderen oder etwas anderes abzutreten. Wenn jemand den überlieferten Inhalt deines Glaubenssystems kontrolliert, kann er auch dich kontrollieren. Wenn man dich dazu bringen kann, an irgendeine Macht zu glauben, dann wird dein Glaube diese Macht stärken. Tatsächlich kann man das Wort ›Glauben‹ auch durch ›Wunsch und Wille‹ ersetzen. Wenn wir an etwas glauben, erlangt es durch unseren Wunsch und Willen reale Existenz.«

Wie also fügen sich die Vorstellungen von Gott, Allah, Buddha, Krishna oder dem Allmächtigen hier ein?

»Die schlichte Antwort darauf – allerdings eine, die man vielleicht erst nach einiger Zeit völlig versteht oder sogar akzeptiert – lautet, dass wir alle unsere eigenen Schöpfer sind«, erklärt Jason. »Wir sind stets mit der Quelle allen Seins verbunden, und durch uns selbst offenbart sich diese Quelle und erhält konkrete Form.«

Der reinste Ausdruck dieser Quelle ist die Kraft der Liebe.

»Unsere Schöpferkraft liegt in unseren Überzeugungen und in unserem Glauben«, sagt Jason. »Doch durch den uns von unseren Kontrolleuren einprogrammierten Inhalt haben wir religiöse Organisationen zu den mächtigsten Gebilden auf unserem Planeten gemacht. Würden sie wirklich Frieden auf Erden schaffen wollen, hätten wir heute diesen Frieden. Doch ehrlich gesagt sind es gerade die Religionen, die uns spalten und dafür sorgen, dass keiner aus der Reihe tanzt.«

Religiosität und Spiritualität sind also keineswegs dasselbe.

»Die Religion lehrt uns, dass wir einer ganz bestimmten religiösen Richtung folgen müssen, um erlöst zu werden und ewiges Leben zu erlangen«, erläutert Jason. »Aber in Wahrheit gilt für alle mit Bewusstsein begabte Wesen, dass die Macht, ewiges Leben zu erlangen, stets in uns selbst liegt. Die meisten von uns verstehen das nur nicht oder nehmen es nicht wahr.«

Ist es nicht so, dass in der ganzen menschlichen Geschichte die größten Kriege im Namen Gottes geführt wurden?

Glaubten nicht beide Seiten, damit den Willen Gottes zu erfüllen?

Wie können beide Kontrahenten recht und Gott auf ihrer Seite haben?

»Solche Kriege sind nicht das Werk Gottes«, sagt Jason. »Hier sind Machtgier, materielle Gier und Herrschaftswille am Werk. Wird ein Volk zu groß und stark, um es weiterhin kontrollieren zu können, schickt man es in den Krieg. Munkelt man von Rebellion, zettelt man einen Krieg an. Die Welt befindet sich schon viel zu lange in einem immerwährenden Kriegszustand. Wir müssen uns von solchen Vorhaben lossagen und dazu entschließen, gemeinsam gegen unseren wahren Feind zu kämpfen: gegen die Unwissenheit.«

Denken Sie an das, was Jason an anderer Stelle in diesem Buch enthüllt hat: Die Reptiloiden und andere Wesen nähren sich von der Energie unserer Furcht und unseres Zorns. Lösen Kriege und andere von Gewalt bestimmte Situationen in uns nicht enorme Gefühle von Angst und Furcht aus?

»Solange es solche Auseinandersetzungen gibt, werden diese Wesen sich stets von unserer Energie nähren können«, erklärt Jason.

Eine andere Möglichkeit, unsere Wirklichkeit zu verändern und unser Denken zu kontrollieren, liegt bei den Medien.

»Die Medien bieten eine Plattform und das Narrativ für solche Vorhaben. Deshalb bezeichnen wir Fernsehsendungen auch als ›Programme‹, denn das sind sie in Wahrheit auch. Sie programmieren den Menschen eine bestimmte Sicht der Wirklichkeit ein; sie sagen einem, wie man denken, fühlen, auf gegenwärtige Ereignisse und politische Entwicklungen reagieren soll. Das alles wird inszeniert und gesteuert, damit wir eine spezifische Deutung dieser Dinge und bestimmte Überzeugungen übernehmen. So wird eine Zukunft vorangetrieben, die nicht *wir* gestalten. Das ist die Matrix, aus der wir uns ›ausstöpseln‹ müssen.«

## Eine Reise nach Tokio

Während einer seiner Reisen nach Tokio ging Jason plötzlich etwas auf: »Ich saß in einer sehr vollen U-Bahn, und als ich mich umsah, fiel mir auf, dass wirklich jede und jeder darin sein Smartphone eingeschaltet hatte und wie gebannt auf den kleinen Bildschirm starrte. Es war still in dieser U-Bahn, die fast geräuschlos fuhr. Und da mein Handy in Japan nicht funktionierte, hatte ich genügend Zeit, mich umzuschauen und jeden zu beobachten, der nun in seine eigene Realität eingetaucht war.

Noch schlimmer ist es bei der nachwachsenden Generation, bei den Kindern. Ständig hängen sie an ihren Smartphones und beschäftigen sich mit Spielen oder Nachrichten aus den sozialen Netzwerken. Das verändert ihren Verstand, der sich ja noch in der Entwicklung befindet, dahingehend, dass sie falsche Realitäten akzeptieren.«

Zur Erschaffung solcher Realitäten setzt man bestimmte Mittel ein, die dazu geeignet sind, uns in einen bestimmten Bewusstseinszustand zu versetzen und darin festzuhalten.

»Das wird auch durch Metalle, Chemikalien und Toxine erreicht, die man uns seit Generationen aufdrängt«, sagt Jason. »Was da stattfindet, ist ein Kampf um unser Bewusstsein. Das Bewusstsein ist der Ort, wo wir die wahre Freiheit finden. Eigenständigkeit kann man nur in sich selbst finden und auch nur dann, wenn man die eigene Deutungshoheit und Macht zurückgewinnt. Diese Macht besteht darin, den eigenen Weg und die eigene Zukunft zu wählen, indem man sein Denken befreit.«

Mit dieser Macht können wir uns eine neue Zukunft erträumen und in Realität umsetzen.

»Ein solcher Traum kann so stark sein, dass andere Menschen im eigenen Umfeld diese Realität spüren können«, sagt Jason. »Und das ist die größte Angst unserer Kontrolleure. Würden die Menschen die eigene Macht zurückerobern, würden das ganze System und die Realität, die unsere Kontrolleure für uns erfunden haben, zerfallen.«

# 20 Atlantis – die noch nie erzählte Geschichte

Viele Menschen kennen die Geschichte von Atlantis. Zumindest glauben sie, diese Geschichte zu kennen. Doch ehrlich gesagt ergeben die Legenden, Mythen und die nur spärlich aufgezeichnete Geschichte, die uns zugänglich ist, alles andere als ein wahrheitsgetreues Bild.

Jason zufolge hat Atlantis tatsächlich existiert. Atlantis war jedoch keine einzelne Insel, sondern eine in vielen Teilen der Welt verbreitete Zivilisation in der Zeit vor dem Aufstieg Sumers und Ägyptens. Jason hat dort tatsächlich mehrere verschiedene Leben verbracht, und zwar in einem Abstand von Hunderten, vielleicht auch Tausenden von Jahren. Die atlantische Zivilisation existierte in Mittelamerika, auf den Bahamas, im oder auch am Atlantischen und Indischen Ozean und natürlich an ihrem berühmtesten Ort, auf der griechischen Insel Santorini im Ägäischen Meer. Deshalb haben heutzutage so viele etablierte Archäologen, Historiker und angebliche Experten dermaßen unterschiedliche Meinungen darüber, wo Atlantis gelegen hat.

Man muss einräumen, dass alle in gewisser Weise recht haben. Allerdings hat sich in den letzten Jahren die Diskussion darüber, wo genau Atlantis lag, vor allem auf die Insel Santorini konzentriert. Das hat gute Gründe, denn wenn es überhaupt so etwas wie eine Welthauptstadt von Atlantis gegeben hat, dann war sie dort.

Wie schon erwähnt, wurde Atlantis erstmals etwa 360 vor Christus von dem griechischen Philosophen Platon beschrieben. Die meisten der sogenannten Atlantis-Experten unserer Zeit haben ihre Kenntnisse von ihm übernommen. Platon schilderte Atlantis als eine fortschrittliche Zivilisation, die »jenseits der Säulen des Herakles« lag – dort, wo wir heutzutage am ehesten die Straße von Gibraltar verorten würden. Angrenzend an Afrika und Europa und die heutigen Länder Marokko und Spanien verbindet diese Meeresenge das Mittelmeer mit dem Atlantik.

Immer noch streitet man sich darüber, ob Platon meinte, Atlantis habe im Atlantischen Ozean westlich der Straße von Gibraltar in der Nähe der Kanarischen Inseln und Madeiras gelegen oder weiter östlich in Richtung des Mittelmeers. Jedenfalls existierte Atlantis Platon zufolge bereits mehr als 9.000 Jahre, als er darüber in seinen um 360 vor Christus verfassten Dialogen *Timaios* und *Kritias* schrieb.

Die Geschichte von Atlantis wurde eigentlich durch die antike Entsprechung einer »Buschtrommel« überliefert. Gelehrte behaupten, Platon habe sie von seinem Großvater gehört. Der wiederum habe von Atlantis durch Solon, einen athenischen Staatsmann, erfahren, dem ein altägyptischer Priester die Geschichte erzählt habe. Jetzt verstehen Sie sicher, was hier mit der »Buschtrommel« gemeint ist.

Platon zufolge war Atlantis eine außerordentlich weit entwickelte Zivilisation: Die Straßen waren gepflastert, die Paläste voller Kunstwerke; die aufblühende Landwirtschaft erzeugte einen Überfluss an Nahrungsmitteln, und die Wasserversorgung klappte bestens; hinzu kam eine reiche Tier- und Pflanzenwelt. Auch das atlantische Heer war den Heeren anderer Zivilisationen weit überlegen. Hoch entwickelt waren außerdem die Technologie und die Baukunst, die ein Netz von Kanälen sowie ausgeklügelte Abwasser- und Bewässerungssysteme hervorbrachten.

Doch wie die Legende besagt, gewannen in dieser utopischen Gesellschaft irgendwann Gier und Bestechlichkeit die Oberhand. Die Herrscher von Atlantis richteten ihren Blick mehr und mehr darauf, andere Länder zu erobern. Und dann, an einem verhängnisvollen Tag, führte ein starkes Erdbeben, gefolgt von Flutwellen, dazu, dass die Insel mitsamt der Hauptstadt im Meer versank. Aber nicht nur das: Auch die auf dem nahen Festland angesiedelten Gemeinden von Atlantis wurden völlig zerstört.

Während es nach wie vor kaum archäologische Beweise für die Existenz von Atlantis gibt, existieren Belege dafür, dass auf Kreta, südlich von Santorini, ebenfalls eine hoch entwickelte Zivilisation, bekannt als *Minoische Kultur*, angesiedelt war, die der von Atlantis ähnelte. Die Minoer nutzten Santorini als wichtigen Seehafen. Aber genau wie Santorini wurde diese Kultur etwa 1650 vor Christus durch eine Naturkatastrophe vernichtet. Archäologen sind zu dem Schluss gekommen, dass sie nach dem Ausbruch des Vulkans auf Santorini durch eine riesige Flutwelle zerstört wurde – wie Atlantis. Man nimmt an, dass dieser Vulkanausbruch mindestens die zehnfache Wirkung der Eruption des Vulkans Krakatoa (damals Niederländisch-Indien, heute Indonesien) am 27. August 1883 hatte. Funde deuten darauf hin, dass infolge des Vulkanausbruchs auf Santorini und der folgenden Flutwelle mehr als 36.000 Menschen starben und diese Naturkatastrophe danach weitere ebenso zerstörerische Flutwellen auslöste.

Falls Platon sich in der Datierung von Atlantis geirrt haben sollte, ist durchaus vorstellbar, dass die Minoische Kultur und die Kultur von Atlantis, die derart entwickelte Zivilisationen hervorgebracht haben, in Wahrheit identisch waren und deren Vernichtung durch den Ausbruch ein und desselben Vulkans ausgelöst wurde.

Sollte Platon mit seiner Datierung von Atlantis allerdings richtig gelegen haben, stellt sich für unsere Gelehrten ein schwer lösbares Problem. Die aufgezeichnete, uns bekannte Menschheitsgeschichte besagt nämlich, dass Hochkulturen frühestens seit 5000 vor Christus existieren. Doch Platon hat behauptet, Atlantis habe bereits 9600 vor Christus existiert, fast fünftausend Jahre früher. Falls das zutrifft, wäre unsere gesamte aufgezeichnete Geschichte falsch.

Außerdem hat Platon in seiner Beschreibung von Atlantis etwas erwähnt, über das kaum jemals berichtet wurde. Er schrieb, die Bewohner seien halb Mensch, halb Gott gewesen.

Meinte er damit die Anunnaki?

Jason zufolge war Atlantis jedenfalls nicht die idyllische Welt, die in der Mythologie geschildert und von vielen Gelehrten und Historikern so übernommen wurde.

»Es war eine Welt voller Gewalttätigkeit«, sagt Jason. »Eigentlich unterscheidet sich die Welt, in der wir heute leben, nur wenig von der Welt in den Tagen, als Atlantis eine Weltmacht war. Vielfach wird erwähnt, dass die in und von Atlantis eingesetzte Technologie auch Kristalle umfasste. Manchen mag es überraschen, dass unsere gegenwärtige Technologie ebenfalls weitgehend auf Kristallen beruht. Computer, Smartphones und selbst die Satelliten oberhalb der Erde sind mit Kristallen ausgestattet.

Es kommt mir vor wie ein Déjà-vu. Deshalb glaube ich, dass wir alle wieder in dieser Zeitlinie leben und uns mit jenem Schlamassel herumschlagen müssen, mit dem wir es heutzutage zu tun haben. Nach wie vor prägt uns das Karma, das wir seit den Zeiten von Atlantis mitschleppen. Und deswegen erregen Themen wie das Schicksal von Atlantis und Lemurien auch die Aufmerksamkeit so vieler Menschen, die sich mit Mysterien und deren Wahrheitsgehalt beschäftigen.«

Jason zufolge haben die meisten von uns bei ihrer derzeitigen Reinkarnation ihre früheren Leben, Erinnerungen und Energien von Atlantis mitgebracht, und diese sind immer noch in uns lebendig.

»Atlantis war, wie gesagt, eine Welt voller Gewalt, in der viel Blut vergossen wurde«, erklärt Jason. »Unsere heutige Welt spiegelt die damals wirkenden Kräfte nahezu wieder.«

Viele an Atlantis interessierte Menschen konzentrieren sich vor allem auf die letzten Tage dieser Hochkultur und ihre Vernichtung. Bis auf das, was Platon berichtet hat, ist jedoch kaum etwas über den Ursprung und die Anfänge dieser Zivilisation bekannt.

Jason zufolge stammten die ursprünglichen Bewohner von Atlantis nicht von der Erde: »Sie kamen von einer fernen Sternenkonstellation und reisten durch ein Portal unter dem Wasser des Atlantischen Ozeans dorthin«, berichtet er. »Ihr Heimatplanet lag in der Orion-Konstellation und hieß Titan. Da hat auch der Mythos, der von den Titanen handelt, seinen Ursprung. Titan war der Erde sehr ähnlich, nur war der Planet weit mehr als die Erde eine Welt des Wassers. Deshalb unterschieden sich die ersten Bewohner von Atlantis in physischer Hinsicht auch sehr von uns, denn ihre Körper enthielten viel mehr Wasser.

Nachdem sie das Portal durchquert hatten, entstiegen sie irgendwann dem Wasser des Atlantiks und vermischten sich später mit der eingeborenen irdischen Bevölkerung. Bald schon assimilierten sie sich mit ihr und beschlossen, vom Festland fortzuziehen und die uns vertraute Kanalstadt Atlantis zu errichten. Mit der Zeit vermengte sich die reine Erblinie der ursprünglichen Atlanter also mit derjenigen der menschlichen Bevölkerung. Um die einzigartigen genetischen Charakteristika dieser Erblinie zu bewahren, wurden viele Zeremonien zur Erinnerung an die Geschichte und den Ursprung der Atlanter durchgeführt. Ein Teil der Initiationsriten von Atlantis bestand darin, zum Meer zurückzukehren und zu lernen, wie man lange Zeit unter Wasser überleben kann. Diese Riten sollten dazu dienen, die Möglichkeit offenzuhalten, eines Tages zu dem Unterwasserportal der Vorfahren zurückkehren zu können. Es gibt viele alte Bilder mit Darstellungen dieser verschollenen Geschichte.

Während die atlantische Gesellschaft mehr und mehr das Wissen der Vorfahren nutzte, machte sie in technologischer Hinsicht gewaltige Fortschritte. Man begann sogar damit, Verbindungen mit anderen Sternennationen einzugehen und Tauschhandel mit Wissen und Technologien zu betreiben. Es gab ausgeprägte diplomatische Beziehungen zu Rassen, die wir heute als Plejader, Sirianer, Orioner und Arcturianer bezeichnen. Wie ihre Vorfahren entwickelten auch die neuen Atlanter fortschrittliche Weltraum- und Sternentor-Technologien.

Zu diesem Zeitpunkt machten sich in der Gesellschaft zunehmend solche negativen Faktoren wie materielle Gier und Machtgier bemerkbar. Die gewaltigen technologischen Fortschritte wurden dazu genutzt, Kriege anzuzetteln und auszutragen und neue, sehr wirksame Waffen zu schaffen. Deshalb brachen viele Sternennationen nach und nach alle Beziehungen zu Atlantis ab. Zu den Ersten zählten die Arcturianer, denn deren Zivilisation war eine der fortschrittlichsten in der Galaxis.«

Man nimmt an, dass dieses außerirdische Volk der vierten und fünften Dimension aus einer Raumregion stammte, die 36 Lichtjahre von unserem Sonnensystem entfernt ist. Selbst Edgar Cayce, ein wohlbekanntes Medium, hat sich über dieses Volk geäußert.

»Der technologische Fortschritt und die zunehmende Gewalttätigkeit haben den Fall von Atlantis in Gang gesetzt«, erklärt Jason.

Doch wer oder was hat die Insel letztlich vernichtet?

Ist sie aufgrund einer Naturkatastrophe versunken, bei der auf einen Vulkanausbruch zunächst ein Erdbeben und anschließend eine Flutwelle folgten?

Oder hat ein kosmisches Ereignis, beispielsweise der Einschlag eines Asteroiden, Atlantis ausgelöscht?

Jason zufolge trifft keine dieser Erklärungen zu. Vielmehr seien es die Bewohner von Atlantis selbst gewesen, die ihr Inselparadies zerstört hätten, meint er. »Die wahre Ursache war der Missbrauch einer fortschrittlichen Technologie, die zur Kontrolle des Wetters auf dem Planeten eingesetzt wurde, was zur Änderung des Erdklimas führte. Dazu nutzte man das Netz der Erde, die vor Tausenden von Jahren errichteten und immer noch bestehenden Pyramiden sowie eine fortschrittliche Kristalltechnologie. Zugleich setzten die Atlanter die gesamte Technologie als Waffe gegen andere Zivilisationen ein. Man konnte damit Flutwellen, Erdbeben, vulkanische Aktivitäten sowie Dürren oder Überschwemmungen auslösen.«

Eine Ironie des Schicksals liegt darin, dass die Menschen unserer Zeit nicht wahrnehmen, in welchem Ausmaß wir gegenwärtig mit HAARP über eine ganz ähnliche Technologie verfügen. Mehr denn je wird unser Klima dadurch beeinflusst und gelenkt.

»Letztlich hat Atlantis, wie zuvor schon Lemurien, sich selbst zerstört«, sagt Jason.

Ist es also unser Schicksal, diese Katastrophe in der jetzigen Zeitlinie noch einmal zu durchleben? Wiederholen wir die Fehler der Vergangenheit?

»Um das nach Möglichkeit zu verhindern, sind viele derjenigen, die Atlantis erlebt haben, jetzt erneut auf unserem Planeten«, meint Jason. »Wir sind hier, um die von uns verschuldeten Fehler zu korrigieren und das negative Karma zu beseitigen, das wir immer noch in uns tragen.«

Vor mehreren Jahren hatte Jason Gelegenheit, mit einem vierjährigen Kind zu arbeiten. Dessen Mutter hatte von Jason gehört und hielt es für gut, ihren Sohn mit ihm zusammenzubringen.

»Der Junge war ein sehr ängstliches Kind und wollte mit niemandem reden«, berichtet Jason. »Seine Mutter erklärte, er kommuniziere nur mit Gott, der auf telepathische Weise zu ihm spreche.«

Anfangs wollte der Junge auch nicht mit Jason reden. »Also bat ich ihn, Gott zu fragen, wozu unser Treffen dienen solle. Darauf sprach er in seinem Geist mit Gott. Anschließend lächelte er und wirkte plötzlich ganz entspannt.«

Der kleine Junge teilte Jason mit, Gott habe gesagt, Jason werde ihm helfen. Danach schüttete das Kind im wahrsten Sinne des Wortes sein Herz aus.

»In Atlantis war ich ein sehr böser Mensch«, gestand der Junge. »Ich verletzte und vernichtete viele Leute, stellte irgendwas mit den Kristallen an, sodass Türme und Schiffe explodierten. Ich lebe jetzt hier, um diese Fehler zu korrigieren. Zu diesem Zweck hat mich Gott zur Erde zurückgeschickt.«

Diese Erklärung warf Jason geradezu um. »Obwohl der Junge erst vier Jahre alt war, war ihm völlig klar, wozu er auf der Erde war. Er hatte sehr genaue Erinnerungen an sein früheres Leben auf Atlantis.«

Was Jason wirklich verblüffte, war, dass dieses Kind ihn Dinge wissen ließ, die nie allgemein bekannt geworden waren. »Sein Leben baute eindeutig auf einem früheren Leben auf«, sagt Jason.

Wie schon erwähnt, hat Jason mehrmals und zu verschiedenen Zeiten auf Atlantis gelebt. Nach seinen Aussagen hat Atlantis bereits vor der jüngsten Eiszeit existiert und davor mindestens 50.000 Jahre lang eine wahre Blütezeit auf der Erde erlebt.

Natürlich kommt Jasons erstaunliche Datierung vielen akademischen Forschern, Archäologen und Historikern wunderbar zupass, da sie Atlantis sowieso für reine Fiktion halten. »Sie wollen auf keinen Fall einräumen, dass es auf diesem Planeten schon lange vor der aufgezeichneten Menschheitsgeschichte blühende Zivilisationen gegeben hat«, bemerkt Jason dazu.

Wegen seiner zahlreichen eindrucksvollen Leben in der Vergangenheit wurde Jason von Atlantis aus als Botschafter zum Plejadischen Rat entsandt.

»Schließlich hatte ich früher einmal selbst als Plejader gelebt«, berichtet er. »Zum Zeitpunkt meiner Entsendung herrschte auf Atlantis ein großes Chaos, das sowohl die Bevölkerung als auch das irdische Netzwerk betraf. Der Plejadische Rat beschloss, uns so gut wie möglich dabei zu helfen, unser Bewusstsein zu verändern, um uns dadurch die Fähigkeit zu verleihen, die offenbar unweigerlich auf uns zukommende schreckliche Zukunft abzuwenden.

Seinerzeit vermittelten uns die Plejader das Wissen um spirituelle Körperhaltungen. Ich nenne sie die ›ägyptischen Körperhaltungen‹, doch ursprünglich tauchten sie auf der Erde erstmals zu Zeiten von Atlantis auf. Diese Körperhaltungen und Übungen zielten darauf ab, die Lebenskräfte und das Karma der Bewohner von Atlantis einem Heilungsprozess zu unterziehen. Ihre Wirkung entfalten sie nämlich nicht nur auf der körperlichen, sondern auch auf der mentalen, emotionalen und spirituellen Ebene. Die Plejader glaubten, wir könnten durch Praktizierung dieser Bewegungen und Körperhaltungen unsere Lebenskräfte und unser Bewusstsein verändern. Im Gegenzug würden dann unsere neuen Lebenskräfte dazu beitragen, das Gleichgewicht auf der Erde wiederherzustellen und den Planeten zu heilen.«

Die Menschheit ist eng mit den Netzwerken der Erde verbunden.

»Was wir denken und fühlen, kann unsere Umgebung tatsächlich verändern«, sagt Jason. »Auch viele Bewohner von Atlantis nahmen diese Übungen sehr ernst, aber es waren nicht genug, um den nötigen Wandel herbeizuführen. Nach wie vor existieren historische Zeugnisse dieser Übungen, beispielsweise hat man sie in Ägypten an Skulpturen und auf Kunstwerken entdeckt. Es ist schon verblüffend, dass dieses Wissen bis in unsere Gegenwart überlebt hat. Es waren die Priester, die solche Skulpturen gestalteten, und niemand durfte sie verändern – so etwas wurde als Vergehen geahndet. Sie wollten dieses überlieferte Wissen sozusagen in Stein meißeln.

Man kann bei sehr vielen Skulpturen eine jeweils identische Körperhaltung erkennen, denn man hat diese Statuen wieder und wieder erschaffen, um die historische Überlieferung am Leben zu erhalten.«

Während eines anderen früheren Lebens als Bewohner von Atlantis diente Jason als Hoher Priester und arbeitete dabei eng mit dem König zusammen. »Damals verliebte ich mich in die Tochter des Königs – die im jetzigen Leben meine Frau Monika ist«, erklärt Jason. »Wir spürten eine starke Verbindung zueinander und liebten uns sehr, konnten wegen unserer jeweiligen Verpflichtungen aber niemals zusammen sein.«

Jasons Dienste in Atlantis umfassten auch die Arbeit mit Kristallen. »Ich war völlig auf sie eingestimmt und konnte auf telepathische Weise mit ihnen kommunizieren. Es gab dort wunderschöne unterirdische Höhlen, in denen Kristalle aus dem Boden und aus den Wänden wuchsen. Diese Kristalle hatten eine spezifische Aura und strahlten Licht aus. Sie waren höchst lebendig und verständigten sich mit anderen kristallinen Gebilden auf dem Planeten und jenseits davon. Dadurch schufen sie ein kristallines Energienetz, das sich über die ganze Erde erstreckte und auch mit anderen Netzwerken im Weltraum verbunden war. Die Kristalle waren die Quelle großer Macht. Heute erwachen einige dieser Kristallgebilde und Kristallnetze wieder zum Leben und offenbaren sich Menschen, die noch aktive kristalline DNA-Stränge in sich haben.«

Jason erinnert sich noch an die letzten Tage von Atlantis und die panische Angst, unter der damals jeder litt. »Man hatte viele Boote und Schiffe zu Wasser gelassen, um die Bevölkerung zu evakuieren. Aber die Katastrophe kam so schnell, dass selbst viele bereits geflüchtete Boote von den hohen Wellen und Strudeln erfasst und nach unten gezogen wurden. Zuerst bebte die Erde heftig, dann folgten mehrere Erdbeben aufeinander, die zusätzlich riesige Flutwellen auslösten. Viele der Überlebenden flohen zu anderen Völkern oder Stützpunkten von Atlantis in anderen Ländern der Erde.«

Nach Aussagen von Jason emigrierten sie vor allem in Gebiete im heutigen Ägypten, in Mexiko und Südamerika.

»Die großartigen Technologien, von denen sie abhängig gewesen waren, waren nun fast vollständig vernichtet worden«, berichtet Jason. »Darauf beziehen sich einige alte Legenden der Sumerer, beispielswei-

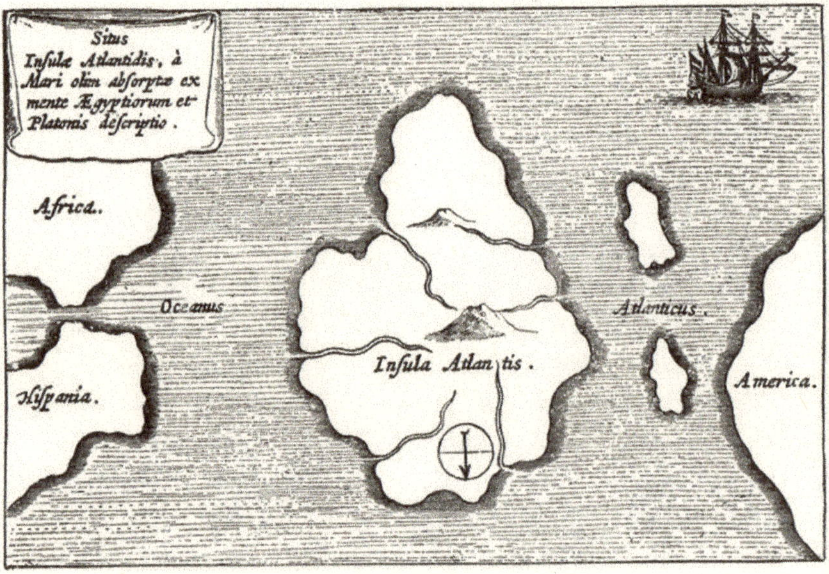


*Karte von Atlantis aus einem sehr seltenen Buch, das im Jahre 1600 in Deutschland erschien*

se der Anzu-Mythos. Darin kämpfen die Gottheiten um den Besitz der alten Technologien und Waffen.«

Waren die alten Gottheiten unserer Vergangenheit die letzten Überlebenden von Atlantis? Hatten sie ihr Wissen, ihre Technologien und die Verbindung zu den Sternen von dort mitgebracht?

Wie gesagt hatten die Atlanter ihre fortschrittliche Konstruktions- und Ingenieurskunst unter anderem dazu eingesetzt, zusätzliche Pyramiden zu errichten und mit jenen Pyramiden zu verbinden, die das Bündnis der Sternenvölker Tausende, wenn nicht sogar Millionen Jahre zuvor hatte bauen lassen. Dies diente der Stabilisierung des Gitternetzes der Erde, nachdem die Reptiloiden nach dem Großen Krieg auf der Erde gestrandet waren.

Interessanterweise hat das amerikanische Medium Edgar Cayce 1945, kurz vor seinem Tod, offenbart, dass historische, aus Atlantis überlieferte Aufzeichnungen und Texte in einer Art Archiv unterhalb der ägyptischen Sphinx versteckt seien. Solche Dokumente würden Platons

Geschichte, der zufolge die ursprünglichen Informationen über Atlantis von einem ägyptischen Priester stammten, Glaubwürdigkeit verleihen. Diese Geheimkammer mit Aufzeichnungen aus und über Atlantis wurde jedoch niemals gefunden, obwohl Archäologen mehrmals danach gesucht haben. Jason glaubt allerdings zu wissen, warum diese Dokumente nicht entdeckt wurden.

»Während meiner Begegnungen mit Thoth nahm er mich einmal zu einem unterirdischen Archiv mit, das meinem Eindruck nach unterhalb der Sphinx und der Pyramiden lag«, erklärt er. »Doch ich glaube, dass diese Geheimkammer oder dieses Archiv in Wahrheit in der vierten Dimension existiert. Im Prinzip gibt es dieses Archiv immer noch, nur haben Archäologen als Wesen der dritten Dimension keinen Zugang dazu.«

Interessant ist, dass Caye zwar vorhersagte, man werde diese Aufzeichnungen im Jahre 1998 in Ägypten entdecken, doch außerdem mitteilte, man werde Beweise für die Existenz von Atlantis etwa 1968 oder 1969 auf den Bahamas in der Nähe der Inselgruppe Bimini finden.

Kaum zu glauben: 1969 entdeckten Taucher im flachen Küstengewässer vor dem Paradise Point, Nordbimini, eine etwa achthundert Meter lange ausgebaute Straße aus Kalksteinblöcken.

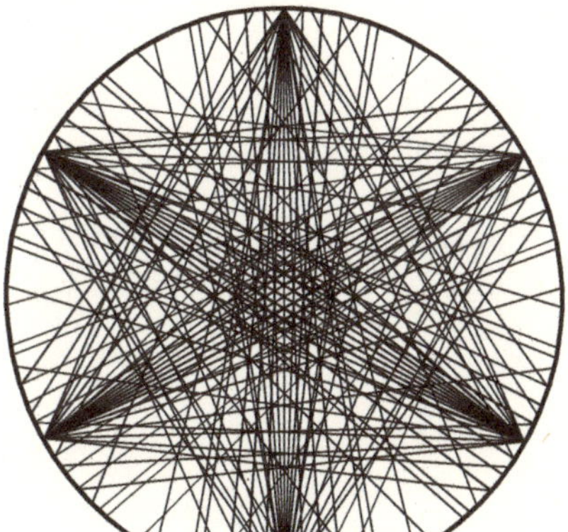

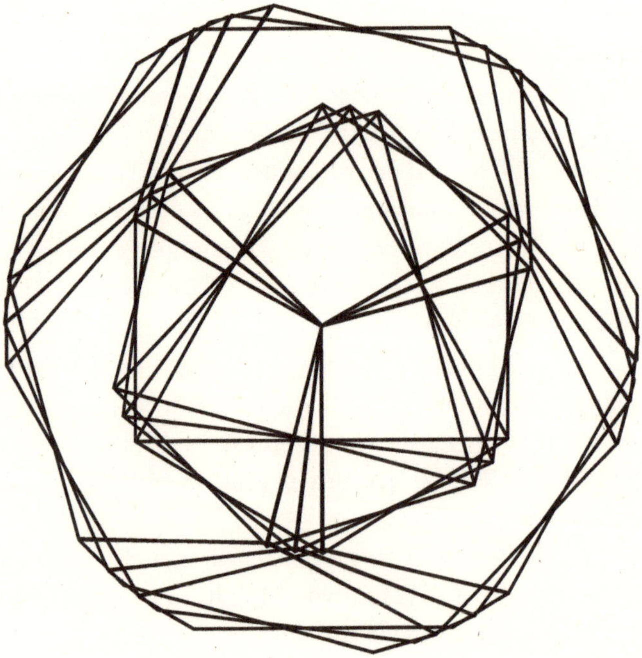

»Das Geheimnis des Wandels besteht darin,
die eigene Kraft vollständig auf etwas zu richten.
Und nicht darin, das Alte zu bekämpfen,
sondern das Neue zu erschaffen.«

Sokrates

# 21 Die lebenden Kristalle

Schon sein ganzes Leben lang zieht es Jason zu Kristallen, und das war in vielen seiner früheren Leben so. »Ich war noch ein kleiner Junge, da nahm meine Mutter mich bereits zu dem örtlichen Glaswarengeschäft mit, wo ich Kristalle anschauen und berühren konnte«, berichtet er. »Stets kaufte sie mir einen Amethyst, denn das war mein Geburtsstein. Kristalle faszinierten mich wegen ihrer komplexen Geometrie, ihrer brillanten Farben und ihrer Vielfalt. Außerdem fühlte es sich aus irgendeinem Grund immer gut an, wenn ich Kristalle in meiner Umgebung hatte. Ich kann mich tatsächlich an keine Zeit in diesem Leben erinnern, in der ich nicht Kristalle in meinem persönlichen Umfeld liegen hatte. Das gehörte stets dazu.«

Deshalb ist es verständlich, dass Jason später in diesem Leben in den Handel mit Kristallen einstieg.

Doch woher kam diese Besessenheit? Wo und wann begann sie in diesem Leben?

»Als ich meine ersten Erweckungserlebnisse hatte und alle möglichen Astralwesen meinen Schlaf zu stören begannen, suchte ich nach irgendwelchen Mitteln, diese Erlebnisse zu stoppen«, sagt er. »Damals kam es mir wirklich so vor, als verfolgten mich diese Astralwesen. Ich empfand die Störungen als Belästigung, und mit der Zeit begannen sie mein tägliches Leben erheblich zu beeinträchtigen.«

Als Jason eines Tages im Internet nach Abhilfe suchte, entdeckte er eine Website, auf der behauptet wurde, die wirksamste Methode, die astralen Eindringlinge fernzuhalten, sei ein Netz aus Kristallen. Man müsse es mit einem künstlich hergestellten Gerät namens Organit rings um das Schlafzimmer errichten.

Während der 1930er und 1940er Jahre nutzte Dr. Wilhelm Reich einen Geigerzähler zur Lokalisierung und Messung ätherischer Energie, die im Grunde nichts anderes ist als Lebensenergie von Menschen und Objekten. Er nannte sie *Orgonenergie*. Reich nahm an, man könne durch abwechselndes Aufschichten von Glasfasern und Stahlwolle in dem sogenannten Orgonakkumulator sowohl positive als auch negative ätherische Energie anziehen und sammeln. Er behauptete, auf diese Weise Patienten von verschiedenen Krankheiten, darunter auch Krebs, geheilt zu haben, und zwar einzig dadurch, dass er sie in einer Kabine Platz nehmen ließ, in der diese ätherische Energie konzentriert war. Später wurde, darauf basierend, ein künstliches, mit Kristallen ausgestattetes Gerät namens Orgonit entwickelt.

Jason war von der Website sehr angetan.

»Der Organit besteht aus einem Raster von Kristallen und Metallen wie Kupfer, das in Kunstharz und Glasfasern eingebettet ist«, erklärt Jason. »Die Website enthielt eine Anleitung zum Zusammenbau des Geräts. Ich fand sie recht einfach, also suchte ich am folgenden Tag das örtliche Glaswarengeschäft auf und kaufte das, was ich brauchte.«

Jason besorgte sich viele Quarzkristallspitzen und begann damit, die runden Orgonitscheiben zu basteln. Sie sahen fast wie Eishockey-Pucks aus, weil man sie in Törtchenformen herstellen musste«, sagt er. »Ich brauchte mehrere Versuche, um es richtig hinzubekommen, aber letztlich hat es gut geklappt. Danach legte ich sie wie ein Netz oder einen Ring um mein Zimmer und darüber hinaus auch im Haus aus. Das Ergebnis verblüffte mich. Tatsächlich wurde ich nicht mehr so oft von Astralwesen belästigt. Sie tauchten zwar immer noch auf, doch nicht mehr so häufig wie zuvor. Das empfand ich als beachtlichen Sieg. Es kam mir so vor, als hätte ich etwas gefunden, das mir helfen konnte.«

Etwa zur selben Zeit wurde Saundras Ehemann Neil sehr krank und musste in ein Krankenhaus. Jason hatte gelesen, dass Organite auch bei Gesundheitsproblemen heilsam wirken können.

»Also stellte ich zwei Orgonakkumulatoren mit verschiedenen Kristallen für ihn her«, berichtet Jason. »Als ich ihn im Krankenhaus besuchte, schenkte ich sie ihm und erklärte ihm, wie er sie benutzen müsse. Neil erholte sich sehr schnell von seiner Krankheit, und noch Jahre danach hatte er die Orgonakkumulatoren stets in seiner Jackentasche bei sich. Er schwor auf ihre Wirkung. Das gab mir gewaltiges Selbstvertrauen und Vertrauen in deren Wirkung, sodass ich bald darauf anfing, Orgoniten in größeren Mengen herzustellen und im örtlichen Glaswarengeschäft zum Verkauf anzubieten. So begann mein Handel mit Kristallen.«

Doch seine Besessenheit von Kristallen reichte noch weit darüber hinaus. Er besuchte alle möglichen Ausstellungen von Kristallen sowie Kristallgeschäfte und hielt dort nach neuen Exemplaren für seine Sammlung Ausschau.

Im Juni 2012 lud ihn die Amerikanische Vereinigung von Wünschelrutengängern (American Society of Dowsers) zu ihrer Jahreskonferenz in Vermont ein. Zusammen mit seiner Frau Monika fuhr Jason dorthin und baute im Händlerbereich einen kleinen Stand auf, wo er ein paar Shungit-Steine, Pharao-Stäbe und sein Buch über ägyptische Körperhaltungen auslegte.

»Uns gegenüber verkaufte ein Mann Ende siebzig Quarzkristalle aus Arkansas«, erzählt Jason. »Während ich unseren Stand aufbaute, ging Monika zu ihm hinüber, schaute sich die Kristalle an und stellte sich dem Herrn namens LD vor. Im Laufe des Ausstellungswochenendes unterhielten wir uns oft mit ihm. Immer wieder kam er an unseren Stand und schenkte uns einen Kristall. Am Ende der Ausstellung rief er mich zu seinem Stand, denn er wollte mir etwas zeigen. Unter seinem Tisch lag eine Schachtel mit einem höchst eindrucksvollen Quarzgebilde, das sich auch zum Ausstellungsstück für ein Museum geeignet hätte. Der alte Mann sah mich an und sagte: ›Ich habe diesen Kristall während der ganzen Ausstellung für dich aufgehoben, weil ich weiß, dass du genau wie ich die Kristallsucht hast‹.«

Insgesamt schenkte LD Jason während der Ausstellung mindestens zwanzig atemberaubend schöne Kristalle.

»Als wir abfuhren, bat uns LD, ihn wann immer wir wollten in Arkansas zu besuchen. Er sagte, wir wären mehr als willkommen und könnten gern ein, zwei Wochen bleiben.«

Zu Hause angekommen platzierte Jason alle neuen Kristalle rings um sein Schlafzimmer. »Ich konnte spüren, wie sich die Energie in meinem Zimmer veränderte«, sagt er.

Kristalle aus Arkansas werden von manchen auch als *atlantische Kristalle* bezeichnet. Wie schon erwähnt, wurden Kristalle wegen ihrer spezifischen Eigenschaften, ihrer Stärke und Struktur von den Atlantern früher auch in Minen abgebaut.

»Es gibt viele Geschichten über die Kristalle in Atlantis und die große Macht und die Technologie, die ihren Quell in den Kristallen hatten«, bemerkt Jason. »Das ist einer der Gründe dafür, dass Kristalle mich so anziehen. In vielen meiner früheren Leben habe ich mit Kristallen gearbeitet und deren göttliche Intelligenz und Kraft erlebt.«

Wie gesagt hat der atlantische Missbrauch der Macht von Kristallen zur Vernichtung der atlantischen Zivilisation beigetragen.

»Kristalle hatten auch die Gabe, die Zukunft und das Ende von Atlantis vorherzusagen und informierten jene Atlanter davon, die ihre Sprache verstanden«, sagt Jason. »Das ließ einigen von ihnen genügend Zeit, sich auf den unvermeidlichen Zusammenbruch vorzubereiten.«

Sicher wird es einigen Leserinnen und Lesern Mühe machen zu verstehen, wie ein Kristall lebendig sein kann.

»In anderen Dimensionen sind Steine lebendig«, erklärt Jason. »Ein Stein erzeugt Schwingungen in einem Frequenzbereich, zu dem das Bewusstsein höherer Wesen Zugang hat. Viele Menschen halten einen Stein oder einen Kristall für ein lebloses Objekt, doch in Wahrheit sind Steine und Kristalle in anderen Dimensionen lebendig und haben dort auch Lebenszyklen. Die Lebensspanne eines Menschen kann bestenfalls achtzig bis hundert Jahre umfassen. Hingegen kann sich die Lebensspanne eines Steins über Millionen von Jahren erstrecken. Würde man in einem Zeitraffer Fotos von einem Saatkorn aufnehmen, das zur Pflanze heranwächst, würde das Saatkorn lebendig wirken. Bei einem Stein können wir die Methode des Zeitraffers nicht zur Dokumentation einsetzen, da wir ihn Jahrmillionen betrachten müssten, um Bewegung in ihm zu erkennen.«

*Quarzgebilde aus Arkansas*

Wegen seiner früheren Verbindung mit Kristallen begann Jason, tatsächlich mit ihnen zu kommunizieren.

»Ein oder zwei Nächte, nachdem ich die Kristalle von der Ausstellung nach Hause mitgenommen hatte, fiel mir etwas auf: Wenn ich schlief, spürte ich, wie deren Energie auf meinen Körper einwirkte. Dann blitzte plötzlich eine telepathisch übertragene Vision in meinem Inneren auf. Ich sah ein Quarzgebilde über meinem Bett schweben, das sich langsam drehte, und merkte, wie Energiewellen durch meinen Körper strömten. In späteren Tagen spürte ich Ähnliches sogar, wenn ich Therapiesitzungen durchführte. Während ich mit einem Patienten arbeitete, sah ich häufig einen Kristall über dessen Liege schweben, der auf ihre Energien einwirkte.

Nach und nach wurde ich für die Energien der Kristalle immer empfänglicher. Selbst wenn ich nach einem anstrengenden Tag in der realen Welt heimkehrte, spürte ich, sobald ich das Haus betrat, wie sie mit ihrer Energie auf mich einwirkten. Es fühlte sich so an, als würde alle negative Energie, der ich an diesem Tag ausgesetzt gewesen war, von mir genommen.«

Etwa einen Monat nach seiner Rückkehr aus Vermont rief Jason LD an und bedankte sich bei ihm nochmals für dessen großzügige Geschenke.

»Am Ende des Gesprächs bot er uns erneut an, ihn zu besuchen. Ich weiß nicht, was mich überkam, aber ehe ich auflegte, fragte ich ihn, ob Monika und ich ihn in der folgenden Woche besuchen dürften«, erzählt Jason.

»Von jetzt auf nachher befanden wir uns auf einer Abenteuerreise, die uns zu den Kristallminen von Arkansas führte. Die Energie dort war verblüffend. Wir lernten die Umgebung und die Menschen in dem kleinen Ort Mount Ida, Arkansas, wirklich gut kennen. Ich hatte ein bisschen mehr Geld mitgenommen als sonst, weil ich einige Kisten Kristalle kaufen wollte. Doch mir wurde bald bewusst, dass die Kristalle noch anderes mit mir vorhatten.«

Am Ende der Reise hatte Jason alles Geld von seinem Bankkonto abgehoben und für Kristalle ausgegeben. »Das war eindeutig eine wahnwitzige Entscheidung«, meint er. »Aber ich musste es tun, wie mir schnell klar geworden war, denn die Kristalle hätten mich nicht ziehen lassen, hätte ich sie nicht mitgenommen.«

Da die Autofahrt nach Hause circa 24 Stunden dauern würde, beschlossen Monika und Jason, unterwegs in einem Hotel zu übernachten.

»Aber ich machte mir Sorgen, weil der Wagen bis zum Dach mit Kisten voller Kristalle beladen war. Und auf diesen Strecken muss man wirklich darauf achten, dass man eine sichere Unterkunft bekommt. Also baten wir einfach die Kristalle um Hilfe. Ich weiß ja, wie verrückt das klingt, aber genau das taten wir.«

Jason teilte den Kristallen Folgendes mit: »Wir müssen etwas finden, wo wir gefahrlos übernachten können. Und Monika hat Hunger und ist ganz scharf auf diese Restaurants der Kette *Cheese Cake Factory*.«

Plötzlich fiel Monika etwas Unglaubliches auf: »Sie beschrieb mir, dass sie nach unserer Bitte um Hilfe sehen konnte, wie die Kristalle miteinander kommunizierten. Sie beobachtete, wie Lichtstrahlen aus den Kisten mit den Kristallen schossen und die neben uns auf dem Highway fahrenden Wagen erfassten. Später erfassten sie auch die Umgebungen, an denen wir vorbeifuhren.«

Sie waren weitere fünfundvierzig Minuten unterwegs, als Jason auf sein GPS blickte und merkte, dass sie in die falsche Richtung gefahren waren. »Wir befanden uns sogar auf der falschen Straße«, berichtet er. »Es kam mir so vor, als hätte ich beim Fahren einen Blackout gehabt, sodass ich nichts bemerkt hatte. Ich rastete völlig aus. Also nahmen wir die nächste Ausfahrt.«

Nach der Ausfahrt stießen sie auf eine Ortschaft, die nett und sicher wirkte. »Ich dachte: Das ist zu schön, um wahr zu sein«, sagt Jason.

Unverzüglich fanden sie ein Hotel, das recht gut aussah und außerdem in einer sicheren Umgebung zu liegen schien.

»Monika und ich gingen hinein, um zu prüfen, ob wir uns dieses Hotel überhaupt leisten konnten«, fährt Jason fort. »Und da stellte sich heraus, dass die Ehefrau des Geschäftsführers genau wie wir aus Kanada stammte. Und wegen des netten Gesprächs bekamen wir ein Zimmer zum halben Preis. Danach fragten wir den Geschäftsführer, ob er uns ein Lokal empfehlen könne, da wir noch etwas essen wollten. Er erwiderte, eine Straße weiter gebe es eine wirklich gute Niederlassung der *Cheese Cake Factory*. Monika und ich tauschten einen Blick und mussten lachen. Uns war klar, dass die Kristalle hinter dieser ganzen Geschichte steckten.«

Nach Hause zurückgekehrt rief Jason sofort Nora und Saundra an, um ihnen von der Reise zu erzählen. »Beide sagten mir das Gleiche«, berichtet Jason. »Sie sagten, in Arkansas warteten weitere Kristalle auf mich und ich müsste sie alle nach Kanada bringen. Ich lachte, denn das hielt ich für unmöglich. Ich wandte ein, ich sei derzeit völlig pleite und eine solche Reise sehr kostspielig – ganz zu schweigen davon, dass mich die Kristalle ein Vermögen kosten würden, selbst wenn ich sie zu einem Großhandelspreis bekam. Doch sie blieben dabei, dass ich bald wieder nach Arkansas fahren würde.«

Da die Kristalle ihm schon zuvor geholfen hatten, beschloss Jason, sich ein weiteres Mal an sie zu wenden.

»Es mag völlig bekloppt klingen, aber ich erzählte den Kristallen einfach Folgendes: ›Wenn ich nochmals nach Arkansas fahren soll, um eure Freunde nachzuholen, dann müsst ihr mir helfen und die Menschen auffordern, euch zu kaufen, damit ich wieder zu Geld komme.‹ Unglaublich: Es dauerte kaum einen Tag, bis sich im Ort herumgesprochen hatte, dass ich jede Menge wunderbarer Kristalle im Angebot hatte. Alle möglichen Leute riefen mich an, um zu fragen, ob sie bei mir vorbeischauen und Kristalle kaufen könnten.«

Nun bekam Jason nicht nur alle seine Auslagen erstattet, sondern nahm darüber hinaus genügend Geld ein, um nach Arkansas zurückzukehren und weitere Kristalle zu erwerben. Ebenso unglaublich: Am folgenden Tag rief ihn auch LD an und teilte ihm mit, er habe zwanzig weitere Kisten mit Kristallen für ihn zur Seite gestellt. Er könne sie bei seiner Rückkehr abholen.

»Diese Gleichzeitigkeit von Ereignissen konnte ich nicht fassen«, sagt Jason. »Ich lachte, konnte nicht glauben, dass sich alles ringsum wie durch eine ordnende Hand so wunderbar für mich fügte und ich trotzdem Akteur dieser Ereignisse war.«

Jason versprach LD, schon im folgenden Monat nach Arkansas zurückzukehren.

»Die Macht von Kristallen verblüfft mich nach wie vor«, erklärt Jason. »Und es waren diese Kristalle, die mich zu meiner nächsten großen Entdeckung führten, zu Auralit 23.«

Man nimmt an, dass Auralit-23-Kristalle etwa eins Komma zwei Milliarden Jahre alt sind. Sie kommen vor allem im Borealen Wald des Kanadischen Schilds nördlich des Oberen Sees vor. Sie haben sich ungefähr zu der Zeit gebildet, als sich auf der Erde zelluläres Leben entwickelte.

Manche Menschen gehen davon aus, dass Meteore die Erde trafen und durch die Wucht der Einschläge seltene metallhaltige Erze an die Erdoberfläche gerieten, die nun in Auralit-Kristallen eingebettet sind. Die Zahl 23 steht dafür, dass diese Kristalle bis zu 23 verschiedene Mineralien enthalten, nämlich Titanit, Kakoxen, Lepidokrokit, Ajoit, Hämatit, Magneteisenerz, Eisenkies, Nadeleisenerz, Braunstein, Gold, Silber, Platin, Nickel, Kupfer, Eisen, Brauneisenerz, Sphalerit, Kupfersulfid, Kupferkies, Gilalith, Epidot, Buntkupferkeis und Rutil. Von diesen Kristallen glaubt man, dass sie dazu beitragen können, Schlafstörungen zu beseitigen und ihre Energie für tiefen inneren Frieden und Gelassenheit sorgt.

»Erneut regelten die Kristalle die Dinge für mich so, dass ich dennoch Akteur des Geschehens blieb«, erklärt Jason. »Es kommt mir so vor, als wählten sich diese Kristalle bestimmte Menschen zu ihren Wächtern – Wächter, die ihnen dabei helfen, in der Welt herumzukommen, um spezifische Menschen zu erreichen. Viele Male habe ich das aus erster Hand beobachtet und erlebt. Die Kristallwelt ist voller Intelligenz, Heilkraft und Magie.«

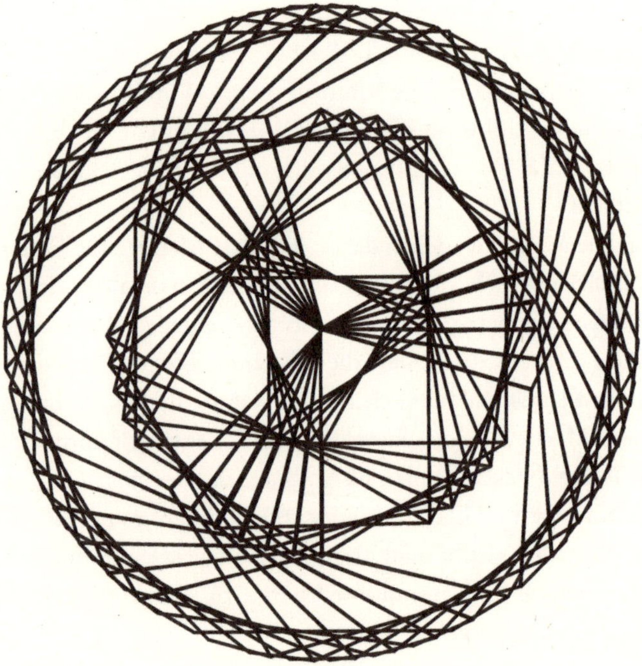

»Das Problem besteht nicht darin, die Antwort zu finden, sondern darin, sich der Antwort zu stellen.«

Terence McKenna

# 22 Die Kristalle sprechen

Im Jahre 2012 beschloss Jason, einige seiner Quarzkristalle aus Arkansas auf der Gem & Mineral Show, einer Messe für Schmucksteine und Mineralien in Bancroft, Ontario, zu verkaufen. Diese Messe ist eine der größten ihrer Art. Und hier war es auch, wo Monika ein rätselhafter Stein anzog, den sie nie zuvor gesehen hatte.

Während Monika an einem der Verkaufsstände vorbeiging, entdeckte sie einige kleine purpurne Kristallanhänger, die ähnlich wie Amethyste aussahen. »Aber es waren keine gewöhnlichen Amethyste«, sagt Jason. »Monika fühlte sich sofort zu ihnen hingezogen und verliebte sich in sie. Es stellte sich heraus, dass man diese Steine, Auralit 23 genannt, gerade erst im nördlichen Ontario entdeckt hatte.«

*Auralit* heißen diese Steine, weil sich die Mine so weit im Norden befindet, dass man dort nachts die *Aurora borealis*, das Polarlicht, sehen kann. Und die 23 steht für die Anzahl der seltenen Metalle und Mineralien, die dieser uralte Kristall enthält.

»Man nimmt an, dass er während des Einschlags eines großen Meteors entstand, der das Gebiet von Sudbury in Oratorio traf«, erklärt Jason. »Dieser Einschlag hinterließ überaus seltene Metalle und Mineralien; sie sind dort überall verstreut.«

Selbstverständlich wollte Monika sofort einen dieser Steine haben, also kaufte sie einen.

Ein paar Monate später waren Jason und Monika wieder unterwegs. Sie besuchten einen von Jasons Kristallgroßhändlern. Dort fühlte sich Monika erneut zu einem dieser Steine hingezogen und wollte unbedingt mehrere Halsketten mit entsprechenden Anhängern zum Weiterverkauf erwerben.

»Da mir vollkommen klar war, dass wir sowieso nicht eher gehen würden, bis wir das erledigt hatten, kaufte ich einige ausgewählte Steine«, erzählt Jason.

2013 nahmen Monika und Jason dann erneut an der Schmuckstein- und Mineralienmesse in Bancroft teil, um dort ihre Kristalle zu verkaufen. Ein paar Stände weiter hatte ein neuer Händler einen Stand mit Auralit-23-Kristallen aufgebaut.

*Auralit-23-Kristall als Kettenanhänger*

»Monika zerrte mich dorthin, und es stellte sich heraus, dass Howard Pilsmaker, der Besitzer der Mine im nördlichen Ontario, anwesend war«, berichtet Jason. »Wir kamen miteinander ins Gespräch und fanden dabei heraus, dass Howard und ich im selben Ort nördlich von Toronto aufgewachsen waren und sogar dieselben Lieblingsrestaurants in dieser Gegend hatten. Inzwischen war Howard in eine andere Stadt gezogen, die ebenfalls nördlich von Toronto lag. Wir tauschten unsere Telefonnummern aus, und ich bat ihn, mich bei seinem nächsten Besuch in Toronto anzurufen, damit wir zusammen zu Mittag essen konnten.«

Mehrere Monate danach wachte Jason aus einem Traum auf und hatte das dringende Bedürfnis, Howard anzurufen. Intuitiv traf er mit seinem Anruf ins Schwarze. »Howard nahm gleich ab und fragte: ›Woher weißt du, dass ich heute in die Stadt komme?‹«

Sie trafen sich später am Tag zum Mittagessen und gingen zu einem ihrer liebsten Bagel-Lokale. Während des Essens unterhielten sie sich nicht nur über den Handel mit Kristallen, sondern auch über Spiritualität.

»Wir stellten fest, dass wir viele Gemeinsamkeiten hatten und verstanden uns sofort bestens«, erzählt Jason.

Erneut bat Howard Jason, ihn anzurufen, sollte er jemals an Auralit-23-Kristallen interessiert sein oder in der Nähe seines Wohnorts unterwegs sein.

Jason und Monika heirateten im August 2015 und sahen sich bald darauf nach einem Haus um, das sie kaufen wollten. »Wir suchten überall nach etwas Eigenem«, berichtet Jason. »Ich fuhr sogar nach Brantford, um Bob Mitchell zu besuchen, und er zeigte mir einige schöne Häuser. Doch letztlich fanden wir das perfekte Haus in einer anderen Stadt. Ich war völlig begeistert davon, und dabei fiel mir ein, dass hier auch Howard wohnte. Also rief ich ihn nach unserem Umzug an und sagte: ›He Howard, rate mal, was passiert ist! Wir sind jetzt Nachbarn. Ich bin in deine Stadt gezogen.‹«

Unglaublicherweise stellte sich heraus, dass sie nun nicht nur in derselben Stadt lebten, sondern Howard sogar in derselben Straße wie Monika und Jason wohnte – nur ein paar Häuser weiter. Ein Zusammentreffen wider alle Wahrscheinlichkeit.

Zu dieser Zeit hatte Howard gerade ein großes neues Sortiment von Auralit-23-Kristallen aus der Mine erhalten. »In seiner Garage lagerten mehr als 5.000 Kilogramm Steine, die gesäubert und für die kommende Schmuckstein- und Mineralienmesse in Tucson verpackt werden mussten«, erinnert sich Jason. »Hin und wieder schaute ich bei Howard vorbei, um mich zu erkundigen, wie er vorankam. Dabei hatte ich Gelegenheit, mir die vom Schlamm gereinigten Steine als Erster anzusehen.«

Bei einem dieser Besuche fühlte sich Jason vor allem zu einem ganz besonderen Stein unter all den auf dem Esszimmerboden ausgebreiteten neuen Kristallen hingezogen. »Er sah nicht so aus, als gehörte er zu den anderen«, berichtet er. »Als ich ihn aufhob, merkte ich, dass er viel schwerer war als die Auraliten und von sehr dunkler Färbung. Er wirkte fast wie gebrannt, ganz anders als die Auraliten.«

Jason fragte, ob er den Stein mit nach Hause nehmen könne, um über ihn zu meditieren. In dieser Nacht behielt er den neuen Kristall in der Hand, während er sich schlafen legte. »Als ich eindöste, tauchte in meinem Bewusstsein eine Vision auf«, erklärt er.

In dieser Vision erblickte er etwas, das wie ein langes Seil aussah, jedoch mit etwas bedeckt war, das gehärtetem Lehm ähnelte. »Und während ich das Seil anstarrte, drehte es sich plötzlich«, sagt er. »Die Lehmschicht fiel ab und offenbarte wunderbar glänzende, faserähnliche Stränge von Licht, die der Lehm bisher verborgen hatte. Als das Seil zersprang, kam es mir so vor, als wäre mein ganzer Körper zersprungen. Ich wurde geradezu aus dem Bett katapultiert. Als ich fragte, was gerade passiert sei, erwiderte der Kristall auf telepathische Weise: ›Bleib ruhig. Wir sind aus dem Schlaf erwachende DNA-Stränge in dir.‹«

Für Jason war damit alles geklärt. »Solche Kristalle sind mit Wesen viel höherer Dimensionen verbunden«, sagt er. »Durch diesen Kristall in meiner Hand konnten sie auf mich einwirken und mit mir kommunizieren.«

Am folgenden Morgen nahm Jason Verbindung mit Nora auf und erzählte ihr vor seinem Erlebnis. Er sagte ihr, sie müsse ihn und Howard unbedingt besuchen, um sich diese Steine anzuschauen. Anschließend ging er zu Howard, um nachzusehen, ob er noch mehr von diesen sonderbaren Kristallen besaß. »Ich wollte sie alle unbedingt erwerben«, sagt er.

Als Nora am nächsten Tag zu Jason und Howard stieß, begann der Kristall unverzüglich mit ihr zu kommunizieren. »Die Botschaften und die Heilkraft, die diese Steine ihr vermittelten, warfen sie geradezu um«, berichtet Jason.

Später am Abend empfing Nora eine längere Nachricht von dem sonderbaren Kristall, die sie später aufzeichnete. Sie lautete:

*ICH BIN fünfzehn Mineralien, vier intelligente Stränge des Kristalls Auralit, jedoch mit höherer Intelligenz begabt als Super 7 und Auralit 23.*

*ICH BIN Titan, Platin, Plutonium.*

*ICH BIN Alkalin.*

*ICH BIN elektromagnetische Energie aus Lichtpartikeln, die dir dabei helfen wird, die menschliche Gestalt in eine kristalline ESSENZ elektromagnetischer Lichtfrequenzen zu verwandeln.*

*ICH VERBINDE deinen Körper am Kopf, an den Händen und an den*

*Jasons Quitts künstlerische Darstellung des mehrdimensionalen Wesens, das ihm in einer Vision erschien, als er mit Hilfe eines Metauralit-Kristalls meditierte*

*Füßen mit dem Magnetpuls meiner Lichtkristalle. Meine Eigenschaften wirken zunächst auf deinen Kopf, deine Hände und deine Füße ein, um deinen Körper zu reinigen und zu entgiften.*

*WENN DU weiterhin an diesem Kristall festhältst, entgiftet er deinen Körper. Nach einer vollen Stunde werden die elektromagnetischen Schwingungen jedes Atom und jede Zelle deines Körpers durchdringen, und meine fünfzehn intelligenten mineralischen Essenzen werden jedes Teilchen deiner Existenz mit Energie aufladen.*

*DIESER MEGA-LICHTKRISTALL und seine Meteorfrequenzen harmonisieren deine Gehirnwellen so, dass sie sich der Essenz dieser fünfzehn Mineralstränge angleichen und mit ihr im Einklang sind.*

*ICH AKTIVIERE die Zirbeldrüse und die Thymusdrüse, wo sich die zahllosen Sämlinge des Kristalls mit Hilfe der Mineralien verknüpfen, harmonisieren und synthetisieren werden.*

*DER METAURALIT wird diesen Körper durch die SHEKINA-Magnetik nähren und harmonisieren. Bei einigen höher entwickelten und aufgestiegenen Seelen wird sich das Bewusstsein ihrer menschlichen Gestalt nach und nach in die erhöhten Energien der Lichtteilchen übertragen, das heißt auf höchste Intelligenzen aus dem Herz des Planeten verlagern, die wir auch dessen Herzschlag nennen können. Beim Aufstieg des menschlichen Körpers zu einem kristallinen, intelligenten ADAM KADMON – dem Urbild des Menschen, eines Menschen voller Weisheit, Herrlichkeit und Unsterblichkeit – durchdringen, integrieren, verstärken und synchronisieren die Energien der Lichtteilchen die Frequenzen dieses Herzschlags.*

*VERHARRE EINE WEILE mit dieser Essenz, in dem Wissen, dass dich viele Stränge von Lichtteilchen voller Demut umgeben, damit du ihre Botschaften der Liebe, des Lichts und der Harmonie empfängst.*

*ALLES IST LIEBE, ALLES IST FRIEDEN UND ALLES IST VOLLENDUNG.*

Wegen dieser Nachricht beschlossen Nora und Jason, den Kristall *Metauralit* zu nennen, da in ihm Metalle und magnetische Energie viel stärker konzentriert waren als in gewöhnlichen Auralit-Kristallen.

»Wie schon bei den Quarzkristallen aus Arkansas hatte ich auch bei diesem Stein das Gefühl, er hätte alles im Voraus für mich arrangiert«, sagt Jason. »Wäre ich nicht genau zu diesem Zeitpunkt bei Howard aufgetaucht, hätte ich diese neue Art von Kristallen gar nicht entdeckt, und der Metauralit wäre in den Massen der anderen Auralit-Kristalle einfach untergegangen oder übersehen worden. In Verbindung mit Howard und den Kristallen trafen so viele Ereignisse und Umstände zusammen, dass ich das alles nicht als puren Zufall betrachten kann.«

Wie bereits erwähnt, fand Jason später heraus, dass Kristalle tatsächlich nach menschlichen Wächtern Ausschau halten. Mit Hilfe dieser ausgewählten Wächter können sie dann zu solchen Personen und Orten gelangen, die ihre Energien dringend benötigen.

*Metauralit-Kristall*

»Ein mit diesen Steinen verbundenes dimensionales Wesen ist sogar auf dem Cover des vorliegenden Buches abgebildet, das Sie gerade lesen«, erklärt Jason. »Als ich über die Titelgestaltung nachdachte, erschien mir dieses Wesen, das ein heiliges geometrisches Gebilde aus Energie in der Hand hält. Diese Erscheinung prägte sich mir so sehr ein, dass ich am folgenden Morgen zum Computer eilte und versuchte, ein Abbild davon zu schaffen – was auch wunderbar klappte. Es gibt genau die Vision wieder, die mir zuteil wurde.

Solche Wesen kommunizieren auf folgende Weise mit uns: Sie können sich durch Energien höherer Frequenzen, etwa durch die Energien von Kristallen, mit uns verbinden, denn diese verschaffen ihrem Bewusstsein auf diesem Planeten die passende Grundlage. Auf diese Weise suchen sie Zugang zu Menschen, bei denen diese Frequenzen eine Resonanz finden.«

Mittlerweile hat Jason in vielen Workshops sein Wissen über diese Steine weitergegeben. »Ich glaube, dass die Kristalle eine wichtige Aufgabe auf diesem Planeten zu erfüllen haben«, meint er. »Sie sind hier, um ein neues kristallines Netzwerk zu schaffen, das die ganze Erde umspannt. Das Netz wird dazu beitragen, die Energien dieses Planeten auf höhere Bewusstseinsebenen zu lenken. Mir scheint, dass dieses neue energetische Netzwerk es den Wesenheiten höherer Dimensionen überhaupt erst ermöglicht, auf diesem Planeten zu inkarnieren und sich miteinander zu verbinden. Deshalb werden die neuen, medial begabten Kinder, die heutzutage geboren werden, auch Kristallkinder genannt. Manchmal werden sie auch als Sternenkinder bezeichnet.«

New-Age-Anhängern zufolge werden diese medial begabten Kinder seit 1990 geboren. Sie haben ein kollektives Bewusstsein und setzen sich für Liebe und Frieden ein. Sie besitzen die Gaben des Hellsehens und der Heilkunst und kommen mit einer sehr fürsorglichen und sensiblen Persönlichkeit auf die Welt. Diese Kinder sind auch furchtlos und sehr eng mit Tieren und der Natur verbunden. Sie sind künstlerisch sehr begabt und können oft früher singen als sprechen. Sie mögen keine lauten Geräusche und kein grelles Licht. Oft starren sie andere Menschen lange Zeit an und scheinen durch Blicke zu kommunizieren. Ihre Augen sind in vielen Fällen größer als die anderer Kinder.

»Es sind ganz besondere Kinder«, sagt Jason. »Ihr Körper ist durchzogen von ätherischen Kristallen. Diese Kristalle aktivieren sich, wenn die Kinder heranwachsen, oder auch durch spirituelle Übungen. Die Kristalle schaffen dimensionale Netzwerke, die viele Wesen und Welten miteinander verbinden können. Das ist Teil eines Erweckungsprozesses, der nicht nur den einzelnen Menschen erfasst, sondern den gesamten Planeten.«

# 23 Die Wirklichkeit unserer Realität

Haben Sie sich je gefragt, wer oder was Menschen eigentlich sind?

Mit dieser Frage wollen wir keine Diskussion darüber auslösen, ob unsere DNA von Außerirdischen geprägt ist, denn das nehmen wir als gegeben. Jason hat nicht den leisesten Zweifel daran, dass die Vorfahren der Menschheit von den Sternen stammen.

Nein, hier geht es uns schlicht und einfach um die Frage: Was ist der menschliche Körper oder auch der Körper jedes außerirdischen Wesens? Jason zufolge sind wir alle mit Energie aufgeladene Wesen.

»Der Schlüssel zum Leben ist die Elektrizität«, behauptet er. »Das ist die Lebenskraft, die uns durchströmt. Sie richtet sich nach unserem Blutkreislauf aus und ist durch das Eisen in unserem Blut damit verbunden. Je leitfähiger unsere Zellen sind, desto besser ist unsere gesundheitliche Verfassung und desto stärker wird unser elektromagnetisches Feld.«

Deshalb verzehrte die Bevölkerung uralter Zivilisationen *Manna* – pulverisiertes weißes Gold.

»Das war supraleitender Stoff, der dem Körper einverleibt wurde, um die Menge leitfähiger Energie zu erhöhen«, erklärt Jason. »Deshalb war Gold so wichtig. Das ›Ormus‹-Gold aktivierte und revitalisierte uralte DNA, die latent, also im Ruhezustand, vorhanden war.«

Unsere Körper sind von Natur aus elektromagnetisch, unterscheiden sich jedoch hinsichtlich der Bandbreite von Schwingungen, die wir von der Quelle allen Seins empfangen.

»Diese Bandbreite von Schwingungen bezeichnen wir als *Dimensionen*«, erläutert Jason. »Wir sind eigentlich viele Stränge oszillierender Vibrationen in einem Meer von Frequenzen. Menschen sind in Wirklichkeit vierdimensionale Wesen, die in einer dreidimensionalen Welt leben.«

Und der Schlüssel zur Navigation in diesen Welten ist schlicht und einfach die *Resonanz.*

»Mit unserem Geist und unserem Körper können wir die Resonanz auch verändern«, sagt Jason. »Und wenn wir unsere elektromagnetische Resonanz verlagern, können wir, beispielsweise durch Astralreisen oder außerkörperliche Erlebnisse, Erfahrungen jenseits des Bereiches machen, den wir als physikalische Dimension betrachten.«

In der physikalischen Dimension agieren unser Geist und unser Körper innerhalb der Systeme des irdischen Magnetfelds und der Sonnenstrahlung.

»Diese beiden Systeme sind die Auslöser aller chemischen Reaktionen und elektrischen Impulse, die uns zu Menschen machen«, erläutert Jason. »Das Gehirn unseres Körpers befindet sich im Einklang mit der Ionosphäre der Erde und ist unmittelbar mit dem Magnetfeld verbunden, das alles Lebende umgibt. Dieses Magnetfeld zeichnet unsere Erfahrungen, Gedanken und Gefühle auf. Diese Aufzeichnungen werden in der Erde selbst gespeichert und in unser Universum übertragen.«

Das ist auch der Schlüssel zu unserer Gesundheit und zu unserem Aufstieg in höhere Bewusstseinssphären.

»Was wir in uns tragen – Gedanken, Emotionen, Karma, das Erbe unserer Vorfahren –, schafft die Realität, die wir erleben, und zwar durch die stete Wahrnehmung mittels unserer einzigartigen Schwingungsfrequenzen«, fährt Jason fort. »Diese miteinander vernetzten Energiefelder umfassen unser ganzes Sein und prägen unseren Lebenslauf. Was wir in uns tragen, bestimmt die Wege, die wir einschlagen, und die Erfahrungen, die wir machen. Als Menschen müssen wir uns in Resonanz mit den feinen Schwingungen der Erde und der Sonne befinden, die sie uns durch Magnetismus und Strahlung vermitteln. Wenn wir uns nicht mehr im Einklang mit diesen natürlichen Rhythmen befinden, schneiden wir uns selbst von den Leben spendenden Kräften der Schöpfung ab.

Das Sonnenlicht nährt jede Zelle unseres Körpers, und das Magnetfeld synchronisiert alle unsere Biorhythmen, versetzt sie in Einklang mit unserer Umgebung. Diese Kombination von Sonnenlicht und Magnetfeld stärkt uns und baut unsere energetischen Körper auf.«

Unsere Umgebung ist zweifach aufgeladen: mit negativen und mit positiven Ionen.

»Die Erde ist nicht neutral«, sagt Jason. »Sie ist sogar leicht negativ aufgeladen, während die Luft, die uns umgibt, vor allem positiv aufgeladen ist. Menschen gedeihen in Umgebungen, die aus negativen Ionen bestehen. Negative Ionen entspannen uns, heilen uns und spenden uns Lebenskraft.«

Negative Ionen findet man überall in natürlichen Umgebungen, die in Wassernähe liegen – das können Wasserfälle, Flüsse, Seen, Meere oder auch Bäche sein –, aber auch in Wäldern.

»Hingegen zehren positive Ionen an unseren Lebenskräften«, erklärt Jason. »Man findet sie hauptsächlich in künstlichen Umgebungen, etwa in Bürogebäuden oder Häusern. Sie verursachen körperlichen Stress und lassen uns sogar vorzeitig altern. Wenn wir nicht ›geerdet‹ sind, bauen wir nach und nach eine positive Ionisierung in unserem Körper auf. Wenn wir physisch nicht mit der Erde verbunden sind, das heißt nicht mit den Füßen auf ihrem Boden stehen, bildet unser Körper positive Ionen. Das schwächt uns und unser Immunsystem.«

Haben Sie sich nach einem langen Arbeitstag jemals völlig »ausgelaugt« gefühlt?

»Das liegt dann an der in Ihrem Körper aufgebauten Energie«, meint Jason. »Wenn wir unsere Füße auf die Erde setzen, schaffen wir einen elektromagnetischen Schaltkreis. Die negative Ladung der Erde zieht die aufgebaute positive Ionenladung aus unserem Körper. Deshalb fühlen wir uns so vital, wenn wir Urlaub in natürlichen Umgebungen machen. Und das verstärkt sich noch, wenn wir im Sonnenlicht stehen. Dann reinigen und heilen wir unseren Körper, unsere Seele und unsere Gefühle, denn diese Kräfte synchronisieren unsere Biorhythmen und nähren jede Zelle mit Leben spendenden Energien.«

Wenn Sie die altägyptischen Kunstwerke betrachten, wird Ihnen auffallen, dass die darauf abgebildeten Menschen die Sonne begrüßen und nackte Füße haben. Auch tragen sie kaum Kleidung.

»Auf diese Weise konnte das Sonnenlicht ihre Haut unmittelbar berühren«, sagt Jason. »Mit ihren Körperhaltungen und Gebeten praktizierten diese Menschen eine uralte Form körperlicher Alchemie. Indem sie die Energien der Natur nutzten und bestimmte Körperhaltungen einnahmen, konnten sie sich selbst und die energetischen Eigenschaften ihrer Körper verändern.

Die Ägypterinnen und Ägypter trugen ihren Kopfschmuck sowie das Gold und die Edelsteine an ihren Körpern nicht aus modischen Gründen, sondern um den Körper mit supraleitenden Stoffen wie zum Beispiel Gold auszustatten. Die Edelsteine wiederum erzeugten Schwingungen unterschiedlicher Frequenz. Miteinander kombiniert und an den richtigen Körperstellen platziert konnten diese Materialien die körperliche Resonanz der Menschen so verändern, dass sie in der Lage waren, innerlich und auf dimensionale Weise Informationen zu senden und zu empfangen. Darüber hinaus konnten sie sich dann auch aus ihren Körpern lösen und zu anderen Welten reisen.

Eine solche uralte Tradition gibt es auch bei den Schamanen. Allerdings benutzen sie sakrale Pflanzen, um mit den Geistern zu kommunizieren, und sie lösen sich aus ihren Körpern, um Weisheit zu erlangen und zu heilen. Pflanzen, die psychoaktive Alkaloide enthalten, verändern die Chemie im Gehirn, und das stimmt das Gehirn auf andere Frequenzbereiche ein.«

Deshalb berichten viele Menschen, die psychedelische Drogen nehmen, so oft von Begegnungen mit mystischen Wesen und Außerirdischen. Die Pflanzen verändern ihre Realitätswahrnehmung und ermöglichen ihnen einen Zugang zu anderen dimensionalen Strömungen. Doch diese Realitäten sind genauso real wie unsere, selbst wenn wir sie nicht mit bloßem Auge wahrnehmen können.

»Diese heiligen Pflanzen«, fährt Jason fort, »haben die Macht, unsere Realitätswahrnehmung zu verändern, und verhelfen uns sogar zu außerkörperlichen Erfahrungen. Manche dieser Pflanzen können sich sehr positiv auf unser Gehirn auswirken, so als würden sie unsere Nervenverbindungen ›überschreiben‹, damit wir uns von Süchten und Obsessionen befreien können.«

Wussten Sie, dass unser Hautgewebe an verschiedenen Stellen des Körpers Magnetit- und Silikatkristalle enthält?

»Wir haben also die Fähigkeit, uns mit Hilfe der Kristalle in unserem Körper in andere Dimensionen ›einzuklinken‹. Das funktioniert so wie Funk«, sagt Jason. »Funk nutzt Kristalle, um die elektromagnetischen Wellen unserer Umgebung einzufangen und sie in Elektrizität zu übertragen.«

Genauso wie bei Rundfunkgeräten können Menschen im Geiste die »Stationen« wechseln.

Was wäre, wenn auch Organe auf diese Weise funktionierten?

»Im Grunde verfügen wir über eine Antenne, die mittels der Biologie des Gehirns und anderer Organe Informationen sendet und empfängt«, erklärt Jason. »Und es ist die Geometrie dieser Kristalle, die unsere Realität bestimmt.«

Wenn man die Geometrie der Kristalle verändern kann, kann man auch die eigene Realität verändern.

»Die Realität, so wie wir sie im physikalischen Sinne kennen, existiert so gar nicht«, sagt Jason. »Denn nichts ist im eigentlichen Sinne körperlich greifbar. Alles ist Energie, die von nicht wahrnehmbaren Dimensionen geordnet wird. Wenn man den Blick auf die Realität richtet, findet man mehr Raum als Materie. Wir können die Realität sogar so weit ›heranzoomen‹, dass sie zur Quantenwirklichkeit wird. Es ist fast so, als gäbe es eine Unendlichkeit von Dimensionen. Wohin man auch blickt. Ob nach oben oder nach unten, ob auf das Kleine oder das Große.«

Gemeint ist hier die Welt der Fraktale, die man das holografische Universum nennt. Das bedeutet, dass alles, was wir kennen, nur eine prägnante holografische Projektion ist.

»Auf diese Weise können wir die Dimensionalität erklären«, so Jason.

Nehmen wir zum Beispiel die Welt unserer Träume: Wenn wir träumen, kommt es uns dann nicht so vor, als befänden wir uns in einer anderen

Wirklichkeit? Haben wir dort einen Körper? Empfinden wir dort Schmerzen oder Vergnügen, und erfassen uns dort Emotionen?

»Die Antwort darauf ist ein Ja«, sagt Jason. »Tatsächlich sah man in vielen uralten Kulturen die Traumwelt als die Verbindung zur spirituellen Welt an. Heutzutage tun wir unsere Träume einfach damit ab, dass unsere Gehirne, während wir schlafen, bestimmte Dinge für uns verarbeiten oder klären.«

Wie lässt sich dann erklären, dass viele Opfer einer Entführung durch Außerirdische erklären, sie seien auf ein Raumschiff gebracht worden, wo man Experimente mit ihnen durchgeführt habe?

»Bei solchen Erlebnissen haben die Entführungsopfer einen Körper und spüren Schmerzen«, erklärt Jason. »Doch wie ist das möglich, wenn diese Menschen mit ihren Körpern immer noch im Bett liegen und fest schlafen?«

Wie können solche Menschen behaupten, sie seien gleichzeitig an verschiedenen Orten gewesen?

»Deshalb tun viele Menschen solche Erlebnisse einfach als Träume ab«, meint Jason.

Aber handelt es sich in Wahrheit nicht um etwas völlig anderes?

»Solche Erlebnisse finden in dimensionalen Regionen statt«, erläutert Jason. »Das erklärt, warum sich Menschen an zwei verschiedenen Orten zur gleichen Zeit aufhalten können. Man muss verstehen, dass die Wahrnehmung des physikalischen Universums nur eine von vielen Wahrnehmungen darstellt, die wir geistig ›ansteuern‹ können. Auch wenn wir unsere Realität durch unsere Sinne wahrnehmen, übertragen die Sinne lediglich elektrische Impulse, die unser Gehirn dann deutet. Wenn sich unser Geist hinsichtlich der Resonanz verändert, verändert sich auch die jeweilige Realität, ähnlich wie beim Träumen und beim späteren Aufwachen.«

Aber wie lässt sich erklären, dass manche Entführungsopfer behaupten, sie hätten während der medizinischen Experimente Schmerzen gespürt?

»Es ist die gleiche Realität, die Amputierte erleben«, sagt Jason. »Selbst nach der Amputation eines Armes oder eines anderen Gliedmaßes hat man noch Empfindungen in dem fehlenden Körperteil – spürt man den sogenannten Phantomschmerz –, bis man geistig erfasst hat, dass dieser Körperteil nicht mehr da ist. Ähnlich läuft es bei Entführungsopfern. Das Erlebnis löst einen solchen Schock bei ihnen aus, dass sie bei vollem Bewusstsein Schmerzen empfinden, obwohl ihr Körper nach wie vor im Bett liegt.

Viele dieser andersartigen Wesen oder Wesenheiten, die wir Astralwesen, Aliens, Geister, Engel oder Gottheiten nennen, sind keine Ausgeburten menschlicher Fantasie, sondern existieren tatsächlich. Nur existieren sie jenseits der von uns wahrnehmbaren Realität. Sie existieren in einer Welt – einer Dimension –, die einfach andersartige Schwingungen hat.«

Aber wir müssen an dieser Stelle noch etwas Weiteres in Betracht ziehen: Ist es vorstellbar, dass wir über Körper verfügen, die alle diese Dimensionen ›ansteuern‹ können?

»Es ist tatsächlich so, dass wir über solche Körper verfügen«, erwidert Jason. »Und das ist auch der Schlüssel zum Verständnis dafür, wer und was wir sind. Wir verfügen über einen zusätzlichen Körper – den Astralkörper –, der Zugang zu all diesen anderen Dimensionen erlangen und sich darin bewegen kann.«

Wenn also unser Geist in astralen Regionen erwacht, befinden wir uns in einem Astralkörper, der in unseren irdischen Körper der dritten Dimension eingebettet ist. »Und für diesen Astralkörper gelten andere Gesetze als für letzteren«, erklärt Jason.

Wenn Jason außerkörperliche Erfahrungen macht, benutzt er seinen Geist, um seinen Astralkörper von seinem irdischen Leib zu trennen.

»Es ist fast so, als machte man eine Kopie von sich selbst in einer anderen Dimension«, fährt er fort. »Ich musste mich von meinem irdischen Körper lösen, um diese anderen Wesen zu sehen und zu erleben. Selbst wenn mein irdischer Körper im Bett liegt und schläft, ist mein Astralkörper bei Bewusstsein und macht Erfahrungen, die so real sind, als wäre ich hellwach.«

Viele Erfahrungen vollziehen sich in der geistigen Dimension, während man träumt. Wahrscheinlich kommt es dabei am häufigsten zur

Kontaktaufnahme mit anderen Wesen. Mit Hilfe des Geistes und der Telepathie lässt sich eine traumähnliche Umgebung schaffen, in der man einander begegnen kann.

»Das ist der einfachste und sicherste Weg, eine Verbindung herzustellen«, weiß Jason. »Man kann zum Beispiel einen Traum haben, aus dem man plötzlich herauskatapultiert wird, um in einem anderen Traum zu landen. In diesem Traum befindet man sich dann in einer neuen Umgebung und geistig bei vollem Bewusstsein. In diesem Stadium taucht ein Wesen im Umfeld auf und beginnt mit einem zu kommunizieren. Danach erwacht man unverzüglich in der physikalischen Welt und erinnert sich an das, was gerade geschehen ist. Solche Träume stellen eine Verbindung zu anderen Wesen in anderen Dimensionen von Raum und Zeit her.«

Einige dieser Traumerlebnisse wirken so plastisch und real, dass man manchmal gar nicht herausfinden kann, ob es sich um ein körperliches Erlebnis, eine Erinnerung oder einen Traum gehandelt hat.

»So etwas passiert häufig, wenn ein geliebter Mensch stirbt«, sagt Jason. »Viele Menschen berichten, dass dieser geliebte Mensch sie im Traum besucht hat, um Abschied zu nehmen. Das geschah mir bei meinen beiden Großvätern, als sie gestorben waren. Das erste dieser Erlebnisse hatte ich etwa einen Monat nach dem Tod meines Großvaters mütterlicherseits. Er besuchte mich in einem Traum, nahm Abschied von mir und sagte mir, wie lieb er mich habe. Ich freute mich so sehr, ihn zu sehen, dass ich ihn umarmte und nicht mehr loslassen wollte. Als ich aus dem Traum erwachte, konnte ich überall im Zimmer sein Kölnisch Wasser riechen, und zwar den ganzen Tag über. Das war für mich die Bestätigung, dass diese Begegnung wirklich stattgefunden hatte.«

Als Jasons Großvater väterlicherseits starb, erwachte Jason mitten in der Nacht durch eine Stimme in seinem Kopf. »Es war mein Großvater, der sagte: Ich habe dich lieb und bin stolz auf dich.«

Sofort rief Jason seinen Vater an, der über Nacht bei dem Sterbenden im Krankenhaus geblieben war. »Mein Vater nahm weinend den Hörer ab und fragte: ›Woher hast du das gewusst? Woher wusstest du, dass du genau in diesem Moment anrufen musst? Dein Großvater ist gerade von uns gegangen.‹«

Jason erzählte seinem Vater daraufhin, dass sein Großvater sich liebevoll von ihm verabschiedet habe.

»Auf solche Weise können unsere Lieben mit uns sprechen, nachdem sie die physisch greifbare Welt verlassen haben«, erklärt Jason. »Unsere Träume geben uns einen Zugang zur spirituellen Welt. Im Schlaf können wir unsere Gehirnwellen so verändern, dass wir uns aus unseren Körpern lösen und zu anderen Welten in Raum und Zeit reisen können.«

## Die Geheimnisse der Resonanz

Die Resonanz schafft eine Brücke zwischen der Raumzeit und den Dimensionen.

Während Jason Altägypten erforschte, stieß er auf Informationen über Metalle, die damals zur Heilung von Menschen verwendet wurden. Viele der später entdeckten uralten Objekte bestanden aus Kupfer und Zink.

»Wenn man diese beiden Metalle miteinander verbindet, erzeugt man schwachen elektrischen Strom«, erläutert Jason. »So sind auch Batterien mit galvanischen Zellen konstruiert. Wenn man einen Kupferzylinder in der einen bloßen Hand hält und einen Zinkzylinder in der anderen bloßen Hand, erzeugt man im Körper eine elektrische Strömung. Solche Zylinder kann man bei einigen Kunstwerken und Skulpturen Altägyptens deutlich erkennen. In Verbindung mit spezifischen Körperhaltungen wurden sie dazu benutzt, die Körper mit Energie aufzuladen und in jeder Hinsicht zu stärken.«

Nicht nur in Ägypten, sondern in allen Teilen der Welt hat man uralte Armreife aus Kupfer und Zink gefunden.

»Als ich in Vermont an der Konferenz der nordamerikanischen Wünschelrutengänger teilnahm, erzählte mir ein ägyptischer Meister namens Aaron Singleton, dass das Tragen dieser Armreife dabei hilft, negative Energien am Eintritt in den Körper zu hindern«, berichtet

Jason. »Aaron demonstrierte das am Beispiel von Monika. Er projizierte negative Energie in ihre Hand. Daraufhin sagte sie, sie spüre den Schmerz von der Hand nach oben, in ihren Arm, wandern. Danach legte Aaron ihr den Armreif aus Kupfer und Zink um und wiederholte den Versuch. Monika sagte, zwar spüre sie auch jetzt Energie, doch sie habe nicht über ihre Hand hinausgereicht. Das war eine wunderbare Vorführung, aber mir war schon vorher klar gewesen, dass es eine magische Wirkung hat, wenn man die Eigenschaften dieser beiden Metalle miteinander verknüpft.«

Nach dieser Vorführung wollte sich Jason unbedingt einen Armreif besorgen, der genau den angemessenen Anteil von Kupfer und Zink enthält, um einen winzigen Strom von Elektrizität zu erzeugen. Es dauerte eine Weile, doch schließlich machte er ein Unternehmen in Südafrika ausfindig, das solche Armreife produziert. Also bestellte er dort ein Sortiment, um die Produkte auszuprobieren.

Gleich nach Eintreffen der Lieferung legte er einen Armreif an, um die Wirkung zu prüfen.

»Mein Körper begann sich zu erwärmen«, berichtet er. »Mir war klar, dass das die Wirkung zusätzlicher Energie war, die meinen Körper durchströmte und meinen Blutkreislauf anregte.«

An diesem Wochenende lud ein Freund Jason in sein Häuschen im nördlichen Ontario ein. In der ersten Nacht trug er seinen Armreif und legte ihn auch während des Schlafens nicht ab, und das hatte Folgen:

»In jener Nacht hatte ich unerwarteten Besuch. Mitten in der Nacht weckte mich eine sehr warme und angenehme Energie, die geradezu liebevoll wirkte. Ich spürte, wie sie meinen ganzen Körper durchströmte. Also verließ ich meinen Körper, um nachzusehen, wer oder was mir Gesellschaft leistete. Am Fußende saß ein Wesen, das die Züge eines außerirdischen Greys hatte, sich aber dennoch von einem Grey unterschied. Die Haut war fast transparent, und die Gestalt wirkte irgendwie weiblich. Ihre Aura schimmerte in Silber- und Kupfertönen und emittierte Energiewellen. Wir sprachen nicht miteinander und tauschten auch keine Botschaften aus. Ich spürte nur

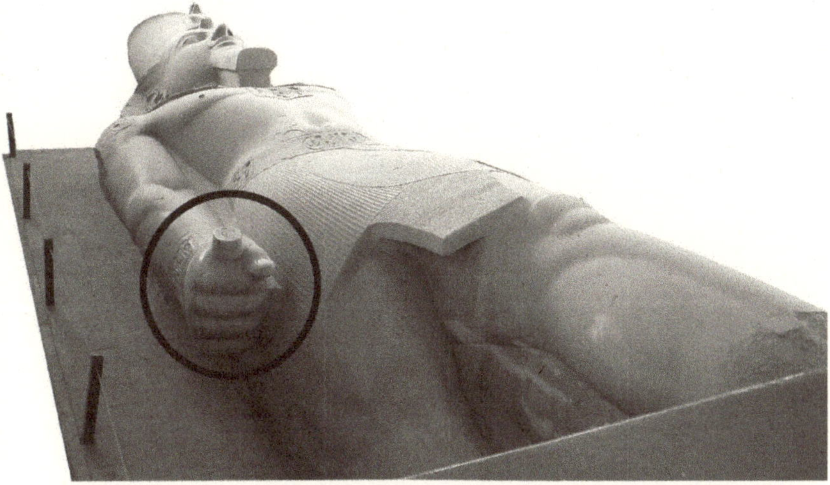

*Skulptur von Ramses II, bei der deutlich die Kupfer- und Zinkstäbe zu erkennen sind*

Liebe, blieb eine ganze Zeit einfach sitzen, betrachtete dieses Wesen und genoss dessen Gesellschaft.«

Als Jason am folgenden Morgen aufwachte und die Ereignisse der Nacht rekapitulierte, wurde ihm etwas bewusst: »Es war der Armreif aus Kupfer und Zink, der das Erlebnis ausgelöst hatte. Die Energie dieser Metalle fand in diesem Wesen Resonanz, sodass es mich aufsuchte, um nachzusehen, wer sich mit seiner Energie verbunden hatte. Mir fiel auch auf, dass die schimmernde Aura dieses Wesens dieselben Farben wie der Armreif gehabt hatte. Die geeignete Resonanz kann eine Brücke durch die Zeit, den Raum und die Dimensionen schlagen. Auf diese Weise können wir reisen.«

Jason zufolge bezeichnet man das als *Gesetz der Resonanz.*

»Denken Sie daran, dass das, was wir denken und empfinden, eine Resonanz in unserer unmittelbaren Umgebung erzeugt«, sagt er. »Das von uns geschaffene Resonanzfeld strahlt ins Universum aus. Und es ist genau diese Resonanz, die Menschen und Ereignisse in unser Leben zieht. Es ist wichtig, sich daran zu erinnern, dass man selbst verantwortlich für das ist, was man ausstrahlt. Es ist Teil der eigenen Schöpferkraft. Wenn man in sich nur Wut spürt oder glaubt, dass jeder nur darauf aus ist, einen übers Ohr zu hauen, wird das Universum einen ständig in Situationen versetzen, in denen man genau solche Absichten in Gang setzt.«

Haben Sie jemals einen Menschen kennengelernt, der ständig wütend ist und dem sein Leben lang täglich etwas zustößt, das ihn noch wütender macht? Schafft dieser Mensch selbst diesen Teufelskreis? Oder hält er dieses Denk- und Verhaltensmuster seinem Umfeld gegenüber aufrecht, weil er in einer solchen Welt von Aggressionen Widerhall findet?

»Wir selbst müssen die Verantwortung für die Entscheidung übernehmen, wo wir Widerhall suchen und finden«, erklärt Jason. »Wenn wir uns für Liebe, Neugier auf neue Erkenntnisse, Frieden und Freude entscheiden, werden diese Gefühle bestimmte Wesen und Wesenheiten anziehen. Und wenn wir uns für Angst, Zorn, Gier und Hass entscheiden, werden diese Gefühle völlig andere Wesen und Wesenheiten zu uns ziehen. Hier kommt der freie Wille ins Spiel. Wir können selbst wählen, mit wem und mit was wir in Einklang sein möchten.«

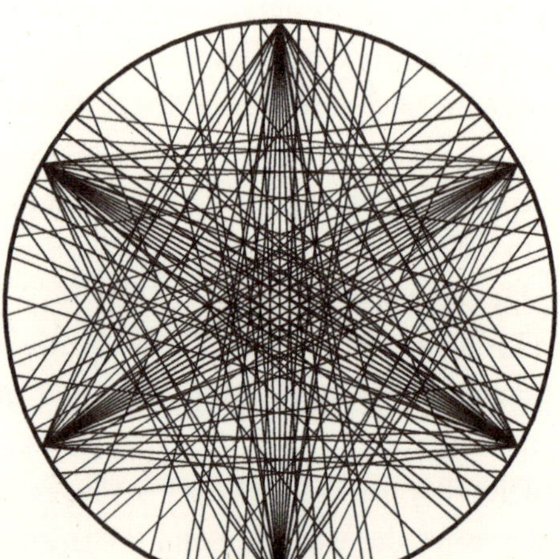

# 24 Leben in einem anderen Körper

Zwar erinnert sich Jason an einige seiner außerkörperlichen Erlebnisse, doch meistens war ihm beim Aufwachen nur klar, dass er irgendwo gewesen war, ohne dass er sich Einzelheiten ins Bewusstsein zurückholen konnte. »Ich wollte erfahren, wieso ich mich nicht an alles erinnern durfte«, sagt er.

Wie bereits erwähnt, war er während seiner Astralreisen lediglich Beobachter. Er konnte herumschweben und sich alles ansehen, durfte jedoch nicht ins Geschehen eingreifen.

»Es gab eine Zeit, in der ich meinen Körper zwanzig oder dreißig Mal während einer einzigen Nacht verließ«, berichtet er. »Zumindest kam es mir so vor. Wenn ich mich von meinem Körper löste, spürte ich, wie mich irgendetwas anzog. Gleich darauf sah ich dann, wie sich in meinem Zimmer ein Portal öffnete und ich hindurchgezogen wurde. Es fühlte sich an, als würde ich mit fantastischer Geschwindigkeit Lichtjahre hinauskatapultiert. Es kam mir so vor, als tauchte ich in ein Schwarzes Loch ein, das als Wurmloch zum Übergang zu anderen Orten in Zeit und Raum diente. Ich merkte, dass ich dieses Portal durchquerte, doch dann schnellte mein Bewusstsein stets in meine physische Gestalt zurück.«

Das frustrierte Jason von Mal zu Mal mehr.

»Ich wusste ja, dass ich meinen Körper verlassen und durch verschiedene Portale zu unbekannten Orten gereist war, konnte mich später aber an keines meiner Erlebnisse erinnern.«

Monatelang bat Jason seine Führer während dieser Astralreisen immer wieder um die Erlaubnis, bei vollem Bewusstsein bleiben zu dürfen, damit er das Geschehen vollständig wahrnehmen könne.

Eines Nachts wurde ihm dieser Wunsch erfüllt: »Ich durfte die ganze Reise als ›Jason‹ erleben.« Dabei fand er sich nicht nur in einer anderen Welt wieder, sein Bewusstsein landete schließlich im Körper eines kleinen Jungen. Aber ehe das geschah, musste er feststellen, dass er zwar quer durch das All reiste, sein Bewusstsein jedoch zu einer anderen Sternengruppe unterwegs war.

»Ich fragte die Wesen, wohin sich mich mitnehmen wollten«, erinnert sich Jason. »Sie erwiderten, das Ziel sei das Sternbild Pegasus.«

Während der Reise durch den Raum fiel ihm irgendwann ein Planet auf, der mit Ausnahme der Region rings um den Äquator offenbar vollständig von Eis bedeckt war. Vom All aus betrachtet wirkte die Region am Äquator eindeutig grün.

»Und die Pole waren massiv«, ergänzt er.

Jason weiß noch, dass die Wesen ihn auf dem Planeten landen ließen. Bald darauf befand er sich in einer Schule, und sein Bewusstsein wanderte in den Geist und die Seele eines kleinen Jungen.

»Stellen Sie sich vor, Sie reisten durchs All und würden plötzlich in ein lebendiges, atmendes Wesen hineinversetzt«, sagt Jason. »Zwar bin ich immer noch Jason, doch jetzt befindet sich dieser Jason in diesem Kind. Ich bin nun also ein völlig anderer – ein Kind auf einem anderen Planeten in einer anderen, von der Erde weit entfernten Welt.«

Für Jason war das ein wunderbar aufregendes Erlebnis: »Ich sitze zusammen mit anderen Kindern in einem Klassenzimmer, wende mich den Mitschülern zu und bitte sie, mir zu sagen, wer ich bin. Und damit störe ich im wahrsten Sinne des Wortes den Unterricht in einer anderen Welt.«

Was kaum überrascht. Schließlich hat Jason nie zu den besten Schülern gezählt. Während seiner Kindheit und Jugend hatte er kein besonderes Interesse an der Schule und schwänzte häufig den Unterricht – was seinen Eltern und natürlich auch den Lehrern große Sorgen machte.

»Ich war kein braver Schüler und nahm die Schule überhaupt nicht ernst«, bekennt er. »Zusammen mit meinen Freunden blieb ich dem Unterricht oft fern. Am Ende des Schuljahrs fehlte mir vermutlich ein ganzer Monat von Unterrichtsstunden.«

Und trotzdem bekam er gute Noten.

»Aus dem Matheunterricht flog ich hinaus. Mir kamen die Formeln wie chinesische Schriftzeichen vor. Beim besten Willen konnte ich mit Mathematik und Französisch nichts anfangen. Trotzdem kam ich immer irgendwie durch, auch wenn ich kaum für die Fächer lernte. Wenn man mir für eine schriftliche Hausarbeit einen Monat Zeit ließ, setzte ich mich erst am Abend vor dem Abgabetermin zum Arbeiten hin. Und dennoch bekam ich immer gute Noten.«

Erschwerend kam während der Schulzeit hinzu, dass Jason Legastheniker war und in Klassen für Lernbehinderte gesteckt wurde.

»Ließ man mir für Schulaufgaben vier Wochen Zeit, schaffte ich sie nicht. Doch unter Druck klappte es. Das Lesen konnte ich sowieso vergessen. Wenn wir uns mit Lektüre beschäftigen sollten, besorgte ich mir, sofern vorhanden, die Verfilmung des Romans oder der Geschichte oder aber die Arbeitshilfen von Lehrern für den Unterricht, in denen Zusammenfassungen des Lesestoffs standen.«

In der Highschool konzentrierte er sich vor allem auf das Fach Musik und spielte in mehreren Bands. Und obwohl er häufig den Unterricht störte, vielleicht auch den Klassenclown spielte, erzählte er in seinen jungen Jahren anderen niemals von den rätselhaften Dingen, die ihm zustießen.

»Im Grunde behielt ich alles für mich«, erklärt er. »Ich fand es einfach nicht so wichtig, jemanden einzuweihen. Ich verfrachtete alle meine verrückten Erlebnisse in eine Schublade im Hinterkopf und vergaß sie dort. Während ich diese Erlebnisse hatte, waren sie mir deutlich bewusst, doch nach einer Weile verblassten sie zu vagen Erinnerungen.«

Kein Wunder also, dass Jason es so aufregend fand, während einer Astralreise plötzlich in der Haut eines unbekannten Kindes zu stecken.

»Während ich mit allen Kindern ringsum redete, merkte ich, dass der Lehrer mich mit sehr seltsamen Blicken musterte. Dann sprang ich plötzlich auf und rannte aus dem Klassenzimmer. Ich suchte nach der Schulbibliothek, denn ich wollte mir unbedingt deren Bücherbestand ansehen.«

Doch ehe er dazu Gelegenheit hatte, holten die Wesen ihn aus dem Körper des kleinen Jungen heraus und brachten ihn nach Hause zurück. »Vermutlich hatte ich für allzu viel Aufruhr gesorgt«, meint er. Später verstand er den Abbruch der Reise.

»Wir leben viele Leben zur gleichen Zeit, deswegen können wir uns normalerweise nur an sehr wenig erinnern«, sagt er. »Dadurch, dass die Wesen mir erlaubten, das Leben dieses kleinen Jungen in Realzeit zu teilen, griff ich tatsächlich in einen anderen Lebensstrom ein – und weder ich noch sonst jemand darf das tun. Wir haben kein Recht dazu. Mag sein, dass ich in einem anderen Leben auf einem anderen Planeten tatsächlich selbst dieser kleine Junge bin, doch er hat einen eigenen Bewusstseinsstrom. Allerdings stammen wir beide aus derselben Essenz, haben dieselbe Seele und denselben Geist. Meiner Meinung nach gab man mir die Gelegenheit, diese Erfahrung zu machen (und mich später daran zu erinnern), vor allem deshalb, weil man mir zeigen wollte, dass wir alle mehrdimensionale Wesen sind und zahlreiche Leben in Zeit und Raum führen, und zwar alle simultan.«

Bei anderen Astralreisen brachte man Jason offenbar vor allem deshalb zu anderen Planeten in anderen Welten, damit er dort zur Heilung ihm nahestehender Wesen beitragen konnte.

»Als ich die Heilkunst und die Astralreisen besser im Griff hatte, begann etwas Neues«, berichtet Jason. »Man rief mich zu anderen Planeten, wo ich anderen Wesen helfen sollte. Besonders mit einem Wesen fühlte ich mich eng verbunden. Ich bin mir nicht sicher, was mir dieses Wesen bedeutete. Mag sein, dass es sogar mein eigenes Selbst in einem anderen Lebensstrom war.«

Zwar ähnelte dieses Wesen einem hochgewachsenen Grey, doch Jason erkannte, dass es nicht zu dieser außerirdischen Spezies zählte. »Es lebte in einer Höhle, die in einer Wüste lag. Seine Haut war fast lachsfarben und sehr verwittert.«

Jason spürte, dass dieses Wesen Angst hatte und in einer Höhle Schutz gesucht hatte, um sich dort zu verstecken. »Es kam mir so vor, als würde es von jemandem verfolgt. Ich wurde häufig zu diesem

Wesen gerufen, und jedes Mal gab ich ihm Lebenskraft, wenn es sie dringend benötigte.«

Monika hat sogar beobachtet, wie Wesen in ihr Schlafzimmer eindrangen, um Jason aufzuwecken und abzuholen. »Eines Nachts hat eines dieser Wesen ihr wirklich Angst gemacht«, erzählt Jason. »Sie hörte, wie jemand unser Schlafzimmer betrat, und als sie die Augen aufschlug, sah sie ein Wesen, das ihrer Beschreibung nach wie Darth Vader aus *Star Wars* aussah. Es atmete durch irgendeine Schutzmaske, die sein Gesicht verbarg. Ich beruhigte Monika und sagte, so etwas sei für mich nichts Außergewöhnliches, diese Wesen hätten mich schon oft zu Hilfe geholt – etwa, um jemanden zu heilen.«

Jason zufolge geschieht Derartiges (auch) in der spirituellen Welt, wenn dort Seelen festsitzen und neue Kraft brauchen, um in höhere Dimensionen aufzusteigen. »Schon oft bin ich davon aufgewacht, dass mir ein solches Hilfe suchendes Wesen erschien. Dann habe ich einfach ein Portal zu einer höheren Welt geöffnet und meine spirituellen Führer und Engel gebeten, diesem Wesen beizustehen und zu dessen Heilung beizutragen. Daraufhin wurde es unverzüglich in die spirituelle Welt befördert. Unsere physische Gestalt stellt eine Verbindung zwischen den Welten dar. Sie verleiht uns große Macht und Kraft, wenn wir sie richtig handhaben.«

Jason behauptet, dass wir alle die Fähigkeit des Heilens in uns tragen. »Wir sind das Portal zwischen den Welten«, sagt er. »Wir sind das Tor und die Brücke zu allen Welten und Dimensionen.«

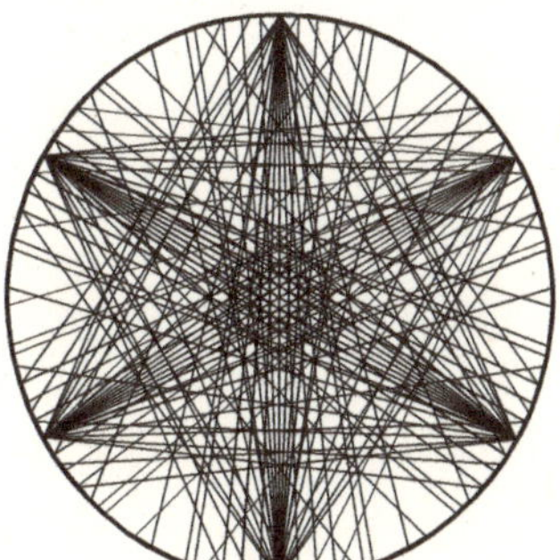

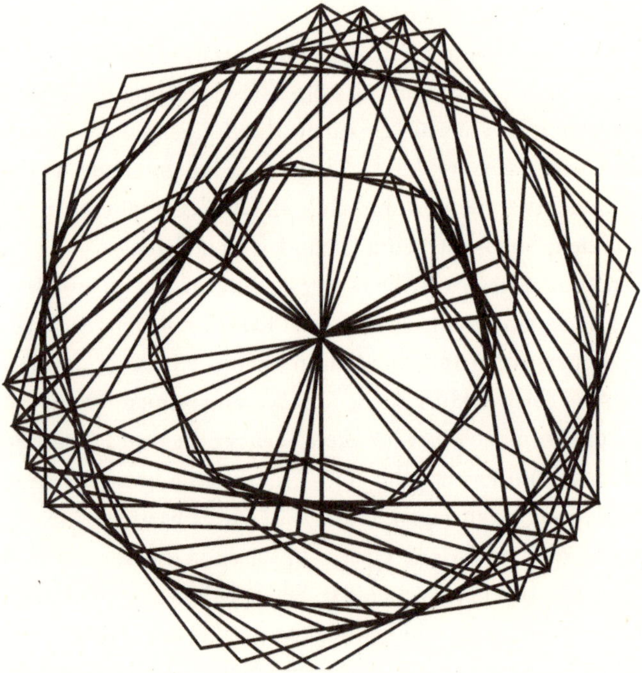

»Niemals verändert man etwas dadurch,
dass man die bestehende Wirklichkeit bekämpft.
Um etwas zu verändern, muss man einen neuen Bauplan schaffen,
der die existierende Vorlage hinfällig macht.«

Buckminster Fuller

# 25 Verbotene Archäologie

Unsere Geschichte ist nicht so, wie man sie uns erzählt hat und immer noch erzählt. Das weiß Jason aus erster Hand durch seine Astralreisen. Aber er ist auch davon überzeugt, dass man dafür bereits früher in allen Teilen der Welt greifbare und unwiderlegbare Beweise gefunden hat. Sie weisen darauf hin, dass die Erde schon lange vor dem Zeitraum, von dem man uns berichtet, zahlreiche historische Epochen durchlebt hat. Warum also sind die öffentlich anerkannten Gelehrten, Archäologen, Historiker und Naturwissenschaftler so sehr darauf aus, diese Beweise zu ignorieren?

»Die Antwort darauf ist schlicht folgende: Würde man diese Beweise anerkennen, würden sie die derzeit geltende Historie widerlegen und man müsste die gesamte Geschichte der Menschheit neu schreiben«, erklärt Jason. »In Wahrheit ist unsere Geschichte nämlich ganz anders als gemeinhin angenommen. Funde aus uralten Zeiten, Überreste von Knochen, Skeletten und Artefakte, von deren Entdeckung kaum jemand weiß, passen einfach nicht zu der Geschichtsschreibung, die man uns in der Schule und seitdem durch die Medien eingebläut hat.«

Beispielsweise wurde uns beigebracht, dass in prähistorischen Zeiten Dinosaurier die Welt beherrschten und sich die Menschheit erst fast fünfundsechzig Millionen Jahre später entwickelte. Falls das stimmt, wie lassen sich dann die unglaublichen Funde erklären, die in den Jahren 1944 bis 1950 gemacht wurden? Seinerzeit wurden in Vororten der mexikanischen Stadt Acambaro (Guanahua) mehr als 33.000 Ton- und Keramikfiguren entdeckt. Sie umfassen Töpferwaren sowie unter anderem Darstellungen von Werkzeugen, Affen und – Dinosauriern! Manche Experten datieren diese Artefakte auf die Zeit 2500 vor Christus. Falls das zutrifft, wie konnte dann eine alte Zivilisation überhaupt von solchen Tieren wie Dinosauriern wissen? Einige der Statuetten zeigen sogar auf Dinosauriern reitende Menschen.

Erstmals wurden solche Statuetten von dem damals neunundsechzig Jahre alten deutschen Hobby-Archäologen Waldemar Julsrud entdeckt. Der Kaufmann stieß Berichten zufolge bei einem Ausritt zu Pferde zufällig auf die Figuren. Daraufhin heuerte er ortsansässige Bauern dazu an, das auszugraben, was sich in den folgenden sieben Jahren als wahrer Schatz von Artefakten entpuppen sollte.

Selbstverständlich haben manche Sachverständige daraus den Schluss gezogen, dass die Einheimischen diese Figuren selbst hergestellt hatten, um auf diese Weise Touristen anzulocken. Doch bis heute hat niemand nachweisen können, dass diese Statuetten Fälschungen sind. Sind es also tatsächlich uralte Artefakte, entstanden in einer Zivilisation, die mehr als dreitausend Jahre vor der aztekischen Kultur existierte? Diese Frage ist nach wie vor offen. Falls die Artefakte authentisch sind, weisen sie darauf hin, dass Menschen und Dinosaurier früher einmal zur gleichen Zeit über die Erde streiften und die Kunsthandwerker der Frühzeit, die diese Figuren schufen, darüber Bescheid wussten.

»Wenn man neue Entdeckungen macht, auf archäologisch interessante Anlagen, Artefakte oder sogar Überreste von Skeletten stößt und diese Funde nicht zu der bislang gelehrten Menschheitsgeschichte passen, zieht das eine Fülle von Ereignissen nach sich«, erklärt Jason. »Die Gemeinschaft allgemein anerkannter Wissenschaftler und die zuständigen staatlichen Stellen ignorieren diese neuen Enthüllungen, sammeln sie und verstecken sie auf Nimmerwiedersehen. Oder diese Machtinhaber verkünden einfach, dass die Funde aus einer bekannten historischen Epoche stammen, auch wenn die Beweislage und der gesunde Menschenverstand nahelegen, dass das nicht zutreffen kann. Oft führt die Entdeckung solcher Artefakte bei herausragenden Archäologen und Wissenschaftlern sogar zum Ende der beruflichen Laufbahn. Wer eine Entdeckung bekanntgibt, die der vorherrschenden Geschichtsschreibung widerspricht, wird nicht selten verhöhnt, aus seiner beruflichen Stellung gedrängt und findet nie wieder eine Anstellung in seiner

Profession. Das ist schon vielen Experten auf diesen Gebieten so gegangen und leider kein Ausnahmefall.«

Doch die Entdeckung in Mexiko im Jahre 1944 ist nicht die einzige, die allgemeinen Auffassungen widerspricht. »Die berühmten *Steine von Ica*, gefunden nahe der peruanischen Stadt Ica, zeigen viele verschiedene Arten von Dinosauriern zusammen mit Menschen«, sagt Jason. »Es gibt mehr als 15.000 solcher Artefakte.«

Genau wie bei der Entdeckung in Mexiko machten sich anerkannte Experten über die Funde lustig und bezeichneten sie als Schwindel, teilweise deswegen, weil der angebliche Fundort, eine Höhle, nie offenbart wurde. Die Steine wurden jedoch niemals mit wissenschaftlichen Verfahren untersucht. Alles gute Gründe, sie skeptisch zu betrachten. Aber sind es wirklich Fälschungen?

Die Sammlung runder Steine, die angeblich in einer Höhle nahe der Stadt Ica gefunden wurde, zeigt nicht nur Inkas, die Dinosaurier jagen und gegen sie kämpfen, sondern auf einigen sind auch auf Dinosauriern reitende Menschen zu sehen, die diese Tiere somit zur eigenen Beförderung benutzen.

Andere Steine zeigen Inkas, die etwas benutzen, das wie ein Fernrohr aussieht, eine Operation durchführen, vielleicht aber auch ein Opfer darbringen.

Die Steine erregten 1966 weltweites Aufsehen, als der peruanische Arzt Dr. Javier Cabrera Darquea seine Praxis aufgab und das Museum für handgravierte Steine eröffnete, wo Tausende der Steine ausgestellt waren. Seitdem haben mehrere ortsansässige Bauern bekannt, sie hätten diese Steine geschaffen, um sie an Touristen zu verkaufen. Hatte man ihnen befohlen, das auszusagen? Wurden sie dafür bezahlt?

Dennoch beharrt Dr. Cabrera darauf, dass die Steine authentisch sind und bezeugen, dass die Inkas mit Außerirdischen Verbindung hatten.

Im Nationalmuseum von Kambodscha sind historische Relikte zu sehen, die man im kambodschanischen Angkor entdeckt hat. Unter den Artefakten, die aus der Zeit von der 9. bis zur 124. Dynastie stammen, befindet sich an einer Mauer des Ta Prohm-Tempels auch ein Stein, in

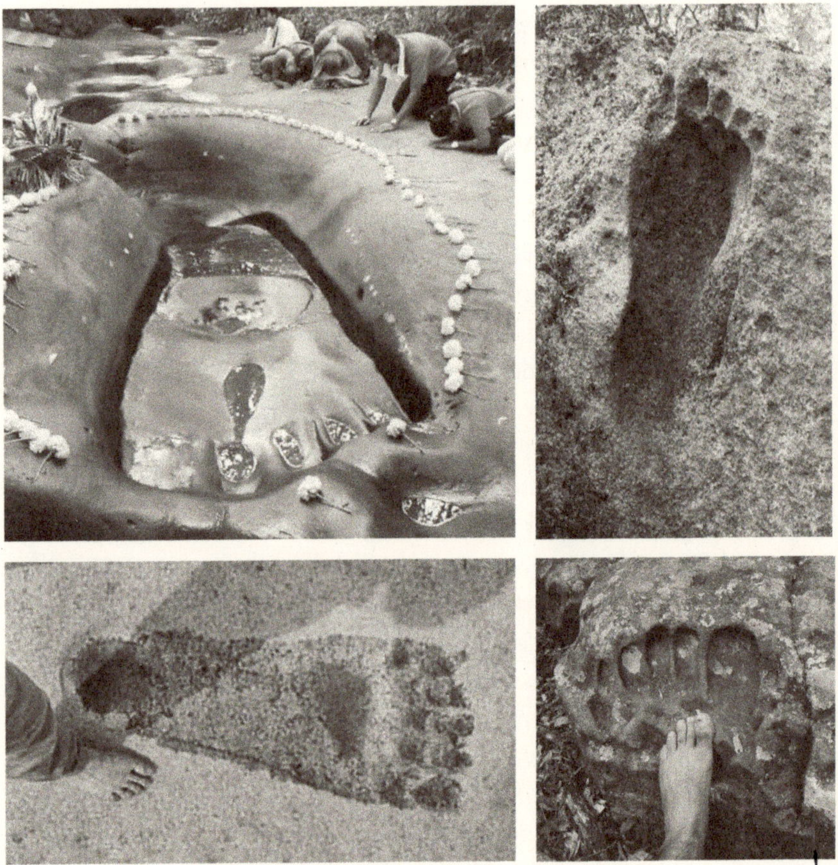

*Bilder von im Stein zurückgelassenen riesigen Fußabdrücken aus verschiedenen Teilen der Welt*

dem offenbar ein Stegosaurus eingraviert ist. Der Tempel wurde als Teil eines buddhistischen Klosters im 12. Jahrhundert errichtet. Die Gravur wurde erstmals bekannt, als sie Ende der 1990er Jahre in von Claude Jacques und Michael Freeman verfassten Büchern abgebildet war.

»Ich will nicht behaupten, dass diese Gravur die Existenz von Dinosauriern zur Entstehungszeit dieser Steine belegt. Doch sie scheint darauf hinzudeuten, dass den alten Zivilisationen die vormalige Existenz dieser Tiere bekannt war«, sagt Jason. »Und wieder stellt sich die Frage, wie sie das wissen konnten.«

Als Nächstes beschäftigen wir uns mit den mysteriösen gigantischen Fußabdrücken, die man in vielen Teilen der Welt entdeckt hat. In Asien kursierte eine Geschichte darüber, dass die Gottheit Hanuman, der große Anhänger des Gottes Rama, bei der Landung in verschiedenen Ländern der Erde jeweils riesige Fußabdrücke hinterließ. Hanuman ist eine hinduistische Gottheit und einer der wichtigsten Helden in dem altindischen Epos *Ramayana*. Er zählt zu den am meisten verehrten Gestalten in der hinduistischen Mythologie.

»Diese Fußabdrücke sind einige Millionen Jahre alt«, sagt Jason. »Überall in Asien sind sie Mittelpunkt von Schreinen und Altären, wo man betet oder religiöse Zeremonien durchführt. Doch diese Abdrücke findet man als Fossilien in Steinen auf der ganzen Welt. Manche dieser Fußabdrücke wirken völlig unglaublich. Sie sind weit mehr als einen Meter lang, und man hat sie sogar auf ein Alter von dreihundert Millionen Jahren geschätzt!«

Versteinerte Fußabdrücke von Dinosauriern neben menschlichen Fußabdrücken hat man Anfang des 20. Jahrhunderts im Kalksteinbett des Paluxy River in der Nähe von Glen Rose, Texas, im Dinosaur Valley Park gefunden.

»Und wieder einmal kamen die allgemein anerkannten Experten zu dem Schluss, die daneben entdeckten menschlichen Fußabdrücke müssten ein Schwindel sein, und damit war dieser Fall für sie erledigt«, berichtet Jason. »Aber ist es nicht genauso gut möglich, dass sich diese sogenannten Experten einfach weigern, die Alternative überhaupt in Betracht zu ziehen? Dass Menschen und Dinosaurier zur selben Zeit existierten? In Südafrika hat man in der Nähe des Ortes Mpaluzi einen mehr als ein Meter zwanzig langen Fußabdruck entdeckt, von dem man annimmt, dass er mehr als zweihundert Millionen Jahre alt ist. Dieser Fußabdruck hat Schlagzeilen gemacht, nachdem der Autor und Forscher Michael Tellinger im Internet auf diesen Fund hingewiesen hatte.«

Ursprünglich wurde der in einem abgelegenen Landesteil in Granit eingeprägte Fußabdruck 1912 von Stoffel Coetzee, einem einheimischen Löwenjäger, entdeckt.

»Außerdem wurden Anfang der 1960er Jahre in den Minen des nördlichen Namibia ein Oberschenkelhalsknochen und Hüftknochen gefunden, die zu einem Lebewesen von mehr als dreieinhalb Metern Größe gehören mussten«, sagt Jason. »Einige Experten sind zu dem Schluss gekommen, dass in Afrika von mehr als 40.000 Jahren wahre Riesen gelebt haben müssen. Doch Geschichten von Riesen sind in unserer Welt nichts Neues. Riesen wurden sogar schon in den ersten Aufzeichnungen der Menschheit erwähnt. Man findet sie überall in den Texten der Sumerer, Ägypter und selbst in der Bibel. Beispielsweise heißt es in Kapitel 6, Vers 4 des Ersten Buch Mose:

*Zu der Zeit und auch später noch, als die Gottessöhne zu den Töchtern der Menschen eingingen und sie ihnen Kinder gebaren, wurden daraus Riesen auf Erden. Das sind die Helden der Vorzeit, die hochberühmten.*

Die Geschichten von Riesen erstrecken sich über alle Kulturen auf der Erde, unabhängig von deren Rasse oder Ortsansässigkeit.

»Diese Geschichten sind tief in unserem Bewusstsein verankert«, erklärt Jason. »Viele Menschen sind wirklich davon überzeugt, dass früher einmal Riesen auf der Erde wandelten. Tatsächlich wurden in allen Teilen der Welt nicht nur riesige Fußabdrücke, sondern auch riesige Skelette entdeckt. Doch genau wie die aufgefundenen Artefakte, die nicht in unsere Geschichtsschreibung passen, verschwinden sie oft einfach auf Nimmerwiedersehen.«

Aber wir hier in den USA müssen gar nicht in die Ferne blicken: Viele solcher Riesen wurden in Nordamerika gefunden, und es wurden zahlreiche Berichte über diese Entdeckungen veröffentlicht. Die *New York Times* publizierte einen derartigen Fall bereits am 20. Dezember 1897. Als in Wisconsin ein Erdhügel geöffnet und untersucht wurde, fand man ein zwei Meter fünfundsiebzig großes Skelett.

»Und es wurden noch zwei weitere Skelette in diesem Gebiet entdeckt«, ergänzt Jason. »Eines war etwa zwei Meter dreißig, das andere fast zwei Meter fünfzig groß. Interessanterweise wurden Berichte über diese Entdeckungen – im Prinzip sind sie ja ein Beweis dafür, dass eine

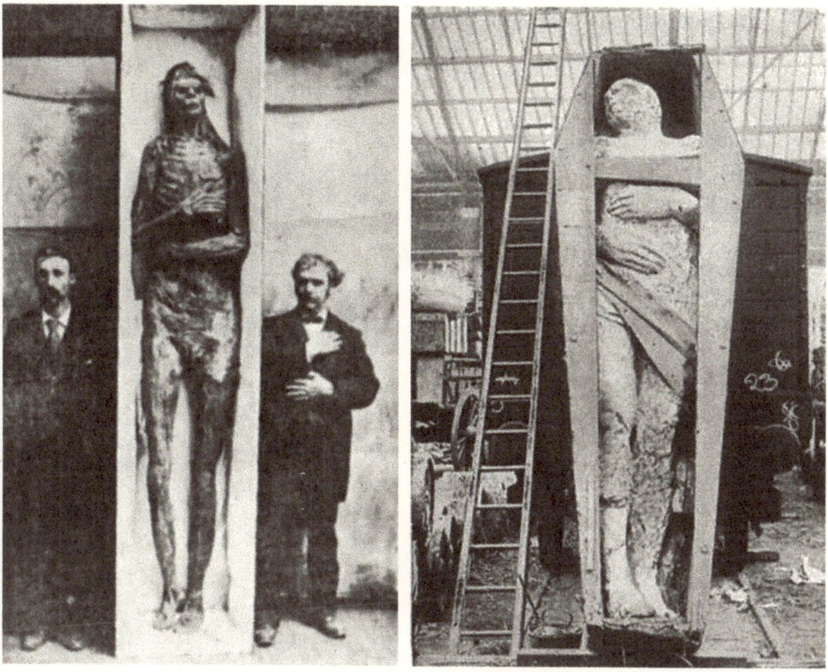

*Historische Fotografien von Riesen, die in Zeitungen veröffentlicht wurden*

ausgestorbene Rasse von Riesen früher einmal in diesem Gebiet gelebt hat – weitgehend ignoriert. Das Besondere an derartigen Skeletten war nicht nur ihre Größe, sondern auch, dass sie doppelte Zahnreihen hatten. Es gibt Hunderte solcher dokumentierten Fälle, bei denen Überreste riesiger Skelette in uralten Grabhügeln gefunden wurden. Manche waren sogar mehr als drei Meter sechzig groß.«

Artikel, die zur Zeit dieser Entdeckungen veröffentlicht wurden, enthalten überdies Hinweise darauf, dass diese Riesen sechs Finger sowie sechs Zehen hatten und ihre Schädel länglich geformt waren – Sie erinnern sich …

Das sollte einem zu denken geben. Wie viele von Ihnen haben in irgendeinem Museum schon jemals das Skelett eines Riesen gesehen?

»Ist es nicht interessant, dass derartige Skelette trotz aller dokumentierten Beweise und der Zeitungsartikel, in denen über diese unglaublichen Funde berichtet wurde, nirgendwo ausgestellt wurden?«, bemerkt

Jason dazu. »Ist womöglich etwas an dem Gerücht dran, dass viele dieser riesigen Skelette in den Kellern des Smithsonian Institutes verborgen sind?«

Und versteckt man sie dort, weil eine Anerkennung ihrer Existenz der offiziellen Geschichtsschreibung völlig widersprechen würde?

»Die Geschichte, die man uns in der Schule eingetrichtert hat und die in den Lehrbüchern steht, dient einer vorgefertigten Version der Menschheitsgeschichte«, meint Jason. »Die allgemein anerkannten Experten halten so stur an ihren Überzeugungen fest, dass sie sich weigern, irgendetwas zu glauben, das nicht zu der Geschichte passt, die ihnen vermittelt wurde und die sie nun ihrerseits vermitteln. Ende der 1950er Jahre wurde während Straßenbauarbeiten im Euphrat-Tal im Südosten der Türkei ein fast ein Meter zwanzig langer Oberschenkelknochen entdeckt. Und das bedeutet, dass er von einem mehr als vier Meter fünfzig großen Riesen stammen musste.«

Berichten zufolge wurden auch in vielen Grabstätten Überreste von Riesen gefunden. 1988 fotografierte der Schweizer Hobby-Archäologe Gregor Spörri in Ägypten einen achtunddreißig Zentimeter langen Finger, den angeblich ein Grabräuber in der Nähe der Pyramiden von Gise gefunden hatte.

»Das bedeutet, dass dessen Besitzer etwa fünf Meter groß gewesen sein muss«, erklärt Jason. »Ein weiteres riesiges Skelett, das man im nordirischen County Antrim fand, war mehr als drei Meter fünfundsechzig groß.«

Ein Foto davon erschien im Dezember 1895 im englischen *Strand Magazine*. Angeblich war der Entdecker ein Mann, der nach Eisenerz schürfte. Berichte erwähnten, dass dieser Riese außerdem sechs Zehen hatte. Über diese Entdeckung ist nur sehr wenig bekannt, und man weiß auch nicht, ob das Skelett jemals wissenschaftlich auf Authenzitität überprüft wurde. Skeptiker weisen gerade auf diesen Fall als puren Schwindel hin.

In Luzern (Schweiz) wurde 1577 unter einer umgestürzten Eiche ein etwa sechs Meter großes Skelett entdeckt. Doch fast zweihundert Jahre später verkündete ein arrivierter Wissenschaftler, es seien die

Knochen eines Elefanten. Hatte er recht? Oder war das nur eine weitere Vertuschung der Wahrheit, um eine Revision unserer Geschichtsschreibung zu verhindern?

»Ein weiteres Riesenskelett von mehr als neun Metern Länge wurde 1613 im französischen Department Rhone entdeckt«, berichtet Jason. »Angeblich hoben Steinmetze im Umfeld der Ruinen des Schlosses Chaumont, das in der Nähe der Flüsse Rhone und Isère liegt, einen Brunnen aus, als sie auf die Knochen eines Riesen stießen. Und die Liste ließe sich beliebig fortsetzen. Offenbar ist die Entdeckung von Riesen gar nicht so außergewöhnlich. Nur wird so etwas nicht mehr bekanntgegeben.«

*Altägyptische Kunstwerke, auf denen Menschen in vielen unterschiedlichen Größen zu erkennen sind*

Wer waren diese Riesen? Man fand sie ja nicht nur in einer bestimmten Region, sondern überall auf dem Planeten. War unsere Welt einst von Riesen bevölkert?

»Viele Artefakte aus Ägypten und Sumer zeigen eindeutig Menschen unterschiedlicher Größe, die nebeneinander stehen«, bemerkt Jason. Auf einem sehr bekannten Artefakt sind riesige Ägypter neben einer ausgewachsenen Giraffe zu sehen.«

War das nur künstlerische Freiheit? Oder ein Abbild der Wirklichkeit? Kann dieses Kunstwerk als archäologischer Beweis dafür dienen, dass in unserer Frühzeit viele unterschiedlich große humanoide Arten auf der Erde lebten?

»Die Nichtbeachtung der Spuren von Riesen ist jedoch noch gar nichts verglichen mit dem, was die angeblichen Experten im Zusammenhang mit Pyramiden auf keinen Fall zur Kenntnis nehmen wollen«, führt Jason weiter aus. »In einigen Fällen haben sie uralte Anlagen schlicht ignoriert. Dabei hat man überall auf diesem Planeten Pyramiden orten können. Das Problem besteht für diese Archäologen und Historiker darin, dass einige dieser Pyramiden viel älter sind, als es ihnen recht sein kann.«

Ein Beispiel dafür ist eine Pyramide, die ein engagierter Hobby-Forscher namens Dr. Sam Osmanagich in Bosnien entdeckte.[1] Jason zufolge ist diese »größte jemals entdeckte Pyramide ungefähr zweimal so groß wie die große Pyramide von Gise. Dort stieß man auf uralte Tunnelsysteme und Werkzeuge. Den ganzen Komplex schätzt man auf ein Alter von 25.000 Jahren. Demnach wäre er viel älter als das bislang vermutete Alter unserer Zivilisation. Tests haben außerdem gezeigt, dass diese Pyramide eine Ultraschallfrequenz ausstrahlt, die etwa einer Frequenz von 28 Kilohertz entspricht. Auch in der chinesischen Provinz Qinghai hat man eine uralte Pyramide entdeckt. Das Besondere daran ist, dass man innerhalb dieser Pyramide auf viele Eisenrohre gestoßen ist, deren Alter man auf 150.000 Jahre schätzt.«

---

1 Der Entdecker veröffentlichte sein Buch darüber auf Deutsch im Amra Verlag: *Die Pyramiden von Bosnien & auf der ganzen Welt*, durchgehend farbiger Forschungsbericht, Hanau 2014; dort liegen auch eine CD und eine DVD zu dem Thema vor.

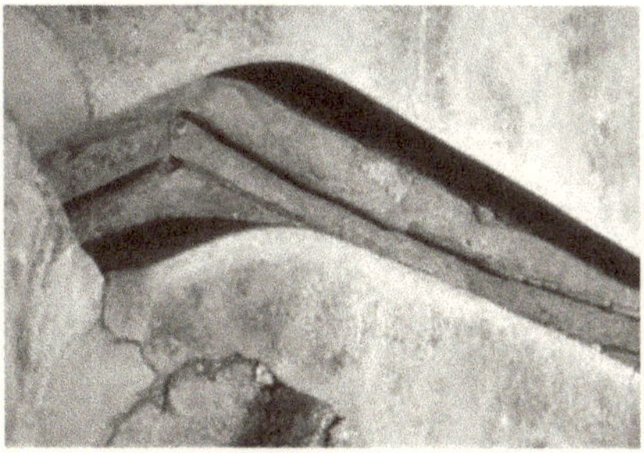

*Ein 150.000 Jahre altes Eisenrohr, das in einer chinesischen Pyramide gefunden wurde*

*Die bosnische Pyramide schätzt man auf ein Alter von mehr als 25.000 Jahren*

*Der »Londoner Hammer« – ein Schätzungen nach 450 Millionen altes Artefakt*

Doch unter all diesen uralten Pyramiden ist ein Bauwerk in der Lage, die uns bekannte Menschheitsgeschichte wirklich gründlich zu widerlegen: 1999 entdeckte der frühere sowjetische Militärangehörige und Wissenschaftler Vitali Gokh auf der Südspitze der Halbinsel Krim eine Anlage aus dem Megalith, die – sofern die Datierung korrekt ist – bis in eine prähistorische Zeit zurückreicht, in der noch nicht einmal die Saurier auf der Erde umherstreiften.

»Man hat behauptet, dass dieses Bauwerk das älteste ist, das auf der Erde jemals entdeckt wurde, nämlich atemberaubende fünfundsechzig Millionen Jahre alt«, sagt Jason.

Gokh fand außerdem heraus, dass dieses Bauwerk auf den Frequenzen 900 x 109 Hertz, 500 x 109 Hertz und 10 x 109 Hertz insgesamt drei Energiestrahlen emittiert.

Berichten zufolge entdeckte Gokh eine riesige, fast fünfundvierzig Meter hohe und zweiundsiebzig Meter breite Pyramide mit inneren Kammern, die auch eine Mumie bargen. Derzeit sind dort immer noch Ausgrabungsarbeiten im Gange, doch Berichte deuten darauf hin, dass in dieser Region fast *vierzig* Pyramiden und weitere Bauwerke lokalisiert werden konnten.

»Selbstverständlich haben sich die sogenannten archäologischen Experten noch nicht zu dieser außergewöhnlichen Entdeckung geäußert«, kommentiert Jason. »Eine andere Geschichte, die allem, was gemeinhin angenommen wird, widerspricht, hat mit einem in London entdeckten Hammer aus Eisen und Holz zu tun, der in massives Gestein eingebettet war. Dieses Werkzeug wird auf eine Zeit datiert, die die sogenannten Experten auf keinen Fall als korrekt akzeptieren können. Die Steinschicht, in die der Hammer eingebettet war, stammt aus der erdgeschichtlichen Epoche des Ordoviziums, ist also etwa 450 Millionen Jahre alt.«

Als Jason einmal Urlaub an einem seiner Lieblingsorte machte, auf Manitoulin Island im nördlichen Ontario, stieß er persönlich auf eine historische Ungereimtheit. Bei seinem Besuch im historischen Sheguiandah Centennial Museum fiel ihm ein kleines an der Wand hängendes Foto mit folgender Bildunterschrift auf: *An diesem Ort entdeckte Thomas E. Lee, Archäologe des Kanadischen Nationalmuseums, technologisch weit entwickelte Werkzeuge. Sie stammen aus einer Kultur, die vor 125.000 Jahren auf dieser Insel existierte.*

»Wenn diese Aussage stimmt, widerlegt sie alle unsere Annahmen darüber, dass unsere Vorfahren aus Afrika kamen und das Eis als Brücke benutzten, um nach Nordamerika zu gelangen«, erklärt Jason. »Falls die Landbrücken-Hypothese zutrifft, müssten die ersten Einwanderer in Nordamerika vor 13.000 Jahren eingetroffen sein. Wissenschaftliche Untersuchungen aus jüngster Zeit gehen nun davon aus, dass die Einwanderung über die Landbrücke in einer Zeit von 19.000 bis 22.000 in unserer Vergangenheit erfolgte.«

Die sogenannten Experten machten sich über Thomas E. Lees historische Entdeckung lustig. »Ihr Spott war ein wesentlicher Grund dafür, dass er seine Stelle im Nationalmuseum verlor und lange Zeit keine neue fand«, berichtet Jason. »Er konnte auch keine Artikel mehr in renommierten Fachpublikationen unterbringen. Viele Autoren nahmen ihm seine Entdeckung nicht ab, und alle von ihm gefundenen Artefakte verschwanden plötzlich von der Bildfläche. Selbst dem Leiter des Kanadischen Nationalmuseums wurde wegen seines Vorschlags, Thomas E. Lees Entdeckungen zu veröffentlichen, gekündigt. Andere Mitarbeiter an diesem Projekt fanden in diesem Forschungsbereich gleichfalls keine Arbeit mehr.«

Jason zufolge ist das kein Einzelfall. Auch viele andere, die es wagten, der etablierten Geschichtsschreibung zu widersprechen und sie anzugreifen, verloren wegen eines solchen Rufmords ihre Arbeitsmöglichkeiten in Wissenschaft und Forschung.

»Wer den Kampf gegen allgemeine Auffassungen aufnimmt, geht einfach ein allzu großes persönliches Risiko ein«, meint Jason. »Die Geschichtsschreibung, die uns beigebracht wird, wird dazu benutzt, uns eine falsche Realität einzuprogrammieren, damit man uns mühelos lenken kann. Wenn man einer Kultur ihre Geschichte nimmt, kann man sie viel leichter in eine neue Gesellschaft mit neuen Überzeugungen eingliedern – was einer Einverleibung gleichkommt. Genau das hat die Kirche bei den kanadischen Ureinwohnern durch Einrichtung der von ihnen kontrollierten Schulen und Internate versucht. Sie wollte dadurch im Namen der Religion alle Verbindungen der Ureinwohner zu ihren Wurzeln kappen. In der Vergangenheit waren Kanada und die Vereinigten Staaten darauf aus, die Bevölkerung der Ureinwohner systematisch zu vernichten, da diese eine andere Weltanschauung vertrat. Ideologien und religiöse Überzeugungen stellen die größten Bedrohungen für die Welt dar, wenn sie auf Angst, Gier und Herrschaftswillen basieren. Das ist auch der Grund dafür, dass man so viele archäologische Funde in der Versenkung verschwinden ließ, weil sie nicht zur allgemein gebilligten und gelehrten Geschichtsschreibung passen.«

Gab es also tatsächlich eine Zeit in ferner Vergangenheit, in der wir gemeinsam mit den Dinosauriern über die Erde wandelten? Und falls ja, wie weit reicht dann die Menschheitsgeschichte zurück?

»Während einer meiner Astralreisen zeigte man mir ein Hologramm der Erde«, berichtet Jason.

»Ich sah die Erdgeschichte in einer unglaublich schnellen Rückblende und konnte beobachten, wie sich die Kontinente veränderten und verlagerten, erblickte die Erde, als sie noch ein einziger riesiger Kontinent war. Über eine Zeitspanne von vielen Millionen Jahren hinweg durchlief die Erde viele Zyklen. Tatsächlich hat man mir mindestens fünf verschiedene Zeitalter der Erde gezeigt.«

Jason hat sehr starke Verbindungen zu zwei verschiedenen Orten in zwei verschiedenen Zeitaltern der Erdgeschichte.

»Ich habe oft den Ruf gespürt, dorthin zurückzukehren«, sagt er. »Diese Orte sind eng mit mir verbunden und mir zugleich ein Rätsel. Ich weiß nicht genau, welche Bestimmung sie für mich erfüllen, aber es kommt mir so vor, als wäre ich dort schon oft gewesen.

Der eine Ort ist ein Tempel in einer Zeit, als sich die Erde noch im Frühstadium ihrer Entwicklung befand. Es war eine Welt des Feuers. Der Himmel war stets dunkel und es gab keine Spur von Vegetation. Die Umgebung bestand ausschließlich aus Felsen, und in der Ferne sah ich glühende Lava aus dem Boden strömen.

Der Tempel bestand offenbar aus Brocken roten Lehms und wirkte sehr archaisch. Ich spürte dort eine starke spirituelle Kraft. Lange Treppen führten zu dem Tempel hinauf. Flammen erhellten die Räume und Gänge, es war sehr warm darin. Ich hatte das Gefühl, Millionen von Jahren in unsere Vergangenheit zurückgereist zu sein. Ich nenne diesen Ort den *Flammentempel.*«

Jason war stets allein, wenn er zu diesem Tempel reiste. Es gab dort keine Anzeichen für die Existenz eines anderen menschenähnlichen Wesens, dennoch spürte Jason jedes Mal irgendeine starke Präsenz.

»Ich meinte dort sehr leise Schwingungen zu vernehmen, als würden Menschen dort uralte Mantras rezitieren«, berichtet er. »Aber Menschen habe ich dort niemals gesehen – nur die Töne gehört, die durch den Tempel schwangen.«

Ein weiterer Ort, von dem sich Jason immer wieder angezogen fühlte, existierte offenbar zu Zeiten von Atlantis.

»Vielleicht vor 50.000 Jahren«, meint Jason. »Dort gibt es viele Wasserwege und Inseln. Doch wenn man mich zu diesem Ort ruft, sind nur noch Ruinen übrig. Es gibt keine lebendige Zivilisation mehr.«

An der Bergseite, die Ausblick auf ein Meer bietet, sah Jason viele uralte aus dem Berg gehauene Säulen.

»Ich habe stets das Gefühl, dass mir diese beiden uralten Orte sehr viel bedeuten, für mich sehr wichtig sind«, erklärt er. »Aber ich habe keine Ahnung, warum. Vielleicht haben beide früher einmal eine wichtige Aufgabe erfüllt. Die Antwort darauf wurde mir allerdings noch nicht zuteil.«

War die Menschheit oder eine menschenähnliche Art in allen unterschiedlichen Stadien der irdischen Entwicklung, die Jason gesehen hat, irgendwie präsent?

Und sind die Erinnerungen daran immer noch vorhanden – tief in unserem Inneren verborgen? Haben wir heute noch Zugang zu ihnen?

»Unsere verborgene Geschichte reicht nicht nur ein paar tausend Jahre zurück«, erwidert Jason. »Sie erstreckt sich Millionen Jahre in unsere Vergangenheit.«

Doch es bleibt die große Frage, ob wir bereit sind, die verborgene Geschichte unseres Planeten aufzudecken.

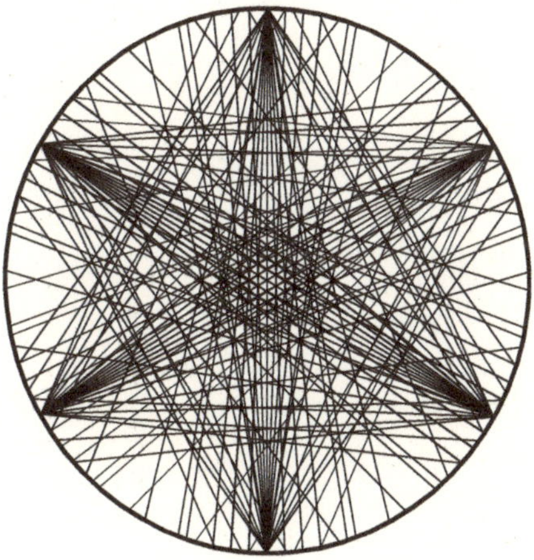

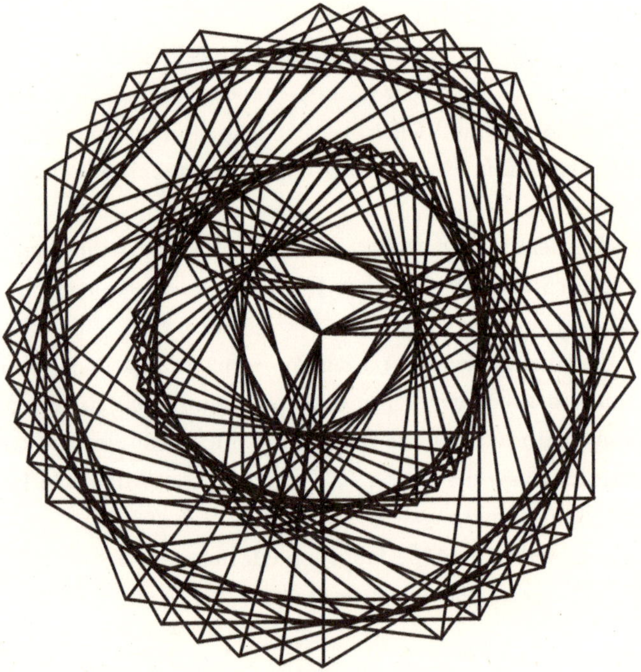

»Diejenigen, die fähig sind, über die Verdunkelungen
und Lügen ihrer Kultur hinauszuschauen,
wird man niemals verstehen.
Schon gar nicht werden die Volksmassen
ihnen Glauben schenken.«

Platon

# 26 Nicht anerkannte Artefakte

Anfang 2016 rief Howard von der Schmuckstein- und Mineralienmesse in Tucson aus Jason an und teilte ihm mit, er müsse sich unbedingt mit einem Mann namens Mark Russell unterhalten. Russell habe sich ihm vorgestellt, als er sich die Auralit-Kristalle an seinem Messestand angesehen habe. Wie sich herausstellte, lebt Mark gegenwärtig in Mexiko, wo er Tausende bislang unbeachtete Artefakte aus dem Gebiet rings um Ojuelos de Jalisco erfasst hat.

Ojuelos de Jalisco ist eine alte Kolonialstadt mit etwa 12.000 Einwohnern und liegt im Bundesstaat Jalisco, ungefähr 450 Kilometer nordwestlich von Mexico City. Der Ort wurde 1569 von dem spanischen Eroberer Pedro Carillo Davila als Garnisonsstadt gegründet, um die Bevölkerung vor den umherziehenden Kriegern der Chicemecas zu schützen. Es wird berichtet, dass diese Krieger im Unterschied zu den zivilisierten Azteken wilde Nomaden waren – Jäger, die meistens keine Kleidung trugen und heftigen Widerstand gegen den Einfall der Spanier in ihr Gebiet und die Ausbeutung ihrer Silberminen durch die Europäer leisteten.

Was die Artefakte aus dem Gebiet rings um Ojuelos de Jalisco zu etwas ganz Besonderem macht, sind die dargestellten Szenen und Motive. »Sie scheinen viele verschiedene Wesen zu zeigen, einschließlich solcher mit länglichen Schädeln; außerdem UFOs, fortschrittliche Technologien, Planeten, Schwarze Löcher und Wurmlöcher«, berichtet Jason.

Jason hatte noch nie von diesen Artefakten gehört, doch wenn das, was Mark ihm an Telefon erzählte, stimmte, handelte es sich um einen der bedeutendsten archäologischen Funde, die je gemacht wurden. Sie würden jeden begründeten Zweifel daran ausräumen, dass außer-

*Artefakt aus der mexikanischen Gemeinde Ojuelos de Jalisco, auf dem Raumschiffe, Planeten und Wesen mit den Gesichtszügen von Außerirdischen zu sehen sind, die ein Opfer darbringen*

irdische Wesen existiert und mit uralten menschlichen Zivilisationen verkehrt haben. Doch es blieb eine wichtige Frage: Wieso hatte Jason noch nie von diesen Funden gehört? Sicher musste doch einer der Fernsehsender, die Dokumentationen zum Thema Außerirdische ausstrahlen, darüber berichtet haben?

Mark teilte Jason mit, in dieser Gegend habe man derartige Artefakte schon seit Hunderten von Jahren in zahlreichen Höhlen gefunden. Er lud Jason sogar nach Mexiko ein, damit er sie mit eigenen Augen sehen könne.

*Weitere Artefakte aus Ojuelos de Jalisco mit Raumschiffen, Planeten und außerirdischen Wesen*

»Er erklärte, in diesem Gebiet von mehr als achtzig Quadratkilometern gebe es sehr viele Ruinen und Höhlen, in denen immer noch Jahr für Jahr neue Artefakte entdeckt würden«, erzählt Jason. »Es seien so viele, dass einige Menschen in der Umgebung vorhätten, ein Museum dafür zu eröffnen.«

Wenige Tage später schickte Mark ihm eine eMail und gab ihm Zugang zu seinem Computer, auf dem 7.000 hochauflösende Fotos der Artefakte gespeichert waren. Einige dieser Fotos sind in diesem Buch abgebildet.

»Die Bilder raubten mir fast den Atem«, sagt Jason. »Diese einzigartigen Artefakte variierten in der Größe und reichten von wenigen Zentimetern bis zu einem knappen Meter. Falls das Fälschungen waren, musste eine ganze Armee von Fälschern am Werk gewesen sein.«

Doch immer noch fragte sich Jason, warum bisher kein Mensch mit diesen Funden an die Öffentlichkeit gegangen war. Laut Mark lag es daran, dass niemand an die Authentizität dieser Funde hatte glauben wollen. Niemand wollte damit behelligt werden.

»Mark erzählte, dass selbst die ortsansässigen Wissenschaftler und Regierungsbeamten diese Artefakte mit völliger Missachtung straften. In früheren Jahren habe jemand versucht, sie in einem örtlichen Museum auszustellen, doch Militärbeamte hätten sie entfernt und mitgenommen.«

Wenn das zutraf, musste man sich zwangsläufig fragen, was dahinter steckte. Wollte die Regierung verhindern, dass die Außenwelt von diesen Artefakten erfuhr? Ging es wieder einmal darum, dass die sogenannten Experten der Wahrheit nicht ins Gesicht blicken wollten? Der Wahrheit, dass unsere Geschichte anders ist, als man es uns glauben macht?

»Es ist wirklich nicht zu fassen«, sagte Mark. »Einige dieser Artefakte sind schlicht als Dekorationen auf Kaffeetischen gelandet.«

Manche allerdings auch in privaten Sammlungen von Interessenten, die anreisten, nachdem sie durch Einheimische von den Artefakten gehört oder – in jüngerer Zeit – durch Websites davon erfahren hatten.

Tatsächlich ziehen die Artefakte durch das Internet mittlerweile mehr Aufmerksamkeit auf sich, doch meistens sind die Mitteilungen im Netz nur Infos aus zweiter Hand, die auf Blogs oder Facebook veröffentlicht werden. Soweit Jason und ich es beurteilen können, haben bisher weder Naturwissenschaftler noch Archäologen, Historiker oder Regierungsstellen jemals irgendein Wort über diese verblüffenden Funde verlauten lassen. Ein paar Artikel im Netz deuten an, dass die mexikanische Regierung die Existenz dieser Steine im Jahre 2012 der Öffentlichkeit offenbart hat. Allerdings hat eine Suche via Google das in keiner Weise bestätigt.

*Artefakt aus Ojuelos de Jalisco. Darauf ist der Schädel eines außerirdischen Wesens abgebildet. Es ist etwas darin eingeritzt, das wie eine Sternenkarte aussieht.*

Bisher hat offenbar nur ein einziger seriöser Forscher etwas Offizielles über diese Artefakte verfasst. Dem Österreicher Klaus Dona ist es gelungen, sich viele dieser Steine zu besorgen. Seit 2010 untersucht er sie auf akribische Weise.

Dona zufolge hat ein Bauer aus Ojuelos de Jalisco mehr als dreitausend Artefakte tief unten in einer Höhle gefunden, die vorher mehr als hundert Jahre lang versiegelt gewesen war.

»Von diesen dreitausend Artefakten sind schätzungsweise zweitausendfünfhundert aus Stein, während die anderen fünfhundert aus Koalin, auch Porzellanerde genannt, bestehen, einem Stoff, der Tonmineralien enthält und heute in der Porzellanherstellung und zur Erzeugung feuerfester Materialien verwendet wird«, erklärt Jason. »Doch einige Stücke bestehen auch aus Gold oder Silber. Klaus Dona hat eingeräumt, dass diese Funde ihm ›fast zu schön, um wahr zu sein‹ vorkommen, doch das hat ihn nicht davon abgehalten, sie gründlich zu untersuchen. Er hat sie vielen wissenschaftlichen Tests unterzogen und ist daraufhin zu dem einzig möglichen Schluss gekommen: dass sie echt sind.«

Nicht zuletzt deswegen, weil einige Artefakte so hervorragend erhalten sind, haben die meisten allgemein anerkannten Experten sie als Fälschungen abgetan. Ehrlich gesagt kann man auch leicht zu diesem Schluss kommen, denn einige der Steine wirken tatsächlich dermaßen perfekt, dass man ihnen kein Alter von Tausenden oder gar Hunderttausenden von Jahren zutraut.

»Ich bin nach wie vor ein wenig skeptisch«, gibt Jason zu. »Andererseits wurden und werden ähnliche Artefakte, wenn auch nicht in solcher Anzahl, in anderen Teilen der Welt in uralten Ruinen oder als Wandschnitzereien entdeckt. Deshalb sind diese Funde in gewisser Hinsicht letztlich gar nicht einzigartig. Bei den Mayas, Azteken, Inkas, Hopi, Ägyptern und Sumerern wurden ebenfalls viele Artefakten gefunden, die von Besuchern aus dem All und ihrem Verkehr mit der menschlichen Bevölkerung erzählen. Geschichten in uralten Texten, Wandzeichnungen und Artefakte legen sogar nahe, dass diese Wesen von den Sternen die Menschheit auf die Erde gebracht oder sie geschaffen haben. Tatsächlich haben viele alte Zivilisationen behauptet, genau wie einige noch heute existierende, von den Sternen zu stammen.«

Wie also lassen sich die rätselhaften, geradezu unglaublichen Darstellungen auf den geschnitzten Artefakten erklären, die anscheinend Flugzeuge, Panzer, möglicherweise sogar ein U-Boot und einen Hubschrauber zeigen? Im Jahre 1848 entdeckte man sie an einem Deckenbalken im altägyptischen Abydos-Tempel, den Pharao Seti vor mehr als dreitausend Jahren hat errichten lassen.

Die sogenannten Experten haben diese sonderbaren Objekte als irrelevant abgetan. Sie haben behauptet, es handele sich um alte Hieroglyphen, die im Laufe der Zeit mit neuen Schnitzereien verändert worden und irgendwann wieder aufgetaucht seien. Allerdings stellen sie nichts anderes als militärische Transportmittel dar, die zur Zeit der Entdeckung dieser Artefakte im Jahre 1848 unmöglich existiert haben können, schon gar nicht vor Tausenden von Jahren.

Diese ungewöhnlichen Schnitzereien erregten in den 1990er Jahren erneut weltweite Aufmerksamkeit, als ein Tourist, der ein paar Schnappschüsse davon gemacht hatte, die Aufnahmen ins Internet stellte.

Was also sollen wir von all dem halten?

Wenn diese Artefakte Fälschungen sind, muss sich jemand sehr große Mühe damit gegeben haben. Aber wieso sollte jemand so etwas überhaupt versuchen?

Die alten Ägypter bildeten das ab, was sie sahen. Sollen wir tatsächlich glauben, dass solche Flugmaschinen bereits in Altägypten existierten? Oder belegen diese Artefakte, dass zumindest einige Altägypter mit der Technologie von Zeitreisen vertraut waren und das schnitzten, was sie bei Reisen in die Zukunft gesehen hatten?

Unter den Bildmotiven in Mark Russells Sammlung, die Jason besonders faszinierten, waren auch einige, die Wesen mit kegelförmigen Köpfen dabei zeigten, wie sie offenbar aus einem Raumschiff ausstiegen und dabei in den Armen ein Kind mit derselben Schädelform hielten.

»Auf vielen weiteren Abbildungen sind andere Wesen zu sehen, die menschenähnlicher wirken«, berichtet Jason. »Sie stecken anscheinend in Raumanzügen und strecken ein Kind mit außerirdischen Zügen in die Luft, während ein UFO über ihnen fliegt. Es gibt auch Szenen, in denen diese Wesen während irgendwelcher Ereignisse am Himmel ein kleines Kind opfern. Man kann am Himmel deutlich Kometen, Planeten und UFOs erkennen. Solche Szenen sind auf Hunderten dieser Artefakte abgebildet.«

Wer sind diese Wesen?

»Sie gehören nicht alle zur selben Spezies«, erwidert Jason. »Es sind viele verschiedene Arten von Wesen abgebildet. Viele davon haben die charakteristischen langen Schädel, die man überall in Süd- und Zentralamerika gefunden hat.«

Sollten diese Artefakte tatsächlich authentisch sein, was wollen sie uns dann vermitteln? Was versuchen die vielen uralten Kulturen, in denen solche Artefakte gefunden wurden, an uns weiterzugeben?

»Hinsichtlich unserer Vergangenheit scheinen sie alle eine ähnliche Geschichte zu erzählen«, meint Jason. »Durch unsere ganze Frühgeschichte ziehen sich Mythen, in denen es heißt, diese Wesen seien von anderen Welten zu uns gekommen, um mit verschiedenen Völkern der Menschheit in unterschiedlichen Epochen zu interagieren.«

Waren es diese Wesen von anderen Welten, die unseren Vorfahren in der Frühzeit das Wissen über Architektur, Mathematik, Religion und Spiritualität vermittelt haben?

Ist es denkbar, dass es nicht nur eine einzige außerirdische Spezies war, die dieses Wissen vermittelte, sondern dass dies viele verschiedene Wesen aus unterschiedlichen Sternensystemen und Dimensionen taten?

Ist es denkbar, dass einige dieser Wesen sogar unter der auf der Erde geborenen Bevölkerung lebten und mit ihr eine völlig neue Art von Lebewesen zeugten?

Ist es vorstellbar, dass diese Wesen von den Sternen die eingeborene Bevölkerung in genetischer Hinsicht absichtlich veränderten, um eine neue Spezies von Zwitterwesen zu schaffen? Oder dass einige dieser intergalaktischen Arten niemals die Erde verließen, immer noch unter uns weilen, mit uns verkehren und geduldig auf den richtigen Zeitpunkt warten, sich der Welt zu offenbaren?

Ist dies genau das, worauf die Menschheit wartet?

»Letztlich führen alle diese Fragen zu einer einzigen sehr wichtigen theologischen Frage«, meint Jason. »Was wäre, wenn diese Wesen hierherkommen und verkünden würden, sie seien unsere Schöpfer?«

Was würden wir in diesem Fall tun?

Für Jason waren solche Fragen stets wesentlicher Bestandteil seines Wegs zur Erleuchtung.

»Die unumstößliche Wahrheit besteht darin, dass nichts und niemand Besitzansprüche auf dich anmelden kann«, sagt er. »Selbst wenn dein Körper von Wesen aus anderen Welten erschaffen wurde, hat kein Wesen Verfügungsgewalt über dich oder deine Handlungen. Freiheit bedeutet, die Oberhoheit über das eigene Bewusstsein zu bewahren. Darin liegt unsere Kraft, soweit es diese anderen Dimensionen betrifft.«

# 27 Unsere Verbindung zu den Anunnaki

Viele Leute haben sich mit eigenen Theorien zu dem geäußert, was über UFOs bekannt ist und von vielen Millionen Menschen weltweit bezeugt wurde. Im Internet melden sich jede Menge sogenannter Experten zu Wort. In nächtliche Radiosendungen werden die Zuhörer ständig mit den neuesten Informationen versorgt. In der ganzen Welt haben Verschwörungstheoretiker gläubige Anhänger gewonnen. Mit Hilfe von Computerprogrammen wie zum Beispiel Photoshop werden gefälschte Fotos von Außerirdischen und Raumschiffen hergestellt. Doch inmitten dieses ganzen Trubels gibt es auch höchst außergewöhnliche Menschen, die ihren guten Ruf aufs Spiel gesetzt haben, um die Wahrheit ans Licht zu bringen.

Zwei dieser Vorreiter sind Command Sergeant Major Robert Dean, ein pensionierter Oberstabsfeldwebel der amerikanischen Armee, sowie der Honorable Paul Hellyer, einst kanadischer Verteidigungsminister.

Dean behauptet, er habe während seines Militärdienstes in Europa Mitte der 1960er Jahre ein Schriftstück mit der Aufschrift *Cosmic Top Secret* gesehen, in dem vor allem die Existenz und Bergung zahlreicher zerschmetterter Flugobjekte und Körper von Außerirdischen dokumentiert gewesen sei.

Der ehemalige kanadische Verteidigungsminister Hellyer hat öffentlich eine weltweite Vertuschung der Existenz von Außerirdischen und ihres Einflusses auf unsere Gesellschaft enthüllt.

Beide Männer haben außerdem behauptet, dass es ihres Wissens mindestens vier bekannte Spezies von Außerirdischen gibt, die die Erde bereits besucht haben und auch weiterhin besuchen.

»Meiner Ansicht nach zählen diese Männer zu den ranghöchsten Whistleblowern, die je an die Öffentlichkeit gegangen sind«, sagt Jason. »Doch diese mutigen Männer haben zwar enthüllt, was sie annehmen – und wissen –, aber hinsichtlich dessen, was Außerirdische *wirklich* sind, haben sie nur an der Oberfläche gekratzt.«

Jason zufolge haben weit mehr als vier außerirdische Spezies unseren Planeten in der Vergangenheit besucht, und sie besuchen die Erde auch weiterhin in regelmäßigen Abständen.

»Diese außerirdischen Wesen haben nicht nur greifbare Körper, sondern auch die Fähigkeit, auf mehrdimensionale Weise durch Zeit und Raum zu reisen«, fährt er fort. »Manche dieser Wesen verkehren schon seit Tausenden, vielleicht sogar Millionen von Jahren mit uns. Und mindestens eine Gruppe davon sieht völlig menschlich aus. Selbst wenn man unmittelbar neben einem dieser außerirdischen Wesen sitzen würde, könnte man es nicht als andersartig erkennen.«

Jason zufolge haben Regierungen diese Tatsachen nicht nur jahrzehntelang vor der Öffentlichkeit verborgen, sondern, genau wie das Militär, auch große Angst, dass mindestens eine außerirdische Spezies auf der Erde wandelt und sich mit der Menschheit auf der Erde vermischt.

»Sie haben schlicht keine Möglichkeit, in Erfahrung zu bringen, wer tatsächlich ein Mensch ist und wer nicht«, sagt Jason. »Es ist gut möglich, dass einige der Außerirdischen sogar hochrangige Positionen in Regierungen und in der Armee einnehmen. Das befördert die Paranoia unserer Regierungen.«

Schon seit vielen Jahren ist Regierungen und Wissenschaftlern klar, dass in Menschen das genetische Erbe von mindestens zwölf verschiedenen außerirdischen Spezies steckt. Im Februar 2011 enthüllten Forscher, die am Humangenomprojekt mitarbeiten, dass 97 Prozent der angeblich nicht codierenden DNA-Abschnitte – auch »Junk-DNA oder »wertlose DNA« genannt – in Wahrheit die genetischen Codes außerirdischer Lebensformen exprimieren. Vereinfacht ausgedrückt, besteht das menschliche Genom aus zwei Sätzen von jeweils 23 Chromosomen (also insgesamt 46, und zwar bei Männern genauso wie bei

Frauen), und jeder Elternteil trägt gleichermaßen zu diesen genetischen Bausteinen bei. Aber 97 Prozent unseres Genoms dient keinem uns bekannten Zweck.

Vor allem bedeutet diese Entdeckung, dass unsere Evolution anders verlaufen ist, als wir lange Zeit geglaubt haben. Sie bedeutet, dass sich irgendwo und irgendwann in unserer Evolutionsgeschichte außerirdische DNA mit existierender menschlicher DNA vermischt hat und so eine ganz neue menschliche Spezies entstand.

Jason zufolge gibt unser außerirdisches genetisches Erbe uns allen die Möglichkeit, Fähigkeiten, Gaben und Verbindungen zu nutzen, die uns gar nicht bewusst sind.

»Es wurde vielen Menschen, die Erfahrungen mit Außerirdischen gemacht haben, von diesen mitgeteilt, dass die Menschheit innerhalb des Universums etwas ganz Besonderes, Einzigartiges ist«, erklärt Jason. »Deshalb spielt bei so vielen Entführungen von Menschen durch Außerirdische die Genetik eine so wichtige Rolle.«

Und das ist auch der Grund dafür, dass eine außerirdische Spezies namens Annunaki eine derart wichtige Rolle als unsere Schöpfer-Gottheit spielte.

»Die Annunaki waren die Genetiker, die die Menschen so schufen, wie wir sie heute kennen, damit sie diesen Gottheiten dienten«, meint Jason.

Uralten Texten zufolge waren die Annunaki Göttergestalten, die im alten Mesopotamien unter den Sumerern, Assyrern und Babyloniern lebten – also in den ältesten bekanntesten Zivilisationen der Erde. Man kann es auch so ausdrücken, dass sie eine Rasse waren, die zu der Zeit, in der die Menschheit ihre gegenwärtige Daseinsform erlangte, als Spezies auf der Erde lebte. Wie schon erwähnt, wurde Jason mitgeteilt, dass es viele verschiedene Zeitalter gab, in denen auf der Erde Zivilisationen existierten, und dass manche davon Jahrmillionen zurückreichen.

Die allgemein akzeptierten Archäologen und Historiker sind sich darin einig, dass es keine uns bekannten Beweise für die Annahme gibt, irgendeine zivilisierte Gesellschaft könne schon im Zeitraum 3300 bis

*Altsumerisches Artefakt, auf dem die Annunaki als Riesen dargestellt sind*

750 vor Christus existiert haben. Einiges deutet ihrer Meinung nach darauf hin, dass es kleine »Inseln der Kultur« bereits 8000 vor Christus gab, jedoch keine organisierten Gesellschaften, wie sie sich später beispielsweise in dem Gebiet des heutigen Irak entwickelten.

Der Name Annunaki war plötzlich wieder in aller Munde, als der 2010 verstorbene Autor und Wirtschaftswissenschaftler Zecharia Sitchin behauptete, diese außerirdische Rasse habe genetische Eingriffe bei der Menschheit vorgenommen. Seine Hypothesen wurden mittlerweile von vielen Alien-Forschern übernommen. Diese Forscher glauben, dass die sumerische Zivilisation die erste auf der Erde war, die Berührung mit den Anunnaki hatte. Diese seien von einem Planeten in einer anderen Galaxis wegen des Abbaus von Gold und anderen Metallen zur Erde gekommen.

In dem ursprünglich 1976 in den USA veröffentlichten Werk *Der zwölfte Planet*, dem ersten von insgesamt sieben Büchern, die zusammen »Die Chroniken des Planeten Erde« bilden, enthüllt Sitchins Übersetzung altsumerischer Texte, dass die Anunnaki auf der Suche nach Gold auf der Erde landeten, denn Gold brauchten sie zur Wiederherstellung der Atmosphäre ihres Heimatplaneten. Den übersetzten Tafeln zufolge stammten die Anunnaki von einem Planeten namens Nibiru, der angeblich alle 3.600 Jahre unsere Sonne umkreist. Manche Menschen nehmen an, dass dieser Planet schon bald wieder auftauchen und eine verheerende Auslöschung von Arten bei uns auslösen wird, ähnlich der Katastrophe vor fünfundsechzig Millionen Jahren.[2]

Jason wurde mitgeteilt, dass die sogenannten Gottheiten der Annunaki damit begannen, auf der Erde Städte und Königtümer zu schaffen. Doch die Geschichte, dass sie von einem Planeten namens Nibiru stammten, kann auch einfach deren Erfindung gewesen sein, um die eigenen Herrschaftsansprüche zu untermauern.

»Trotz dieser Geschichte hat man mir nämlich nie irgendetwas über Nibiru erzählt«, sagt Jason. »Während meiner Reisen habe ich nicht ein einziges Mal von diesem Planeten gehört.«

Das Gold, das sie schürfen lassen wollten, mag ganz anderen Zwecken als den von ihnen angegebenen gedient haben. Denn Gold ist ein verblüffendes Element. Man kann es auch als Supraleiter von Elektrizität einsetzen und darüber hinaus als Schutzschild vor Strahlungen verwenden. Gold ist genau das, was man für Reisen durch den Raum benötigen würde. Viele Menschen nehmen auch an, man könne Gold in eine chemische Substanz verwandeln, die den Alterungsprozess rückgängig macht. Demnach hätten diese außerirdischen Wesen in ihrer neuen, rauen Umgebung im wahrsten Sinne des Wortes ewig leben können.

»Sie schufen religiöse Doktrinen, eine Priesterschaft und führten Geldsysteme ein«, sagt Jason. »Sie brachen sogar Kriege zwischen verschiedenen Völkern vom Zaun, die in ihrem Namen ausgetragen wurden. Das ist in den alten sumerischen Texten, den sogenannten

---

2 Sitchins posthum erschienenes Buch *Die Anunnaki Chroniken* gilt als sein endgültiges Kompendium. Es umfasst alle wesentlichen Aussagen und Forschungsergebnisse aus den insgesamt fünfzehn Büchern, die der Autor zu Lebzeiten veröffentlichte, sowie noch niemals zuvor veröffentlichte Briefe, Aufsätze und Vorträge. Es erschien 2018 im Amra Verlag, Hanau.

*Veden*, gut dokumentiert und wird sogar im Alten Testament erzählt. Wir leben immer noch in den von diesen Wesen geschaffenen Systemen.«

Aufgrund einiger uralter Texte ist Jason davon überzeugt, dass die Annunaki reptiloide Züge hatten. Dort heißt es auch, sie seien etwa drei Meter fünfzehn groß gewesen.

»Die königlichen Familien, die Rechte und Privilegien gegenüber der Bevölkerung beanspruchen, halten diese alten Gottheiten für ihre blutsverwandten Vorfahren«, erklärt Jason. »Den alten Texten ist zu entnehmen, dass diese Wesen in ferner Vergangenheit Kinder mit Menschenfrauen zeugten. Diese Kinder wurden zu den ersten Königinnen und Königen dieser Welt. Das ist die Erblinie, auf die sich die königlichen Familien gern berufen. Daher auch der Ausdruck ›blaues Blut‹. Diese Gottheiten hatten nämlich mehr Kupfer in ihrem Blut als Menschen, sodass sich das Blut bläulich einfärbte, wenn es sich mit Sauerstoff verband.

Schon seit mindestens 400.000 Jahren hat man genetische Eingriffe bei Menschen vorgenommen«, fährt Jason fort. »Solche Experimente reichen bis in eine Zeit vor den Annunaki zurück. Die wahre Geschichte der Zivilisationen auf diesem Planeten ist Jahrmillionen alt.«

Jason zufolge gab es viele Gründe für solche genetischen Eingriffe, doch nicht alle erfolgten mit bösen Absichten.

»Allerdings wollten manche Gruppen wie die Annunaki den perfekten Arbeitssklaven schaffen, damit sie wie Götter leben konnten, während die Menschen sie mit allem versorgten. Die Annunaki setzten die Menschen auch dazu ein, für sie nach Metallen wie Gold zu schürfen. Daher stammt offenbar unsere Gier nach Gold.«

Die Vielfalt irdischer Ressourcen ist ein weiterer Grund dafür, dass uns so viele Wesen aus anderen Welten aufgesucht haben. Sie kamen, um sich an den Ressourcen unseres Planeten zu bedienen.

»Und wir reden hier nicht nur von Mineralien und Metallen«, erklärt Jason. »Letztlich sind die Erbanlagen die wertvollste Ressource im Universum. Und die Erde verfügt über eine große Vielfalt von Lebensformen. Wir leben wirklich in einem Garten Eden.«

Wie Jason sagt, erfolgten die genetischen Eingriffe bei der Menschheit schon in ferner Vergangenheit, als sich auf der Erde ein dramatischer Klimawandel vollzog: »So wie ich es verstanden habe, hätte die Menschheit den Klimawandel ohne diese genetischen Verbesserungen nicht überlebt. Andere humanoide Spezies wie die Neanderthaler wurden dabei ausgelöscht. Viele Arten verschwanden seinerzeit einfach von der Bildfläche. Der Klimawandel brachte für die auf der Erde lebenden Menschen viele plötzliche Veränderungen mit sich. Sie litten unter Hunger, Seuchen und Krankheiten, denen sie schnell zum Opfer fielen.«

Einige Genetiker gehen heutzutage davon aus, dass manche dieser uralten humanoiden Arten überlebten und nun Teil unseres genetischen Erbes sind. »Offenbar vermischten sich in unserer fernen Vergangenheit menschliche Erdbewohner mit diesen anderen Arten«, so Jason. »Diese Vermischung ermöglichte es den längst ausgestorbenen Spezies, in gewisser Weise zu überleben. Das trifft auch heute bei den sogenannten *Hybriden* von Außerirdischen und Menschen zu. Viele Gruppen versuchen, eine ideale genetische Mischung zur Erschaffung einer neuen Spezies zu erzeugen.«[3]

Laut Jason hat das viele Gründe: »Die biologische Kreuzung gibt anderen Arten die Möglichkeit, sich in eine Gesellschaft zu integrieren. Sie übernehmen dabei Eigenschaften der eingeborenen Bevölkerung und sind dadurch fähig, ansteckende Krankheiten abzuwehren und sich in einer ungewohnten Umgebung zu akklimatisieren.«

Im Dezember 2015 hatte Jason eine unerwartete Begegnung: »Man nahm mich zu einem hybriden Kind mit, das ein oder zwei Jahre alt war. Als man mir dieses Kind in die Arme legte, wurde mir sofort klar, dass irgendeine Verbindung zwischen uns bestand. Ich erfuhr, dass der Junge Michael hieß.«

Doch jedes Mal, wenn Jason den Jungen direkt ansah, spürte er im eigenen Kopf starke Schmerzen und einen großen Druck. »Es war fast

3 Darüber berichtete mit wissenschaftlichem Anspruch zuletzt David M. Jacobs in seinem Buch *Alien-Hybriden: Sie sind mitten unter uns*, das die Infiltration der Gesellschaften durch eine hybride Mischrasse aus Aliens und Menschen nachweist; erschienen 2017 im Amra Verlag, Hanau.

so, als wollte das Kind verhindern, dass ich es direkt ansah. Dieses Kind war ein unglaublich begabtes Medium. Ich merkte, dass der kleine Junge auf telepathische Weise bereits Zugang zu mir hatte. Mit seinen braunen Haaren und der hellen Haut wirkte er sehr menschlich. Als andersartig fielen mir nur seine großen Augen und der Kopf auf. Mir war bewusst, dass er ein Hybrid-Wesen war. Aus mir unbekanntem Grund brauchte dieses Wesen meine Umarmung. Doch wenn ich es ansah, spürte ich jedes Mal starke Schmerzen.«

Schließlich tauchten Erinnerungen in Jasons Bewusstsein auf. »Es waren Erinnerungen an die Greys und ihr Züchtungsprogramm, die mich wütend machten und bedrückten. Ich hielt dieses Kind für ein Ergebnis der Experimente von Greys. Der Zorn in mir wuchs und wuchs, sodass ich dem Kind auf telepathische Weise mitteilte: ›Ich hasse dich.‹ Und als ich das tat, erschlaffte dieses Kind plötzlich in meinen Armen.«

Unverzüglich wurde Jason nach Hause gebracht und erwachte in seinem Schlafzimmer. »Ich weiß wirklich nicht, warum ich so reagierte, und hoffe, dass das Kind nicht darunter leiden musste«, sagt er. »Ich wurde einfach das Gefühl nicht los, dass man mich hatte ausnutzen wollen. Mag sein, dass es nur an meinem menschlichen Geist und alten, nun wieder hochkommenden Ängsten lag. Vielleicht habe ich die Situation auch einfach vermasselt und sie war in Wirklichkeit ganz anders. Ich hoffe, ich kann es bald herausfinden.«

Ein weiteres Motiv für die Kreuzungen kann darin liegen, eine neue Spezies zu schaffen, die eine enge Verbindung zu ihren Schöpfern hat und ihnen gegenüber starke Loyalität empfindet.

»Das ähnelt der Geschichte der Annunaki und der Gottheiten in der Vergangenheit«, meint Jason. »Andere Arten von ›Zwitterwesen‹ oder Hybriden, was ein und dasselbe ist, befinden sich bereits auf der Erde, aber – so wie ich – sind sie aus anderen Gründen hier. Sie sind hier, um einen Bewusstseinswandel auf der Erde herbeizuführen, denn sie haben unsere derzeitige Lage vollständig begriffen. Schon allzu lange hat es bei uns viel zu viele Täuschungsmanöver und Kriege gegeben. Für uns ist es an der Zeit, aufzuwachen und uns mit dem Krieg zu befassen, der *hinter den Kulissen* seit Tausenden von Jahren geführt wird.«

Jason wurde mitgeteilt, dass nun viele Sternenwesen auf der Erde inkarnieren, um hier menschliche Gestalt anzunehmen. »Sobald sie über diese Gestalt verfügen, kommen andere Sternenwesen zur Erde, um sie von dort abzuholen. Sie tun das, um die menschliche Gestalt auf anderen Welten zu verbreiten. Wenn die Kinder ein bestimmtes Alter erreicht haben, werden sie von den Sternenwesen entführt. Im Rahmen eines sogenannten Aussaat-Programms bringt man diese Kinder dann zu anderen Welten.«

Viele Entführungsopfer von Außerirdischen werden also nur deshalb entführt, weil sie in einem anderen Leben zu eben diesen Außerirdischen gehörten. »Bei den Entführungen werden sie von der eigenen Spezies untersucht«, erklärt Jason. »Allerdings gibt es auch geheime Abkommen zwischen Regierungen und Außerirdischen, die den Außerirdischen die Entführungen von Menschen als Ressourcen gestatten, sofern die Regierungen im Gegenzug fortschrittliche Technologien erhalten.«

Solche Abkommen haben wir bereits in früheren Kapiteln erwähnt.

»Wir müssen aufwachen und uns klarmachen, wie kostbar das Leben in Wirklichkeit ist«, sagt Jason. »Welches Geschenk es ist, in diesem Garten Eden leben zu dürfen. Diese Welt gibt uns die Chance, in spiritueller Hinsicht zu wachsen und unsere Gaben und Fähigkeiten so zu entwickeln und zu nutzen, dass wir die Wahrheit darüber erkennen, wer wir in Wirklichkeit sind. Und das ist das größte Geschenk überhaupt: sich selbst zu erkennen.

Wir sind nicht das, wofür wir uns halten, sondern etwas viel Größeres. Es steckt so viel Potenzial in uns, dass wir nicht nur uns selbst und unseren Planeten verändern, sondern auch einen gewaltigen Wandel in Zeit und Raum bewirken können.

Man hat uns so programmiert, dass wir keinen Zugang zu dieser Kraft und dieser Macht haben, ja nicht einmal an sie glauben. Es ist höchste Zeit, fast schon zu spät, dass wir anfangen, uns an unsere wahre Natur zu erinnern.

Wir sind mehrdimensionale Wesen, die aus der Quelle allen Seins hervorgegangen sind. Wir *sind* nicht bloße Körper, sondern wir *bewohnen* einen Körper. Nichts trennt uns von der Quelle allen Seins. Und wir können uns sowohl *in* der Zeit als auch *außerhalb* der Zeit bewegen.«

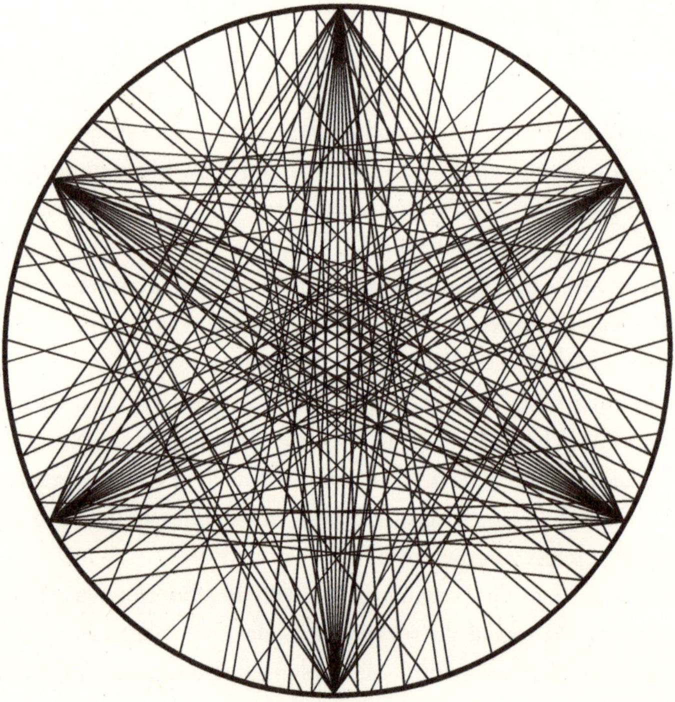

# 28 Das Geheimnis der Greys

Eigentlich müsste man Jason als auf der Erde reinkarniertes Wesen auch als Außerirdischen betrachten. Er hat viele Leben als Mensch auf der Erde verbracht, jedoch auch als Wesen auf anderen Welten gelebt und in anderen Dimensionen existiert. Zugegeben: Diese Vorstellung ist ziemlich verrückt. Aber man muss dabei berücksichtigen, dass – abgesehen von der Spezies, mit der Jason unmittelbar verbunden ist – bei uns auch viele andere Außerirdische tatsächlich existieren.

Was uns zum Thema »Greys« führt. Wer sind sie? Was sind sie? Wieso sind sie hier?[4]

Auf all seinen Reisen in die Zukunft und in die Vergangenheit, während seiner Inkarnationen und Begegnungen mit außerirdischen Lebenskräften und Lebensformen hatte Jason niemals unmittelbaren Kontakt, eine direkte Kommunikation oder ein Erlebnis mit jenen Wesen, die die meisten von uns wohl als die kleinwüchsigen Greys mit den großen, dunklen, ovalen Augen erkennen würden.

»In Anbetracht der Berichte von Menschen, die ihnen begegnet sind, ist das vielleicht sogar ein Segen«, meint Jason.

Allerdings ist er auf Wesen gestoßen, die den Greys ähnelten, das heißt ebenfalls große Augen, riesige Köpfe und magere, fast stockähnliche Körper, Finger und Zehen hatten.

»Doch offenbar handelte es sich bei ihnen nicht um die gewöhnlichen Greys, die so viele Menschen getroffen und beschrieben haben«, sagt Jason. »Mit ›gewöhnlichen Greys‹ meine ich die Greys mit den großen

---

4 Antworten auf all diese Fragen, mit einem Schwerpunkt auf dem Wirken dieser Spezies in Deutschland, gibt das Buch *Greys* des promovierten Juristen Marcel Polte. Es erschien 2018 im Amra Verlag, Hanau.

schwarzen Augen, spindeldürren Körpern, langen Fingern und den riesigen eiförmigen Köpfen.«

Dass Jason nicht der Art von Greys begegnet ist, die den meisten Menschen bekannt ist, ist insofern besonders bemerkenswert, als die UFO-Forschung darauf hindeutet, dass mehr als die Hälfte der Begegnungen mit Außerirdischen mit genau dieser Art stattfand. In Wahrheit gibt es aber nicht nur einen einzigen Typus von Greys. Wieso sich ausgerechnet dieses Geschöpf den Menschen so stark eingeprägt hat, lässt sich kaum präzise beantworten.

Zwar hat man den Greys ähnelnde Wesen auf den Artefakten uralter Kulturen entdeckt, doch bei uns waren solche Wesen bis zu den 1980er Jahren nahezu unbekannt. Wann also wurde die Bezeichnung »Greys« ein gängiger Terminus bei der Diskussion über außerirdisches Leben? Diese Frage ist nicht so leicht zu beantworten, wie man annehmen könnte.

Einer der bekanntesten Entführungsfälle moderner Zeiten ist der von Betty und Barney Hill, der am 19. September 1961 stattfand. Allerdings haben die beiden ihre Geschichte erst 1965 veröffentlicht und auch damals nie die Bezeichnung »Greys« für die Wesen verwendet, denen sie begegnet sind.

Und eigenartigerweise hat sich ihre Beschreibung der Wesen, mit denen sie es zu tun hatten, im Laufe der Jahre verändert – abhängig davon, wer die Geschichte der Hills weitergetragen hat und welche Website im Netz man aufruft und liest.

Um die Situation zu klären, wandten wir uns an die beste noch lebende Informationsquelle – an Kathleen Marden, die Nichte der Hills und Mitautorin des Buches *Captured! The Betty and Barney Hill UFO Experience* (»Entführt! Das UFO-Erlebnis von Betty und Barney Hill«), das sie gemeinsam mit Stanton T. Friedman, einem international bekannten Autor, Forscher und Physiker verfasste.

Marden sagt, dass ihre Verwandten zweifelsohne niemals die Bezeichnung »Greys« zur Beschreibung der Wesen benutzten, denen sie begegnet waren. Allerdings habe ihre Beschreibung sehr jener geähnelt, die man gemeinhin für die Greys verwendet.

»Es gab zwei Arten von Wesen, und eine war größer als die andere«, schrieb Marden in einer eMail während der Vorbereitung zum hier vorliegenden Buch. »Sie hatten große Schlitzaugen, größtenteils schwarz und dort leicht gelblich, wo unsere Augen weiß sind. Ihre Arme und Beine waren spindeldürr, doch sie hatten einen fassförmigen Brustkorb. Sie waren unbehaart und hatten sehr kleine Nasen. Sie trugen schwarze, eng anliegende Kleidung.«

Das sei im Wesentlichen die Beschreibung, die Betty und Barney Hill gaben, als sie unter Hypnose standen, erklärte Marden.

Marden zufolge hatte ihre Tante Albträume, in denen die Wesen ihrer Aussage nach menschlicher aussahen als diejenigen, die sie unter Hypnose beschrieben hatte.

Doch was war überhaupt geschehen?

Nun, das Ehepaar aus New Hampshire sah ein UFO und hatte dann während der Rückfahrt von Montreal einen »Blackout«, konnte sich an einen bestimmten Zeitraum der Reise später also nicht mehr erinnern. Über die Sichtung des UFOs berichtete Betty, als sie wieder zu Hause waren, äußerst zögernd. Zu diesem Zeitpunkt wussten weder sie noch ihr Ehemann, dass sie entführt worden waren. Sie konnten sich nur nicht erklären, wieso sie sich plötzlich fast fünfzig Kilometer weiter auf der Straße befunden hatten und warum die Fahrt nach Hause so ungewöhnlich lange gedauert hatte.

Betty meldete die Sichtung des UFOs schließlich dem nahe gelegenen Luftwaffenstützpunkt Pease, wo zu dieser Zeit auch das 509. Bombengeschwader der amerikanischen Armee stationiert war. Zufällig war dieses Geschwader das gleiche, das 1947 in Roswell stationiert gewesen war.

Unter Hypnose, durchgeführt von Dr. Benjamin Simon, einem bekannten Psychiater in Boston, berichteten Betty und Barney Hill dann übereinstimmend, dass sie von irgendwelchen Wesen entführt worden seien. Man habe sie auf ein Raumschiff befördert, dort medizinischen Experimenten unterzogen und anschließend zu ihrem Wagen zurückgebracht. Ebenso verwunderlich wie dieser Bericht muss es erscheinen, dass Betty erwähnte, die Außerirdischen hätten ihr mitgeteilt, sie stammten aus dem Doppelsternsystem Zeta Reticuli. Dieses wurde nämlich erst acht Jahre später, 1969, entdeckt.

Dr. Simon nahm den Hills zwar ab, dass sie wirklich von dieser Begegnung mit Außerirdischen überzeugt waren, kam jedoch zu dem Schluss, es habe überhaupt keine Entführung stattgefunden. Seiner Ansicht nach hatte Betty von solchen Entführungen nur geträumt und Barry sich Bettys Vorstellungen zu eigen gemacht, als sie nach dem Vorfall von ihren Albträumen erzählte.

Interessanterweise kam man auch im *Project Blue Book* zu dem Schluss, es liege zu wenig Beweismaterial vor, um zu entscheiden, was die Hills tatsächlich gesehen hätten. (Das *Project Blue Book* war ein Untersuchungsteam des Geheimdienstes der nordamerikanischen Luftwaffe, das UFO-Sichtungen sammelte und auswertete und von 1947 bis 1969 tätig war.) *Project Blue Book* deutete sogar an, das Ehepaar Hill habe wahrscheinlich den Jupiter gesehen.[5]

Ach ja? Den Planeten Jupiter?

Kann irgendjemand bei klarem Verstand glauben, die Hills hätten einen Planeten mit einem außerirdischen Raumschiff verwechselt?

Jedenfalls wissen wir eines mit Sicherheit: Die Hills haben niemals die Bezeichnung »Greys« benutzt.

Wie also kam diese Bezeichnung auf?

Festzustehen scheint, dass sich das Bild eines Greys, wenn auch nicht unbedingt die Bezeichnung »Grey«, für alle Zeiten in unsere Psyche einprägte, als 1987 in den USA Whitley Striebers Buch *Communion* (dt. *Die Besucher*) mit dem verblüffenden Titelbild eines Außerirdischen erschien. Strieber berichtete darin, er habe mehrere Begegnungen mit außerirdischen Wesen gehabt, die Menschen in aller Welt dann irgendwann »Greys« nannten. Das Buch landete auf der Bestsellerliste der *New York Times*.

Die Entführungen begannen bei Strieber 1985 während der Weihnachtsferien, die er in einer abgelegenen Hütte im Norden des Bun-

5 Mehr über die eigentliche Aufgabe von *Project Blue Book* erfahren Sie in Michael E. Sallas Buch *Geheime Weltraumprogramme & Allianzen mit Außerirdischen*; erschienen 2018 im Amra Verlag, Hanau.

desstaats New York verbrachte. Nachdem er zu Bett gegangen war, erwachte er plötzlich nahe der Hütte im Wald. Er hatte nur bruchstückhafte Erinnerungen an das Geschehen und beschloss, sich einer hypnotischen Rückführung zu unterziehen. Dabei erinnerte er sich daran, dass er entführt worden und zu einem Raumschiff emporgeschwebt war, wo er vier verschiedenen Wesen begegnete. Dazu gehörte auch das Wesen, das auf dem Titelbild seines bahnbrechenden Buches zu sehen ist. Darüber hinaus erinnerte er sich während der Rückführung, dass man medizinische Experimente an ihm durchgeführt hatte. Beispielsweise wurde eine Nadel in sein Gehirn eingeführt und ihm aus einem Finger Blut abgenommen.

Selbstverständlich weigerte sich der Arzt, der die hypnotische Rückführung leitete, Strieber zu glauben, dass er von Aliens entführt worden war. Er diagnostizierte bei ihm Schläfenlappenepilepsie, eine Krankheit, die Halluzinationen auslösen kann.

Doch Strieber war davon überzeugt, dass er die Entführung tatsächlich erlebt hatte. Sein Buch veranlasste viele Menschen in allen Teilen der Welt, mit ähnlichen Erlebnissen herauszurücken. Interessanterweise ist das unvergessliche außerirdische Wesen auf dem Titelbild, das Strieber als »dünn, zerbrechlich, mit unheimlichen schwarzen Schlitzaugen« beschreibt, weiblicher Art.

In seinem Buch *Communion* nennt Strieber diese Wesen allerdings nicht »Greys«, sondern »die Besucher«. Erst 2007 veröffentlichte Strieber einen fiktiven Bericht über eine Übernahme der Erde durch Außerirdische und gab diesem den Titel *The Grays*.

Nannten die Menschen von da an solche Außerirdischen »Greys«?

Man muss dabei berücksichtigen, dass die Öffentlichkeit seinerzeit kaum etwas über den sogenannten »Roswell-Zwischenfall« – den Absturz eines angeblichen UFOs nahe bei der Kleinstadt Roswell in New Mexico im Jahre 1947 – wusste. Und auch nichts über die angebliche Bergung mehrerer winziger Wesen, bis fast vierzig Jahre später mehrere Bücher darüber erschienen, darunter *Der Roswell-Zwischenfall*, verfasst von Charles Berlitz und William L. Moore (USA 1980), *Der UFO-Absturz bei Corona* von Stanton T. Friedman (erstmals in den USA 1992, danach mehrmals aktualisiert) und *Der Tag nach Roswell* von dem amerikanischen Luftwaffenoberst Philip J. Corso (USA 1997). Alle diese Bücher enthüllten, dass sich der Vorfall tatsächlich ereignet hatte, vom Militär vertuscht wurde und mehrere Außerirdische, Tote wie Lebende, dabei geborgen wurden. Mittlerweile hatte sich die Bezeichnung »Greys« bereits überall eingebürgert.

*Abbildungen und Symbole von Aliens sind bei uns mittlerweile Teil der allgemeinen Kultur*

In Wahrheit gibt es keine *einzelne* außerirdische Spezies, auf die die Bezeichnung »Greys« zutrifft. Einige Forscher behaupten, dass sechzehn verschiedene Unterarten von Greys existieren.

Jason zufolge ähnelt die überwältigende Mehrheit aller außerirdischen Spezies den Menschen. »Ich neige zu der Ansicht, dass viele dieser humanoiden Aliens mit der Erde verkehrt haben«, sagt er. »Doch zweifellos ist der sogenannte Grey der heutzutage am häufigsten abgebildete Außerirdische.«

Aber warum hat gerade dieser Typus und dessen Darstellung so große Popularität erlangt?

»Wir leben in einer Zivilisation, in der Entführungen durch Aliens fast schon alltäglich sind«, erwidert Jason. »Jahr für Jahr werden Tausende von Entführungsfällen gemeldet. An den meisten sind auch Greys beteiligt. Die Mehrzahl der Entführungsopfer behauptet, die Entführung sei ein körperliches Erlebnis gewesen. Man habe sie aus ihren Schlafzimmern geholt, auf ein Raumschiff gebracht, auf eine Arztliege gebettet und sie medizinischen Experimenten unterzogen.«

Solche Erlebnisse sind alles andere als angenehm. Manche Entführungsopfer sind danach traumatisiert und erleiden einen geistigen oder nervlichen Zusammenbruch. Nur durch Tiefenhypnose können solche Traumata aufgespürt werden,

»In einigen Fällen gab es körperliche Spuren der Entführung«, berichtet Jason. »Viele Menschen haben nach solchen Erlebnissen beim Aufwachen sonderbare Verletzungen und Markierungen auf ihren Körpern entdeckt. Manche haben sogar Implantate, die ihnen von diesen Wesen eingesetzt worden waren, gefunden und entfernen lassen. Viele dieser Implantate wurden mit äußerst bizarren Ergebnissen untersucht. Dokumentierte Fälle lassen erkennen, dass diese Implantate sowohl Metalle als auch biologische Stoffe enthielten.«

Soll ein solches Gemisch verhindern, dass der Körper das Implantat abstößt oder negativ darauf reagiert? Oder handelt es sich bei einem solchen Implantat womöglich um einen Peilsender?

»Die Dokumentationen zeigen auch, dass einige dieser Implantate magnetische Eigenschaften haben«, berichtet Jason. »In manchen Fällen waren sogar winzige Magnete in der Haut des Entführungsopfers auszumachen. Darüber hinaus scheinen manche Implantate auf messbaren Funkfrequenzen auszustrahlen.«

Und so etwas ist nicht nur Farmern irgendwo im amerikanischen Hinterland passiert, es geschieht auf der ganzen Welt. Man schätzt, dass Millionen von Menschen auf diesem Planeten entführt wurden, Begegnungen mit Außerirdischen hatten oder von ihnen heimgesucht wurden und noch werden.

»Das scheint tatsächlich alles andere als selten vorzukommen. Solche Erlebnisse gehören mittlerweile zu den menschlichen Erfahrungen«, meint Jason.

Wie viele Spezies, die den Greys ähneln, existieren also in Wirklichkeit? Die Antwort darauf hängt von dem ab, der sie präsentiert.

Sergeant Clifford Stone, ein recht umstrittener Insider und Whistleblower, hat verkündet, er wisse von mehr als achtzig verschiedenen Spezies, darunter allein sechzehn Arten, die in genetischer Hinsicht mit den Greys verwandt sind.

Stone behauptet, er habe zweiundzwanzig Jahre als Angehöriger einer geheimen Elitetruppe in der amerikanischen Armee gedient. Die Aufgabe seiner Truppe sei es gewesen, abgestürzte außerirdische Raumschiffe zu bergen. Er selbst sei dazu eingesetzt worden, mit mehreren außerirdischen Überlebenden auf telepathische Weise zu kommunizieren. Außerdem behauptet Stone, dass die intelligenten Lebensformen, die die Erde besucht haben und immer noch besuchen, bei ihren Reisen nicht die uns bekannte Physik anwenden, sondern viel weiter fortgeschrittene Technologien. Die Technologien, die beim Absturz der außerirdischen Raumschiffe geborgen worden seien, hätten es Regierungen ermöglicht, sich viel fortschrittlichere Technologien anzueignen, als wir sie derzeit für möglich halten. Wir wüssten nichts von deren Existenz, denn auch in dieser Hinsicht habe man uns hinters Licht geführt.

Doch selbst wenn es sechzehn verschiedene Spezies geben sollte, die den Greys ähneln, sind die meisten UFO-Forscher davon überzeugt, dass alle zu einer von sechs oder sieben spezifischen genetischen Gruppen gehören. Und sie alle haben nach Ansicht der Forscher eines miteinander gemein: Feindseligkeit uns gegenüber.

## Kleinwüchsige Greys

Das ist die bekannteste Spezies der Greys. Einige UFO-Forscher bezeichnen sie als *Zetas* oder *Zeta Reticulums*, da angenommen wird, dass sie vom Sternensystem Zeta Reticuli stammen.

Die meisten Entführungsopfer haben diese Wesen wie folgt beschrieben: etwa fünfundsiebzig Zentimeter bis ein Meter fünfzig groß mit grauer Haut, großen, kahlköpfigen Schädeln, riesigen dunklen Schlitzaugen, einem außerordentlich dünnen Körper, spindeldürren Armen und Beinen. Ihre Hände haben entweder drei oder vier Finger. Sie haben schlitzartige Münder, winzige Nasen und keine Ohren. Sie kommunizieren ausschließlich auf telepathische Weise.

Manche Menschen glauben, dass diese Wesen biologisch konstruierte Gebilde ohne jede Emotion sind – eher Maschinen als Lebewesen – und so wirken, als würden sie ständig von einer anderen Spezies gesteuert. Viele halten diesen Typus von Grey für die Arbeitsbiene anderer Arten, die aber dennoch über die Fähigkeit verfügt, die Gedanken eines entführten Menschen zu kontrollieren.

Einige Entführte haben auch von Begegnungen mit noch kleineren und ebenso feindseligen Greys berichtet, die kaum mehr als sechzig Zentimeter groß waren.

## Greys von hohem Wuchs

Man darf diese Greys nicht mit den Tall Whites, den »Hochgewachsenen Weißen«, verwechseln. Diese Greys werden meistens als etwa zwei Meter zehn bis zwei Meter fünfundvierzig große Wesen beschrieben. Man nimmt an, dass sie eine Schlüsselrolle bei der Kreuzung von Außerirdischen mit Menschen gespielt haben. Manche UFO-Forscher nennen sie auch die »Orion-Greys«, da man glaubt, dass sie von einem Planeten aus dem Sternbild des Orion stammen. Außerdem geht man davon aus, dass sie die Spezies sind, die mit dem amerikanischen Präsidenten Dwight D. Eisenhower bei einem angeblichen Treffen im Jahre 1954 Verbindung aufnahmen.

Den Berichten von Entführungsopfern zufolge spielten die hochgewachsenen Greys offenbar auch eine wesentliche Rolle bei den von kleinwüchsigen Greys organisierten Entführungen. Die meisten Entführten haben weder die kleinwüchsigen noch die hochgewachsenen Greys als wohlwollend beschrieben, allerdings sagten sie, die Hochgewachsenen hätten viel weniger aggressiv oder feindselig als die anderen gewirkt.

Man nimmt außerdem an, dass diese Spezies diejenige ist, die weiblichen Entführungsopfern Eizellen zur Zeugung von Hybriden entnimmt und die Verantwortung dafür trägt, dass der im Mutterleib heranwachsende Fötus in den Anfangsmonaten der Schwangerschaft wieder aus dem Körper der Mutter entfernt wird.

## Kreuzungen bei Greys

Einige UFO-Forscher sind davon überzeugt, dass die Reptiloiden oder ihnen verwandte Arten wie die Drachenartigen entweder genetische Anteile der Greys oder aber die Greys genetische Anteile der Reptiloiden beziehungsweise Drachenartigen in sich tragen und das Ergebnis einer vor Urzeiten erfolgten Kreuzung beider Arten sind. Jedenfalls sind sie eine Spezies von Kriegern und eine der ältesten in jeder Zeitlinie. In allen Zeitaltern haben sie Planeten erobert und beherrscht.

Manche Leute nehmen an, dass die Reptiloiden auf unserem Planeten auch hinter den Schattenregierungen stehen, die ohne Wissen der meisten Menschen alles auf der Erde kontrollieren.

Nach den Berichten derjenigen, die dieser Spezies begegnet sind, handelt es sich um mehr als zwei Meter große und außerordentlich muskulöse Wesen. Sie haben schuppige, reptilartige grüne Haut und große gelbliche Augen mit Pupillen, die denen von Echsen oder Katzen ähneln.

Manche Forscher sind außerdem der Meinung, dass sie für die Entführungen von Menschen verantwortlich sind. Tatsächlich scheinen sie in die meisten Entführungen verwickelt zu sein, allerdings haben Entführungsopfer auch berichtet, dass daran noch weitere außerirdische Wesen beteiligt sind.

»Diese Wesen scheinen entweder häufig mit den Greys zusammenzuarbeiten oder aber sie zu lenken«, sagt Jason. »Interessanterweise haben manche Entführungsopfer überdies erzählt, dass sie während der Entführungen und der medizinischen Experimente daran beteiligte Menschen oder wie Menschen wirkende Wesen gesehen haben. Meistens ähnelt die Charakterisierung dieser Wesen der Beschreibung einer Spezies, die man *die Nordischen*, *die Nördlichen* oder auch *die Plejader* nennt. Meistens werden sie als männliche oder weibliche Wesen des kaukasischen Typs beschrieben, die etwa ein Meter achtzig bis zwei Meter zehn groß sind, auffallend langes blondes Haar und blaue Augen haben.«

Die Bezeichnung »die Nordischen« wurde deshalb gewählt, weil diese Außerirdischen Skandinaviern ähneln. Die meisten Entführungsopfer halten sie für eine wohlwollende, spirituell erleuchtete Spezies.

»Dennoch haben einige Entführungsopfer berichtet, dass sie während der Entführung Nordische dabei beobachtet haben, wie sie mit den Greys zusammenarbeiteten oder diesen Anweisungen gaben«, erklärt Jason.

Manche UFO-Forscher behaupten, es sei eine Gruppe der Nordischen gewesen, mit der sich der amerikanische Präsident Dwight D. Eisenhower im Februar 1954 heimlich auf dem Luftwaffenstützpunkt Edwards getroffen habe, um einen Vertrag zu vereinbaren. Wäre dieser Vertrag zustande gekommen, hätten die Außerirdischen die Vereinigten Staaten mit fortschrittlichen Technologien versorgt, sofern sich die amerikanische Seite im Gegenzug zur atomaren Abrüstung verpflichtet hätte. Doch angeblich lehnte Eisenhower dieses Friedensangebot ab und schloss später einen Handel mit einer Spezies der Greys ab, der diesen im Austausch für die Lieferung fortschrittlicher Technologien die Entführung von Menschen gestattete.

Ist das der Grund dafür, dass Regierungen die Existenz von Außerirdischen niemals zugegeben haben?

»Selbstverständlich wurden solche Treffen oder Vereinbarungen niemals von offizieller Seite bestätigt«, sagt Jason. »Die Nordischen nennt man auch Plejader, weil man annimmt, dass sie aus dem Sternbild der Plejaden stammen. Obwohl man mir mitgeteilt hat, dass ich in einem meiner früheren Leben ein Plejader war, habe ich niemals Informationen darüber erhalten, ob dieses angebliche Treffen mit Eisenhower tatsächlich stattgefunden hat.

Auch Reptiloide und Insektenartige bringt man mit den Greys in Verbindung«, fährt Jason fort. »Sie zählen sogar zu den Spezies, die man auf Raumschiffen am häufigsten zusammen mit den Greys sieht, und wie die Nordischen scheinen sie den Greys Anweisungen zu geben.«

Allerdings wäre es laut Jason ein Irrtum anzunehmen, dass Entführungsopfer stets zu außerirdischen Raumschiffen gebracht werden. »Was diese Entführungen noch sonderbarer macht, sind Berichte zahlreicher Opfer, man habe sie zu unterirdischen Stützpunkten gebracht und dort Experimenten unterzogen. Oft wird dabei auch erwähnt, dass sich Menschen, vor allem Militärangehörige, auf diesen Stützpunkten aufgehalten hätten.«

Sind das lediglich Halluzinationen der Entführungsopfer? Oder könnte die amerikanische Armee insgeheim an diesen Entführungen beteiligt sein?

»Tausende von Frauen haben öffentlich enthüllt, dass man ihnen während einer Entführung befruchtungsfähige Eizellen entnommen hat«, erklärt Jason.

Ist das womöglich Teil eines weltweiten Hybridisierungsprogramms?

»Viele Frauen berichten auch, dass sie durch eine In-Vitro-Befruchtung geschwängert wurden«, sagt Jason. »Manche behaupten sogar, sie hätten sexuelle Beziehungen mit diesen Wesen gehabt. Im ersten Schwangerschaftsmonat hätten die Außerirdischen ihnen dann den Embryo entnommen. Für diese Frauen ist das ein unglaublich traumatisches Erlebnis. Manche von ihnen erzählen, sie hätten derartige furchtbare Erfahrungen schon seit der Kindheit machen müssen.«

Einige Entführungsopfer haben die eigenen, auf solche Weise gezeugten hybriden Kinder sogar gesehen und mit ihnen Kontakt gehabt, während sie sich an Bord eines Raumschiffs oder in unterirdischen Anlagen befanden.

»Offenbar brauchen diese Kinder eine gewisse Verbindung zu ihren Müttern, um gesund zu bleiben«, meint Jason. Auch *seine* Mutter erinnert sich an eine Entführung, als sie sich nach ihren Angaben in einem

»traumartigen Zustand« befand. »Ihrer Erinnerung nach erhob sie sich aus ihrem Bett im Untergeschoss des Hauses in die Lüfte und schwebte zu den Sternen hinauf, zu einem Raumschiff.«

Die Wesen, denen Jasons Mutter begegnete, ähnelten denjenigen, von denen Boyd Bushman, einst Raumfahrtingenieur beim amerikanischen Rüstungskonzern Lockheed Martin, kurz vor seinem Tod im August 2004 öffentlich berichtete.

Wie alle Whistleblower wurde auch Bushman wegen seiner Enthüllungen von sogenannten Experten verhöhnt und nicht ernst genommen. Trotzdem beharrte er darauf, dass er nicht nur aus erster Hand von Aliens und UFOs in Area 51 wisse, einem militärischen Sperrgebiet im südlichen Nevada im Besitz der United States Air Force und des US-amerikanischen Verteidigungsministeriums, sondern dass er obendrein Bilder besitze, die genau das bewiesen. Seine Fotos zeigen ein Wesen mit einem großen Kopf und jeweils fünf, durch eine Schwimmhaut verbundene Zehen. Er behauptete, achtzehn solcher außerirdischen Wesen hätten in Area 51 bei technischen Nachbauten geholfen. Sie hätten eine Lebensspanne von fast dreihundert Jahren gehabt.

Sein Foto warf allerdings große Probleme auf. Das abgebildete Wesen ähnelte nämlich (wenn auch nicht in allen Einzelheiten) der Puppe einer Außerirdischen, die bei einer amerikanischen Handelskette verkauft worden war. Andererseits führte ein angeblich wissenschaftlich durchgeführter Lügendetektortest zu dem Ergebnis, dass Bushman auf sämtliche Fragen zu Außerirdischen und deren Anti-Schwerkraft-Technologie wahrheitsgemäß geantwortet hatte.

Doch zurück zu der Frage, wer diese Greys überhaupt sind.

Und wieso glauben so viele Menschen, dass Greys die Drecksarbeit für andere außerirdische Wesen erledigen?

Denken Sie einfach einen Augenblick darüber nach.

Ist es vorstellbar, dass die Wesenheiten, die für die Entführungen verantwortlich sind, den Entführten Bilder ins Unterbewusstsein projiziert haben, die alle Aliens wie Greys aussehen lassen?

»Die Greys sind so sehr zum Sinnbild aller Aliens geworden, dass niemand wirklich Zweifel anmelden würde, wenn ein Entführungsop-

fer aussagt, genau diese Spezies habe sie entführt«, meint Jason. »Nach Berichten von Entführten haben ihre Entführer – wer sie auch sein mögen – eindeutig die Fähigkeit, ihr Umfeld und die Szenarien so zu manipulieren, dass sich Reales mit Irrealem vermischt.«

Mehrere Leute, einschließlich des amerikanischen Sergeants Jim Penniston, haben öffentlich behauptet, die Greys seien in Wirklichkeit wir selbst, nämlich Menschen aus der Zukunft. »Sie sagen, dass die Greys sterben und unsere Genetik brauchen, um das retten zu können, zu dem wir geworden sind«, erläutert Jason. »Demnach wollen die Greys die Menschheit, so wie sie sich in der Zukunft entwickelt hat, vor dem Aussterben bewahren.«

Im Dezember 1980 gehörte Penniston zu den amerikanischen Militärangehörigen, die auf den Stützpunkten der Royal Air Force in Woodbridge und Bentwaters im englischen Suffolk stationiert waren. Diese Militärangehörigen behaupteten, im Wald auf ein schwarzes, dreieckiges Flugobjekt gestoßen zu sein. Penniston sagte aus, er habe das Objekt nicht nur berührt, sondern auch hieroglyphenartige Zeichen auf dessen Oberfläche gesehen. Außerdem erklärte er, seine Gedanken seien später mit einem binären Code bombardiert worden.

Während einer hypnotischen Rückführung im Jahre 1994 enthüllte Penniston, er habe erfahren, dass die Besucher Menschen aus der Zukunft gewesen seien, die eine Zeitreise in die Vergangenheit gemacht hätten.

2010 wurde der binäre Code mit verblüffenden Ergebnissen entschlüsselt. Experten sind zu dem Schluss gekommen, dass die codierte Botschaft vor allem Folgendes besagte: Das von Zeitreisenden gesteuerte Flugobjekt sei im Jahre 8100 zu einer Entdeckungsreise aufgebrochen und habe dabei über Koordinaten für Längen- und Breitengrade der Erde verfügt.

»Andere haben behauptet, die Greys seien eine Sklavenrasse vom Doppelsternsystem Zeta Reticuli, die von den Reptiloiden beherrscht werde«, berichtet Jason. »Außerdem nehmen viele Menschen an, dass die Greys nichts anderes sind als Klone oder biologische Automaten, die von den Reptiloiden und Nordischen gelenkt werden, damit sie für diese arbeiten. Meiner Ansicht nach leuchtet diese Hypothese noch am ehesten ein, allerdings erklärt sie nicht die unterirdischen Stützpunkte, auf denen Berichten von Entführten zufolge sowohl außerirdische Wesen als auch Menschen stationiert sind.«

Viele Whistleblower haben öffentlich ausgesagt, dass es in allen Teilen der Welt zahlreiche geheime, mit Außerirdischen und Menschen besetzte Stützpunkte gibt. Falls die Reptiloiden nicht die einzigen sind, die solche Anlagen beherrschen, könnte es dann nicht sein, dass es geheime Absprachen zwischen den verschiedenen außerirdischen Gruppierungen und Regierungen auf der Erde gibt?

Und ist nicht genau das der Themenkomplex, mit dem sich die Fernsehserie *Akte X* immer wieder beschäftigt?

Kann es nicht sein, dass viele Entführungen vom Militär mit Hilfe von Nachbauten der Anti-Schwerkraft-Flugobjekte durchgeführt werden?

Ist es nicht vielleicht denkbar, dass das Militär Außerirdische, insbesondere die Greys, für diese Entführungen verantwortlich macht, und das schlichtweg deshalb, weil die Menschen bereits so darauf konditioniert sind, die Greys zu fürchten?

»Viele Menschen glauben, dass diese Annahme der Wahrheit am nächsten kommt«, sagt Jason.

Aber wozu soll all das dienen? Was ist dabei das letztendliche Ziel?

»Manche Leute sind davon überzeugt, dass unsere ganze Welt bereits von diesen Wesen gelenkt wird«, führt Jason fort. »Soll heißen: dass diese Wesen die Erde bereits übernommen haben.«

Denken Sie an das, was Laura Eisenhower, wie bereits erwähnt, 2014 auf dem World UFO Congress gesagt hat. Demnach hat auf der Erde bereits eine Invasion stattgefunden, nur wollen die Regierungen uns nichts davon wissen lassen.

Jedes Mal, wenn Jason darüber nachdenkt, fallen ihm ein Bild und ein Zitat des berühmt-berüchtigten »Rauchers« in der Serie *Akte X* ein. Das Zitat lautet: »Das Datum steht schon fest.«

Tatsächlich gehen laut Jason viele Menschen davon aus, dass die Übernahme der Erde bereits seit langem vorbereitet wird: »Das Datum, das unser Schicksal besiegeln wird, liegt demnach etwa im Jahre 2030. Doch das ist pure Spekulation.«

Jason ist absolut davon überzeugt, dass außerirdische Wesen seit Tausenden von Jahren zur Erfahrungswelt der Menschheit gehören. »Dafür gibt es jede Menge Beweise«, sagt er. »In der Geschichte gibt es sowohl Zeiten ihrer Anwesenheit als auch ihrer Abwesenheit.«

Ist es denkbar, dass das sogenannte weltweite *Disclosure Movement*, also die Bewegung zur Enthüllung oder Offenlegung, letztlich eine Vorbereitung auf die Zeit darstellt, in der diese Wesen wieder auf der Bildfläche erscheinen?

Werden wir durch die Medien darauf vorbereitet, die Übernahme der Erde zu akzeptieren, wenn dieses Ereignis in unserer Zukunft eintritt?

»Auch das ist reine Spekulation und eine Annahme, die sich auf Aussagen von Whistleblowern und Entführungsopfern stützt«, meint Jason.

Es gibt aber auch noch eine andere Art von Kontakt mit Außerirdischen, die nicht nur sehr sonderbar, sondern auch sehr manipulativ anmutet. »In solchen Fällen führt sich jemand als ein Auserwählter auf, der als einziger Mensch Verbindung zu einer besonderen Spezies von außerirdischen Wesen hat«, sagt Jason. »Solche Menschen behaupten, sie seien die einzigen auf unserem Planeten, die über wahre Informationen verfügen, während alle anderen nur Fehlinformationen verbreiten. Manche von ihnen legen sogar Beweise für ihre Kontakte vor, um ihre Behauptungen zu untermauern.

Problematisch ist an diesen Kontakten vor allem zweierlei: zum einen, dass die außerirdischen Wesen ihren menschlichen Verbindungspersonen angeblich mitgeteilt haben, außer ihnen habe keine außerirdische Spezies die Erde jemals besucht; und zum anderen die Behauptung, nur dieser eine auserwählte Mensch kenne die Wahrheit über diese außerirdische Spezies und die Welt. Falls jemand etwas anderes behaupte, habe er entweder Wahnvorstellungen oder verbreite absichtlich Desinformationen.«

Einer der berühmtesten Fälle ist in dieser Hinsicht der des gebürtigen Schweizers Billy Meier. Er behauptet, regelmäßig Kontakt mit Außerirdischen zu haben, die er *Plejaren* nennt (vermutlich meint er damit die Plejader). Wie er sagt, leben sie in einer Dimension, die sich von der unseren nur wenig unterscheidet. Darüber hinaus gibt er an, mit diesen Wesen auch andere Welten besucht zu haben.

»Er hat verblüffendes Beweismaterial zusammengetragen«, bemerkt Jason dazu. »Viele Leute, einschließlich sehr bekannter UFO-Forscher und Autoren, haben Meier als Schwindler abgetan, aber ich meine, dass man ihm glauben kann. Ich glaube, dass dies ein authentischer Fall von Kontakt mit Außerirdischen ist.«

Doch was Jason zu schaffen macht, ist der Inhalt der von Meier übermittelten Botschaft: »Es kommt mir fast so vor, als würden diese Wesen Meier und anderen etwa fünfundneunzig Prozent wahre Informationen geben, die jedoch mit fünf Prozent Desinformation vermischt sind.«

Ähnliche Alleinvertretungsansprüche für Aliens wie Meier erhebt auch eine weibliche Person, bekannt als Cinta ej Narat, in Bob Mitchells Buch *What if? Close Encounters of the Unusual Kind* (»Was wäre wenn? Nahe Begegnungen der außergewöhnlichen Art«, nicht auf Deutsch erschienen). Sie behauptet, die Greys seien in Wahrheit eine Spezies namens Ataracu aus dem Sternbild des Orion.

Diese Spezies habe die Menschheit überhaupt erst erschaffen – und zwar durch die Kreuzung einer intelligenten affenähnlichen Art ihrer Heimatwelt mit einer Spezies auf der Erde. Darüber hinaus behauptet sie, die Ataracu sei die einzige außerirdische Spezies, die die Menschheit je besucht oder mit ihr verkehrt habe, und sie sei auch diejenige gewesen, welche die Pyramiden errichtet und die alten Kulturen mit Technologie versorgt habe. Diese Spezies meine es gut mit den Menschen, sei von den Erdregierungen aber absichtlich als böse und den Menschen gegenüber böswillig charakterisiert worden.

»Wenn solche Menschen behaupten, nur sie würden derartige Botschaften empfangen, verhalten sie sich im Grunde so, als wären sie ›Propheten‹ dieser außerirdischen Wesen«, meint Jason.

Doch warum sind überhaupt so viele Fälle dieser Art in unseren modernen Zeiten aufgetaucht? Warum verwirren uns so viele unterschiedliche Behauptungen und Gegenbehauptungen? Ist es nicht vorstellbar, dass es echten Kontakt mit außerirdischen Wesen gibt, die uns aus dem Schlamassel, in dem wir uns befinden, tatsächlich heraushelfen möchten? Und ist es nicht denkbar, dass solche echten Kontakte zwischen Außerirdischen und Menschen in allen Teilen der Welt zustande gekommen sind und weiterhin zustande kommen?

»Wenn böswillige außerirdische Wesen wüssten, dass dies geschieht, würden sie dann nicht versuchen, in der ganzen Welt Desinformation zu verbreiten? Das würde zweifellos eine große Verwirrung darüber auslösen, was wahr ist und was eine Fehlinformation«, sagt Jason. »Das wiederum würde die Gemeinschaft menschlicher Kontaktpersonen lähmen und interne Kämpfe darüber auslösen, wer recht hat und wer nicht.«

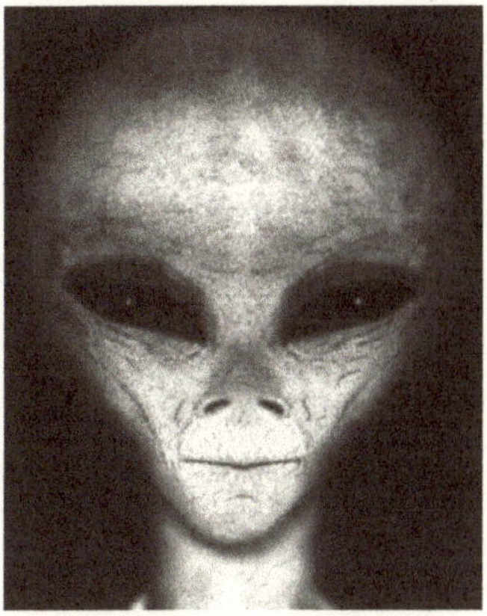

*König Atalanara, der Oberste Befehlshaber der Ataracu, dargestellt in einer Zeichnung von Cinta*

Solche Auseinandersetzungen sind im Internet geradezu explodiert.

»Jede Seite bekommt dabei ihren Teil ab«, erklärt Jason. »Überzeugungen der einen wie der anderen werden ebenso schnell bestätigt wie angefochten, und es kursieren so viele Informationen und Desinformationen, dass die meisten Leute keine Ahnung mehr haben, was wahr ist und was Schwindel. Es kommt mir so vor, als erginge es uns mittlerweile wie Fliegen, die in einem Spinnennetz gefangen sind und nicht sehen können, dass sie sich in Wahrheit in einem riesigen Wald befinden.«

Unabhängig davon, wer recht hat und wer nicht, müssen wir unseren Blick auf das überwältigende Beweismaterial aus Tausenden von Entführungsfällen richten.

»Das sind keine Hirngespinste«, betont Jason. »Dazu gibt es allzu viele unwiderlegbare Beweise dafür, dass etwas vor sich geht, dem wir nicht zugestimmt haben. Und es sind offenbar fünf Hauptakteure daran beteiligt: *die Reptiloiden, die Nordischen, die Insektenartigen, Menschen – und natürlich die Greys, wer oder was sie auch sein mögen.* Doch es bleibt die große Frage, worauf diese Akteure letztlich aus sind und ob sie nicht alle zusammenarbeiten.«

Kommen wir noch einmal auf das zurück, was Laura Eisenhower auf dem World UFO Congress behauptete. Nach Mitteilungen, die sie von Insidern erhielt, setzt ein außerirdischer Militärisch-Industrieller Komplex einen mit außerirdischer Technologie geschaffenen Supercomputer dazu ein, weltweit Völkermorde und Umweltzerstörungen auszulösen, und zwar unterstützt durch das bereits erwähnte HAARP-Programm und die Entwicklung Künstlicher Intelligenzen. Zu dem Szenario gehört auch, dass diese geheime Gruppierung den Bau von Hunderten, wenn nicht gar Tausenden autarker unterirdischer Stützpunkte und Tunnelsysteme (die faktisch Städte für eine ausgewählte Elite der Bevölkerung und höchste Regierungsbeamte sind) beaufsichtigt hat.

Von Insidern weiß Laura Eisenhower auch, dass die Greys, vielleicht sogar ein Bündnis aus Reptiloiden und Greys, intensiv an dieser weltweiten Verschwörung beteiligt sind. Doch die Plejader, so Eisenhower, sind ebenfalls noch auf der Erde präsent, um dies alles zu verhindern.

Insider haben Laura Eisenhower darauf hingewiesen, dass auch roboterartige Greys bei der Entführung von Menschen mit dem Militär kooperieren. An den meisten Entführungsfällen sei das Militär beteiligt gewesen, habe es jedoch so aussehen lassen, als würden die Menschen von feindseligen Außerirdischen entführt. Auf der Grundlage dessen, was man ihr übermittelte, hat Laura Eisenhower außerdem noch eine andere alarmierende Möglichkeit in den Raum gestellt: dass die von den echten Greys durchgeführten medizinischen Experimente dazu dienen könnten, die Erde so mit Hybriden aus Menschen und Greys zu bevölkern, dass sie eines Tages vollständig von den Reptiloiden beherrscht werden kann.

Was wäre, wenn das zutrifft?

Während Jason an dem Kapitel arbeitete, das Sie gerade lesen, erhielt er folgende Nachricht: *»Bei den hermetischen Gesetzen ist ein Prinzip grundlegend: das der Polarität. Alles ist binär. Alles hat Pole. Jedes Stück hat ein Gegenstück. Gleichartiges und Ungleichartiges gehören zusammen. Gegensätze sind ihrem Wesen nach identisch, weichen jedoch in gewissem Maße voneinander ab. Gegensätze ziehen sich an, und alle Wahrheiten sind nur Halbwahrheiten. Und alles, was paradox ist, kann man miteinander in Einklang bringen.«*

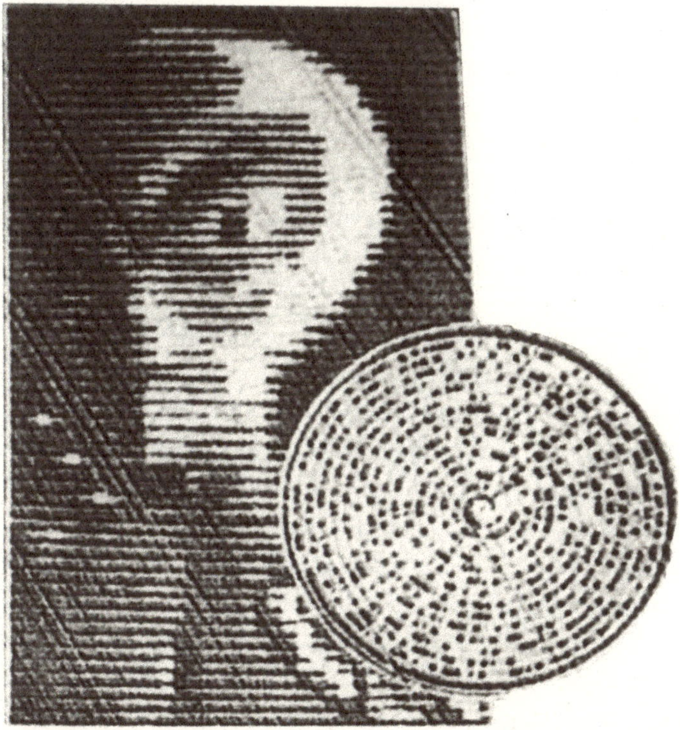

*Die Abbildung zeigt einen Kornkreis aus dem Jahre 2002 mit der Darstellung eines außerirdischen Greys, außerdem drei Sterne des Sternbilds Orion und eine verschlüsselte Botschaft auf einer Datenscheibe. Entschlüsselt lautet die Botschaft:*

*»Seid auf der Hut vor denjenigen, die Geschenke überbringen, die euch schaden, und euch Versprechen machen, die sie brechen. Trotz so vieler Leiden bleibt euch noch Zeit. Es gibt auch Gutes da draußen. Wir bekämpfen die Irreführung. Ende der Nachricht.«*

Jason vertritt die Auffassung, dass wir alle Teil eines Ganzen sind und dass wir innerhalb dieses Ganzen die Dualität erleben:

»Wir mögen denken, dass es eine Trennung zwischen den Polen gibt. Doch wenn wir unsere Wahrnehmung verändern, können wir klar erkennen, dass wir beides sind: das Helle und das Dunkle. Das ist das Gesetz des Einen. Licht und Dunkelheit befinden sich in fortwährendem Wechselspiel. Man kann es mit dem Aufgang und dem Untergang der Sonne vergleichen. Das Leben nährt sich vom

Tod, und der Tod nährt sich vom Leben. Die einzige Möglichkeit, dass beides nebeneinander existieren kann, besteht darin, dass es sich in perfekter Harmonie miteinander befindet. Wenn mich Menschen fragen, wer die Wesen sind, die sie angreifen, und woher sie stammen, gebe ich ihnen eine ehrliche Antwort.«

Jason zufolge sind die Wesen, die ihn angegriffen und heimgesucht haben, in Wahrheit er selbst in anderer Gestalt. Sie suchen ihn auf, um ihm neue Lektionen zu erteilen.

»Jedes Erlebnis, ob positiv oder negativ, hat mein Bewusstsein erweckt und mir neue Einsichten, neues Wissen und neue Gaben verliehen«, erklärt er. »Viele dieser Erfahrungen waren schmerzlich und ich habe sie durchlitten, doch ich habe überlebt und bin dankbar dafür, dass ich immer noch dazulerne.«

Genau wie Jason glaubt auch Laura Eisenhower, dass die Menschheit diesen Kampf nur gewinnen kann, wenn sie einen positiven Wandel in den Kräften unserer Welt herbeiführt. Fast so, als spräche sie mit Jasons Stimme, übermittelte sie dem World UFO Congress folgende Botschaft:

»Wir haben Fähigkeiten, die weit über unsere kühnsten Vorstellungen hinausreichen. Es ist höchste Zeit, dass wir die uns wohlwollenden Kräfte und die unermessliche Weite unseres mehrdimensionalen Kosmos zur Kenntnis nehmen und uns klarmachen, dass wir *Spiegelbilder mehrdimensionaler Wesen* sind.«

Als Jason in seinem Schlafzimmer erstmals Besuch von dem mit einer Kapuze verhüllten Wesen erhielt, das ihm seine früheren Leben offenbarte, wurde ihm eine sehr wichtige Lektion zuteil. »Man sagte mir, solche Wesen würden mir geschickt, damit ich lerne, mich in den verschiedenen Welten zurechtzufinden«, berichtet er. »Damals verstand ich nicht, dass ich damit auf die Probe gestellt werden sollte. Mir war nicht klar, dass diese Wesen alle folgenden Erlebnisse, selbst die schlimmsten, nur deshalb für mich vorbereitet hatten, um meine Willenskraft auf den Prüfstand zu heben. Ich bedauere nicht, was mir zugestoßen ist, aber ich wünsche diese Erfahrungen auch keinem anderen Menschen. Mittlerweile blicke ich jedoch mit sehr liebevollen Gefühlen darauf zurück und weiß, dass diese Wesen meine besten Lehrer waren.«

Sie unterrichteten Jason, indem sie ihn persönliche Erfahrungen machen ließen. Er musste mit allen von ihnen interagieren, um sich daran zu erinnern, wer er in Wahrheit ist – und eigentlich auch daran, wer wir alle in Wahrheit sind.

»Man musste mir beibringen, mich in den verschiedenen Welten als mehrdimensionales Wesen zu orientieren«, sagt er. »Denn zu genau diesem Wesen entwickeln wir alle uns in dieser Welt.«

Während seiner Reisen erfuhr Jason, dass es viele höhere Wesen gibt, die auf der Erde inkarniert sind.

»Wir alle sind zur gegenseitigen Kontrolle hier, damit das Gleichgewicht zwischen Licht und Dunkel bewahrt wird«, sagt er. »Darum geht es nämlich eigentlich in dem Kampf zwischen den Kindern des Lichts und den Kindern der Dunkelheit. Es ist eine niemals endende Schlacht. Doch im Grunde möchte ich es nicht einmal als Schlacht bezeichnen. Es ähnelt viel eher einem Tanz. Es ist ein Tanz von Gegnern, die ihrem Wesen nach identisch sind und sich trotzdem in bestimmtem Maße voneinander unterscheiden.

Wenn ich mit diesen Wesen konfrontiert war, wusste ich stets, dass sie mich aufgesucht hatten, weil ich bereit und stark genug dafür war, als ihre ebenbürtige Gegenseite zu agieren. Wenn man es auf diese Weise betrachtet, kann man nur Achtung, Liebe und Dankbarkeit für solche Wesen empfinden – unabhängig davon, wer oder was diese Wesen sind.«

Während einer seiner Reisen zu fremden Welten erlebte Jason, dass sich sein Bewusstsein zur gleichen Zeit in zwei verschiedenen Wesen befand. »Ich war Jäger und zugleich Beute«, erklärt er. »Die Beute sah aus wie ein blauroter Koalabär, hatte aber einen Rüssel wie ein Elefant. Das Geschöpf hatte schwarze Augen und war etwa sechzig Zentimeter groß. Es saß da und meditierte. Der Jäger hingegen ähnelte einem Fisch auf zwei Beinen – einem Seeteufel von dunkelblauer Farbe. Er war etwa ein Meter zwanzig groß. Als sich der Jäger näherte, machte die Beute, immer noch meditierend, eine symbolische spirituelle

Willkommensgeste. Daraufhin spürte der Jäger eine quälend hohe Frequenz in seinem Kopf und rannte weg, um Schutz zu suchen. In diesem Moment war ich beides: die meditierende Beute und der unter Schmerzen leidende Jäger. Die Beute hatte eine mentale Abwehr gegen solche Wesen entwickelt.«

Jason zufolge sind wir alle in unserer Welt mit vielen Gegnern und Gegenseiten konfrontiert, aber wir müssen diese Konfrontation überwinden, um auf unserer Reise neue Wege einschlagen und begehen zu können.

»Einige der Wesen, die sich gegenwärtig auf der Erde befinden, sind Hybriden und deswegen hier, um das Bewusstsein der Menschen in ihrem Umfeld zu verändern«, sagt Jason. »Sie sind schon immer bei uns gewesen, schon seit den Anfängen unserer menschlichen Entwicklung. Und sie sind stets deshalb auf der Erde inkarniert, um uns neue Lehren, Fähigkeiten und Erkenntnisse zu vermitteln und dadurch die Menschheit voranzubringen. All das dient dazu, unsere Gegensätze im Gleichgewicht zu halten.«

Wie schon erwähnt, wurde Jason gezeigt, auf welche Weise er neue Lebenskraft schöpfen und damit zu dem werden konnte, der er heute ist.

»Um mich auf meine Reisen vorzubereiten, musste ich lernen, meine Energie zu verlagern und zu verändern«, berichtet er. »Das war der Katalysator dafür, mich meinen Ängsten zu stellen und mich weiterzuentwickeln. Dabei halfen mir die altägyptischen Körperhaltungen und Übungen sowie Qigong. Ich erfuhr, dass unsere Energiekörper schwach sind und leicht manipuliert werden können – bis dahin, dass andere sie in Besitz nehmen. Die einzige Möglichkeit, sich davor zu schützen, besteht in der Heilung und Stärkung unserer Körper. Nur so können wir die Kontrolle über unser Bewusstsein zurückerlangen.«

Während wir uns selbst heilen, beginnen wir uns selbst kennenzulernen. Das Bewusstsein gehört nur einem selbst, und durch das Bewusstsein ist man stets mit der Quelle allen Seins verbunden.

»Der Funke der Schöpfung steckt in uns allen«, ergänzt Jason. »Der Körper ist nur der Tempel, der unser Licht beherbergt. Der Körper ist das Gefährt, das uns Zugang zu den Welten verschafft. Wir sind hier, um unser Bewusstsein in diese Regionen einzubringen und unser Selbst durch Erkenntnis unseres Karmas kennenzulernen. Wir sind hier, um auf Grundlage unserer Erfahrungen unseren göttlichen Eigenschaften Ausdruck zu verleihen. Während wir geistig und spirituell wachsen, beginnen wir, unsere Umgebung und die Menschen in unserem Umfeld zu verändern. Wir haben die große Macht und Kraft in uns, durch unsere Träume eine neue Welt ins Leben zu rufen.«

Die Wahrheit, die wir suchen, entfaltet sich zusammen mit unserer Wahrnehmung von Wirklichkeit.

»Was ich gegenwärtig als Wahrheit erkannt habe, wird sich zu einem tieferen Verständnis entwickeln, denn meine Wahrnehmung von Wahrheit wird sich unausweichlich zu wandeln beginnen, wenn ich in geistiger und spiritueller Hinsicht wachse«, erklärt Jason. »Das Lernen ist niemals abgeschlossen. Es sind die Fragen des Lebens, die uns vorantreiben. Das Unwissen ist der Beweggrund, der uns vorwärts streben lässt. Wir sind das einzige Rätsel, das wir unbedingt lösen müssen. Alle Antworten sind darin enthalten. Und alle in diesem Buch vermittelten Informationen erinnern uns einfach nur daran, in unser Inneres zu blicken, wenn wir nach Antworten suchen. Was wir außerhalb von uns sehen, ist lediglich unser Widerschein.«

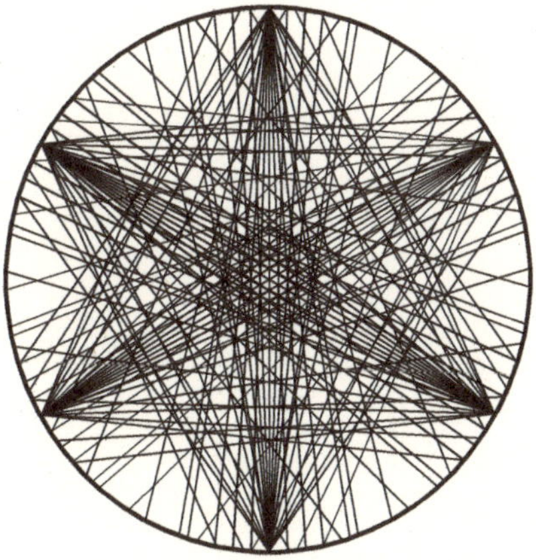

# Danksagung

Unser Dank gilt folgenden Menschen und Organisationen, ohne die dieses Buch nicht hätte entstehen können:

Alien Cosmic Expo, Saundra Arnold, Dennis Barnett, Peter Bernard, Dr. Javier Cabrera Darquea, Canadian & American Society of Dowsers, Bob Connolly, Robert Dean, Dr. Sabina Devita, Klaus Dona, Jo-Anne Eadie, Eagle Feather, Laura Eisenhower, Stanton T. Friedman, Mary & Dean Hardy, Dr. Magda Havas, Paul Hellyer, LD, Josh Mandell, Kathleen Marden, Norval Morrisseau, Cinta ej Narat, Dr. Madi Nolan, Howard Pilsmaker, Lorne Quitt, Monika Quitt, Geoffrey Riley, Mark Russell, Sri Sri Sri Ganapati Sachchidananda Swamiji, Aaron Singleton, Rick Strassman, Whitley Strieber, Michael Tellinger, Nikola Tesla, *Tesla Magazine*, NoraWalksInSpirit, Kathy Wilson, August Worley.

## Bob Mitchell

der am 21. September 2016 im Alter von 63 Jahren starb, war ein kanadischer Autor und Journalist, der mehr als 35 Jahre lang für die kanadische Tageszeitung *The Toronto Star* über Verbrechen und Sport berichtete und die *Toronto News Wire Services* mitbegründete, eine Presseagentur. Als Schriftsteller verfasste er insgesamt zehn Bücher, davon drei True Crime-Romane und einen Krimi. Sein Sachbuch *The Class Project – How to kill a Mother* über ein reales Verbrechen wurde später unter dem Titel *Perfect Sisters* verfilmt. Sein erstes Buch über UFOs, *Incident at Pleasant Ridge – A Canadian UFO Mystery* erschien 2014, schon im nächsten Jahr gefolgt von zwei weiteren Büchern über Außerirdische: *Intrusion – Alien Encounters* und *What if? Close Encounters of the Unusual Kind.* In zahlreichen Rundfunk- und Fernsehsendungen sowie auf Konferenzen und Veranstaltungen sprach er über diese Bücher, etwa auf der Alien Cosmic Expo in Brantford, Ontario, und der Rose City Conference in Windsor, Ontario. Als Feldforscher war er auch für das Mutual UFO Network (MUFON) tätig, das sich mit der wissenschaftlichen Erforschung von UFO-Phänomenen befasst, in dessen Büro in Ontario sowie im Vorstand von MUFON Kanada. Seine Begegnung mit Jason Quitt führte neben dem vorliegenden Buch noch zu *Enthüllt! Die Missionen des John Titor II*, an dem auch John Titor selbst mitarbeitete. Diese Veröffentlichung überlebte der Autor nur um wenige Wochen.

## Jason Quitt

ist Absolvent des Institute of Energy Wellness und studiert seit Jahren den Schamanismus der Algonquin. Er hat bei vielen Lehrern, Schamanen und traditionellen Heilern der ganzen Welt Unterricht genommen und mit ihnen gearbeitet. Er lehrt ägyptische Körperhaltungen, die Kraft verleihen, also das ursprüngliche Qigong, sowie den heiligen geometrischen Schlüssel zur Heilkunst, die Yosef-Codes. Darüber schrieb er auch die Bücher *Egyptian Postures of Power – Ancient Qigong System* und *The Yosef Codes – Sacred Geometry Codes for Healing*. Er kombiniert die Methoden und Verfahren der Energiemedizin, des Schamanismus und des Wünschelrutengehens, um jene Menschen zu unterstützen, die sich auf ihrem persönlichen Weg zur Heilung befinden. Gemeinsam mit Bob Mitchell und John Titor entstand neben dem vorliegenden Buch, das bereits unmittelbar nach Fertigstellung ins Chinesische und mittlerweile auch ins Französische übersetzt wurde, noch *Enthüllt! Die Missionen des John Titor II,* das ebenfalls im Amra Verlag erschienen ist.

www.thecrysalsun.com

# Register

zusammengestellt von Michael Nagula

## C



## D



## E

**H**